● "마크 존스는 우리 시대에 유행하는 거짓말을 폭로하고 건전한 개혁주의 신학과 성경의 영원한 진리로 이 거짓말을 반격하는 책들을 쓴다. 신앙 해체에는 근거가 있다고, 때가 무르익었으며 안전하다고 선언하는 거짓말이 요즘 유행한다. 하지만 이보다 더 진실과 동떨어진 말은 없을 것이다. 존스 박사의 이 책을 읽는다는 것은 우리 눈에 딱 맞는 안경을 쓰고 눈앞의 현실을 마침내 보게 되는 것과 같다. 그는 영적 퇴보(backsliding)의 위험한 단계들과 배교(背敎)의 공포를 독자들에게 세심하고 성실하게 차근차근 설명한다. 이 책의 각 장은 그리스도인들의 신앙이 퇴보하지 않고 진보하도록 경종을 울리며 영적 치료제를 제공해 준다. 반드시 읽어야 할 책이다."

— **로자리아 버터필드** Five Lies of Our Anti-Christian Age 저자

● "경고! 모든 그리스도인이 부단히 부딪치는 영적 퇴보라는 위험 문제를 직시하고 싶지 않다면 이 책을 읽지 말라. 경고! 우리에게 상존(常存)하는 영적 퇴보 경향에 맞설 수 있도록 모든 그리스도인에게 즉시 주어지는 방책들을 배워서 힘을 얻고 싶지 않다면 이 책을 읽지 말라. 이 책을 읽는 것은 개인적으로 나에게도 엄중한 체험이었다. 마크 존스는 그리스도인의 삶을 오염시키는 갖가지 영적 퇴보 성향을 자세히 설명하고, 영적 퇴보와 돌이킬 수 없는 배교의 차이점을 탐구하며, 성경이 제공하는 참으로 충분하고 효과적인 치료제를 매우 깊이 있는 방식으로 펼쳐 놓는다. 내 경고는 무시하라. 이 책을 읽으라!"

— **리처드 B. 개핀 Jr.** 웨스트민스터 신학교 성경/조직신학 명예교수

● "영적 퇴보와 배교는 거의 다루어지지 않는 주제지만, 이 문제는 교회 이야기의 거짓 없는 현실이다. 이 주제를 다루는 이 새 연구서는 영적 퇴보의 본질을 탐구할 뿐만 아니라, 존 오웬의 방식으로 그 근원을 깊이 탐사한다. 내가 좋아하는 기독교 작가 앤드류 풀러가 영적 퇴보에 관한 유명한 소책자에서 언급했듯이, 복음의 진리를 버리는 일은 불시에 일어나지 않는다. 복음의 진리를 버리기 전에 '하나님과의 친밀한 동행'을 심각하게 소홀히 하는 행동이 선행된다. 서글프게도 이 책은 뒤틀린 우리 시대에 매우 필요한 책이다. 그리고 감사하게도 우리 시대의 수많은 교회가 앓고 있는 이 질환에 건전한 복음적 치료제를 제공한다."

— 마이클 A. G. 아자드 헤이킨 서던 뱁티스트 신학교 교회사 교수

● "배움이란 물살을 거슬러 노를 젓는 것과 비슷하다. 진보가 없는 것은 퇴보나 다름없다. 『논어』(論語)의 이 훈계는 상식이다. 그런데 고(故) J. I. 패커가 늘 말했다시피, '상식은 기독교의 덕목이다. 성경은 이를 지혜라고 부른다.' 그저 '하늘의 은사를 맛'본(히 6:4-6) 것이 아니라 그 이상을 받았는데도 그리스도 안에서 구원받았다는 확신을 장난처럼 여기면서 영적인 진보를 이루지 못하는 그리스도인은 여전히 상식과 경험을 의지하는 이교도들보다 더 어리석다. 마크 존스는 옛부터 전해지는 기독교의 풍성한 지혜에 의지하여, 영적 퇴보에 대한 성경의 훈계를 살피는 여정으로 우리를 안내하면서 '앞에 있는 소망을 얻으려고 피난처를 찾은 우리에게 큰 안위를'(히 6:18) 상기시킨다. 이른바 긍정적 에너지라는 위선에 이제 피로감을 느끼기 시작한 문화, 그래서 하나님에게 등

을 돌리는 흐름에 굴복함으로써 '참자아'를 포용하라고 말하는 문화에서, 이 신선한 책은 은혜로 구원받은 죄인으로서 진짜배기 그리스도인이 되는 성실한 길을 우리에게 일깨워 준다."

— **샤오 카이 쳉** 저장 대학교 철학부 연구 교수

● "이 책에서 마크 존스 박사는 신자라면 누구나 걸어야 하는 복잡한 영적 여정을 능숙하게 탐구한다. 설득력 있는 필치, 성경의 진리에 흔들림 없이 매진하는 자세가 돋보이는 존스는 깊이 있는 신학적 통찰, 목회자다운 지혜, 영광에 이르는 여정 중에 있는 모든 그리스도인 순례자들의 마음을 향해 이야기를 건네는 진정한 긍휼이 어우러진 직물을 직조해 나간다. 또한 그리스도인다운 행보의 복잡다단한 역학을 파헤치면서, 은혜·견인·내재하는 죄와의 끊임없는 싸움의 신비를 풀어 나간다. 존스의 깊은 통찰과 실제적 해법은 어떤 신앙 배경을 가졌든지 모든 신자에게 건전한 지침을 제공한다. 이 걸작은 그리스도를 따르는 모든 이에게 위로와 지혜와 소망을 주는 지식의 횃불이다. 신자라면 반드시 읽어야 할 책이다."

— **크리스토퍼 유안** 연설가, Holy Sexuality and the Gospel 저자, 부모와 청소년 자녀를 위한 The Holy Sexuality Project 비디오 시리즈 프로듀서

Copyright © 2023 by Mark Jones

Originally published in English as *The Pilgrim's Regress*
by P&R Publishing Co. Phillipsburg, New Jersey 08865, U.S.A.

Published by arrangement with P&R Publishing Co. through rMaeng2,
Seoul, Republic of Korea.

This Korean translation edition © 2025 by Jireh Publishing Company,
Gyeonggi-do, Republic of Korea.

All rights reserved.

## 마크 존스가 말하는 영적 퇴보와 배교
The Pilgrim's Regress
: Guarding against Backsliding and Apostasy in the Christian Life

마크 존스 지음
오현미 옮김

| | |
|---|---|
| 초판 1쇄 인쇄 | 2025년 6월 20일 |
| 초판 1쇄 발행 | 2025년 6월 27일 |
| 발행처 | 도서출판 이레서원 |
| 발행인 | 문영이 |
| 출판신고 | 2005년 9월 13일 제2015-000099호 |
| 기획·마케팅 | 도전욱 |
| 편집 | 송혜숙 |
| 총무 | 곽현자 |

경기도 고양시 일산동구 백석로71번길 46, 1층 1호
Tel. 02)402-3238, 406-3273 / Fax. 02)401-3387
E-mail: Jireh@changjisa.com Facebook: facebook.com/jirehpub

책값은 표지에 있습니다.

ISBN 978-89-7435-678-1 03230

이 한국어판의 저작권은 알맹2를 통하여 P&R Publishing Co.와 독점 계약한 이레서원에 있습니다. 저작권법에 의하여 한국 내에서 보호받는 저작물이므로 무단 전재와 무단 복제를 금합니다.

마크 존스가 말하는
영적 퇴보와 배교

The Pilgrim's Regress
: Guarding against Backsliding and Apostasy in the Christian Life

초신자 시절, 진보로 향하는 이 순례 여정에 도움을 주신
신실한 '리 로빈슨', '잭 C. 와이톡' 목사님에게
감사로 이 책을 헌정합니다.


능히 너희를 보호하사 거침이 없게 하시고
너희로 그 영광 앞에 흠이 없이 기쁨으로 서게 하실 이
곧 우리 구주 홀로 하나이신 하나님께
우리 주 예수 그리스도로 말미암아
영광과 위엄과 권력과 권세가
영원 전부터 이제와 영원토록 있을지어다 아멘

유다서 24-25절

마크 존스가
말하는
영적 퇴보와
배교

마크 존스 지음
오현미 옮김

THE
PILGRIM'S
REGRESS

: Guarding against Backsliding and
Apostasy in the Christian Life

이레서원

:: 차례 ::

추천의 글 • 1
머리말 • 10
서론 • 12
감사의 말 • 16
들어가는 말 • 17

01 성경의 증거 • 27
02 순례자의 진보 • 42
03 가지각색의 그리스도인 • 56
04 죄의 음험함 • 72
05 식어 버린 사랑 • 89
06 다시 등장하는 교만 • 105
07 경건한 두려움을 버리다 • 120
08 '죽이기'가 죽다 • 138
09 기도를 소홀히 하다 • 155
10 성경을 소홀히 여기다 • 173

11 교회를 버리다 ● 185
12 영적 퇴보의 우둔함 ● 198
13 영적 퇴보자의 회복 ● 212
14 배교로 빠져들다 ● 225
15 연약한 은혜의 승리 ● 236

결론 ● 251
함께 읽으면 좋을 책 ● 255

## 머리말

그리스도인이라면 누구나 주 안에서 형제자매인 사람들이 일찍이 지녔던 믿음을 떠나 떠도는 모습을 목격한다. 한때 헌신적이고 뜨거웠던 사람들이 점점 냉랭해지고 점점 거리가 멀어지고 점점 불만스러워하는 모습을 보이는 것이다. 그러면 우리는 깜짝 놀라 의아해한다. 저 사람들은 다시 죄에 빠져드는 중일까, 아니면 기독교 신앙을 아예 거부하는 과정에 있는 것일까? 다들 이러한 광경을 목격하지만, 이 문제를 다루는 좋은 책들은 별로 찾아볼 수 없다. 아주 흔한 경험인데도 도움이 될 만한 자료가 거의 없다. 바로 이런 이유로 나는 이 책이 참 고맙다. 이 책은 우리의 필요를 충족시켜 주고 빈 곳을 채워 준다.

이 책에서 마크 존스는 걱정스럽기도 하고 위로가 되기도 하는 주제를 다룬다. 걱정스럽다 함은, 우리가 만약 계속 주시하지 못할 경우, 계속 참되지 못할 경우, 늘 신실하지 못할 경우 우리 중 누구에게나 영향을 끼칠 수 있는 영적 상태를 진단하기 때문이다. 달려갈 길을 다 마치고 안전하게 천국에 도착할 때까지는 누구도 무사할 수 없고, 누구도 순조로이 살 수 없으며, 누구도 면류관을 받으리라 안심할 수 없다. 이 책은 우리가 늘 하나님께 순종하고 하나님의 은혜의 수단에 자신을 맡기지 않을 경우 우리 앞에 벌어질 일에 대한 두려움으로 우리를 오싹하게 만들고 정신이 번쩍 들게 만든다.

하지만 이 책은 우리 하나님께서는 참으로 자기 소유인 사람들을 사랑하시며 그중 단 한 사람도 잃지 않으시리라고 우리를 안심시킨다는 점에서 위로가 되기도 한다. 그리고 하나님의 은혜가 미치지 못할 만큼, 혹은 하나님의 용서 능력을 벗어날 만큼 죄를 짓는 사람은 없다고 우리를 안심시킨다. 또한 우리가 수없이 많이 표류하고 아주 멀리 미끄러져 들어가도 하나님은 언제나 간절히, 그리고 기꺼이 우리를 다시 받아들여 주신다고 확신을 준다.

멀리 떠나가는 것 같은 누군가를 이해하고 안내해 주려는 사람에게, 어떤 성도가 지금 다시 죄로 빠져들었거나 타락하고 있는지 궁금한 목회자에게, 자기 영혼의 상태를 걱정하는 사람에게, 이 책은 복이 되고 도움이 될 것이다. 존스는 아주 옛적부터 있어 온 그리스도인들의 깊은 샘에서 지혜를 길어 올리고, 성경에 전적으로 의지하여, 신학자의 정밀함과 목회자다운 사랑으로 글을 써 내려간다. 존스의 글은 우리에게 격려를 주고 위로를 주며, 우리를 꾸짖고 권면한다. 존스는 궁극적으로 우리 하나님을 영화롭게 하고 그분의 백성을 섬기기 위해 글을 쓴다.

팀 챌리스

www.challies.com

## 서론

2013년 나는 *Antinomianism: Reformed Theology's Unwelcome Guest?*(반율법주의: 개혁신학의 달갑지 않은 손님인가?)라는 책을 썼다. 이 책에서는 넓은 의미의 개혁주의 진영에서 일어나는 몇 가지 문제를 다루었다. 그 당시, 성화가 단순히 칭의에 익숙해지는 기술이라는 개념이 등장했다. 통례적으로 이런 믿음과 함께 등장하는 또 한 가지 염려스러운 견해가 수많은 대중의 사고 속에 깊이 자리를 잡게 되었다. 역사적 개혁주의 정통 신앙과 전적으로 일치되지 않는 몇 가지 십볼렛(삿 12:5-6 참조-옮긴이)이 등장했지만, 이에 의문을 표했다가는 '반복음'(anti-gospel)적인 사람으로 취급받을 위험이 있었다. 영적으로 미지근한 탓에 영적인 해를 입을 가능성에 대해 신자들에게 경고한다는 것은 "하나님의 놀라운 은혜 안에서 평안히 쉬라"고 신자들에게 빈번히 권유하는 말에 반하는 것 같았다.

그리스도를 통한 하나님의 구원의 영광을 성실하게 이야기하는 기독교 서적들에 대해서는 감사할 수 있다. 하지만 우리가 생각해 보아야 할 조금 불편한 문제들을 다루는 책은 어떠한가? 오늘날 교회의 모든 것이 다 순조롭다고 생각할 만큼 우리는 순진한가? 일부 심각한 문제들이 교회를 괴롭힌다는 사실에 동의한다면, 그저 격려만 받을 것이 아니라 때로는 훈계와 경고를 받을 필요도 있다는 점을 받아들일 자세가 되어 있는가?

이 책은 그리스도인의 영적 퇴보 문제를, 그리고 어느 정도의 배교 문제를 직시한다. 영적 퇴보에 관해 가르치고 설교하려면 하나님과 성실하게 동행하기 위해 무엇이 요구되는지에 대해 명쾌한 개념을 가지고 있어야 한다. 많은 이가 그리스도인의 삶을 단순히 하나님의 은혜 안에서 안식하는 문제로 만들고 싶어 하기 때문에, 이들은 신자가 믿음을 갖기 전 상태로 돌아갈 수 있으며, 심지어 은혜 상태에서도 영적인 해(예를 들어 하나님과의 교제가 드물어지는 것)를 입을 수 있다는 현실에 대해 이야기하기를 썩 편안해하지 않는다. 하지만 다루기 어려운 문제라고 해서 회피해서는 안 된다. 이런 문제일수록 관심을 가져야 하고 정밀하게 다루어야 하며 하나님의 백성을 도우려는 목회적 목표로 접근해야 한다. 그래서 영적 퇴보와 배교를 다루는 이 책에서 나는 이 문제에 관해 글을 쓸 필요가 있다고 생각한 목회자와 신학자들을 교회 역사의 다양한 시대에서 불러내어 도움을 받았다. 오늘날에는 이 주제가 회피되고 있는 것 같지만, 과거에는 그렇지 않았다.

내가 도움을 받은 이런 안내자들 중에는 이른바 청교도들도 있는데, 나는 이 영국인 신학자들을 차라리 개혁파 가톨릭교도로 여기고 싶다. 실제로 이들이 쓴 설교문과 글을 보면 그때까지의 교회 역사에 등장하는 다수의 목회자와 신학자들을 곳곳에서 참고하여 언급하는데(그래서 공교회성을 지녔다는 의미에서 가톨릭교도라 생각하고 싶다는 것이다), 이런 내용들은 이런저런 면에서 건전한 개혁주의와 초교회적 신앙 고백 전통의 한 부분이기도 하다. 청교도들을 누구나 다 좋아하지는 않는다. 심지어 일부 개혁주의 진영에서도 마찬가지다. 이것이 뜻밖인 데에는 몇 가지 이유가 있다. 청교도들이 오늘날까지 여러 장로교회에서 받아들이는 신앙 고백서들을 작성했다는 어쩌면 성가신 사실도 결코 무시할 수 없는 이유다. 그렇기는 해도, 청교도들이 어떤 식으로 구원의 확신을 앗아가는지에 대해 많은 이가 이야기할 것이고, 그런 예로 존 오웬이 죄 죽임에 대하여 쓴 글이나 심지어 존 버니언의 『천로역정』(*The Pilgrim's Progress*)을 가리킬지도 모른다. 하지만 많이들 호의적으로 받아들이는 데인 오틀런드의 『온유하고 겸손하니』(*Gentle and Lowly*)에 뼈대를 제공한 것은 토머스 굿윈의 *The Heart of Christ in Heaven towards Sinners on Earth*(이 땅의 죄인을 향한 천상의 그리스도의 마음)이다.

청교도들을 이렇게 비판하는 사람들이 과연 교회 역사의 다른 시대 문헌들은 폭넓고 세심하게 읽었는지 의심해 봐야 한다. 그 사람들이 청교도의 목회 신학에 거리낌을 느낀다면, 다수의 초기 교부나 중세 신학자의 책을 읽고는 어떤 느낌이었을지 상상이 안 된다. 1세대 개혁자들도 우리를 조금 움찔하게 만들 만한 놀라운 책들을 썼다. 다른 건 몰라도 J. C. 라일의 책 『거룩』(*Holiness*)에서 "롯의 아내를 기억하라"라는 장은 읽지 말라.

이 책에서 나는 청교도들의 자료를 활용하지만, 또 한편으로는 토머스 보스턴(1676–1732), 앤드류 풀러(1754–1815), 아치볼드 알렉산더(1772–1851), 옥타비우스 윈슬로우(1808–78) 같은 다양한 전통 출신 신학자들의 많은 작품을 즐겁게 맛보았다. 이 사람들 중에 청교도는 하나도 없다. 하지만 이들은 영적 퇴보와 배교에 관해 명확하고도 통찰력 있는 글을 썼다. 이들은 영적 퇴보의 위험, 그 증상, 그리고 성도가 하나님 및 하나님의 백성과 친밀한 교제를 회복할 수 있도록 하려면 어떤 치료제가 필요한지 정확히 이해하고 있었다.

이 책은 학술서가 아니라 목회 신학에 관한 책이다. 통상적으로 목회자는 영적 퇴보자들과 배교자들을 직접 접한다는 점에서 이를 주제로 책을 쓰고 설교하는 데 가장 적격인 사람들일 것이다. 이는 교회들의 건강성 여부와 상관없이 목회자들이 직면하는 서글픈 현실이다. 나는 우리 교회의 충성스러운 하나님의 종들에 관해 깊이 감사한다. 우리 교회에서 나는 십오 년 넘게 목회를 이어오는 특권을 누리고 있다. 그 세월 동안, 교회를 떠나 방황하다가 돌아온 사람도 있고, 방황하면서 슬프게도 (아직) 돌아오지 않은 사람도 있다. 어떤 사람은 누가 봐도 확실하게 표류하고 있고, 아직은 아닌 사람도 있다. 영광을 향해 가면서 은혜 안에서 아름답게 성장해 나가는 사람도 많다. 사실 교인들의 영적 퇴보는 교회 이야기의 한 부분일 뿐이다. 이 책이 전하는 메시지 중에도 있지만, 이 충성스러운 성도들과의 교제를 통해 하나님께서 얼마나 여러 번 나를(그리고 이 성도들을) 영적 퇴보에서 지켜 주셨는지 나도 알지 못한다. 하지만 이 사실을 염두에 두고 우리 성도들에 대해 이제 하나님께 감사드릴 수 있을 만큼은 알고 있다.

지금까지 내가 쓴 모든 책 중에서 이 책은 특히 힘들게 썼는데, 이는 이 문제가 남의 일이 아니라 내가 사랑하는 많은 사람과 밀접하게 연관되기 때문일 뿐만 아니라, 내가 나 자신의 마음을 알기 때문이기도 하다. 이 책에 등장하는 어떤 내용들은 자연스럽게 나의 개인적인(그리고 고통스러운) 경험에 바탕을 두고 있다. 바로 그 이유로 나는 기도한다. 이 책의 내용이 여러분에게 아픔이 된다면, 그와 동시에 이 책을 통해 소망과 치유, 그리고 행복도 전해지기를.

## 감사의 말

여러 사람의 도움으로 이 책을 쓸 수 있었다. 특히 이 책이 현실이 될 수 있도록 온갖 수고를 아끼지 않으신 P&R 출판사의 존 휴스에게 감사드린다. 좋은 편집자는 쉽게 찾을 수 없는데, 카렌 매그너슨이 바로 그런 편집자다. 내 친구 밥 매켈비는 원고 전체를 통독하고 여러 가지 유익한 조언을 해 주었다. 밥은 존 오웬에 관한 나의 MA 논문을 처음 지도해 준 이후 여러 해 동안 나에게 큰 축복이었다. 밴쿠버에서 내 집필 작업을 지지해 주는 교회를 만난 것도 내게는 복인데, 특히 장로님들은 보편 교회를 위해 책을 쓰라고 힘을 북돋아 주신다.

이 책의 경우 페이스 교회의 마이크 오도나휴 집사님이 원고를 통독하고 몇 가지 구체적 격려를 해 주셨다. 마지막으로, 이보다 더 고마울 수 없는 내 가족이 있다. 가수 티나 터너의 표현을 빌리자면, 내 아내와 아이들은 그저 최고다.

솔리 데오 글로리아.

# 들어가는 말

> 신자는 견인이 확실히 보장되기에
> 우리가 그토록 자주 볼 수 있는 경고의 말을
> 무시해도 된다는 그런 말은 신약성경에 없다.
>
> _싱클레어 퍼거슨[1]

19세기의 위대한 장로교 신학자 윌리엄 플러머는 어떤 사람이 한 목사를 비난하는 이야기를 들려준다. 비난의 이유는 그 목사가 성도의 견인 교리를 반대한다는 것이었다. 그 목사는 (회개하지 않은) 죄인의 견인은 사실 반대하고, 성도의 견인은 전적으로 지지한다고 단언했다. 이 의견에 불만이었던 그 사람은 목사에게 이렇게 응수했다. "하나님의 자녀가 아주 낮은 곳까지 떨어졌다가도 회복될 수 없다고 보는 겁니까?"[2] 목사는 그 가능성을 부인하지 않으면

---

1 Sinclair Ferguson, *The Christian Life: A Doctrinal Introduction*(Edinburgh: Banner of Truth, 1981), 174.

2 William S. Plumer, *Vital Godliness: A Treatise on Experimental and*

서도 그런 "실험은 매우 위험할" 것이라고 침착하게 대꾸했다.³ 플러머는 목사의 말에 동의하면서 이렇게 덧붙인다. "자기 믿음이 얼마나 내리막길로 갈 수 있는지, 그럼에도 어떻게 회복될 수 있는지 확인해 보려고 하는 사람은 자기 영혼을 잃을 것이다."⁴ 나라면 "자기 영혼을 잃을 것 같다"고 말하겠지만, 플러머의 직감이 옳다고 여겨진다. 즉, 고의적으로 하나님을 떠나 떠도는 것은 위험한 일이며, 달리 표현해 이는 그리스도인의 영적 퇴보라고 알려져 있다.

그리스도인들이 대체적으로 받아들이는 성경의 분명한 가르침이 있는데, 일단 그리스도 안에 있게 되면 죄에 대해서는 죽고 의에 대해서는 살게 됨에 따라 거룩함 면에서 그리스도를 닮게 된다는 것이다(롬 8:29). 믿음의 삶(갈 2:20), 즉 성화된 삶은 "영광에서 영광에 이르"는 여정이다(고후 3:18). 하지만 그리스도인은 여전히 남아 내재하는 죄가 그리스도를 따르지 못하게 가로막고, 심지어 그리스도에게서 멀리 떨어지도록 만들기도 한다는 사실 또한 실감한다. 그렇게 누구에게도 저지되지 않고 떠도는 상태를 우리는 영적 퇴보라고 부른다.

하나님의 은혜로 그리스도를 위해 잘 살아가는 삶에서 멀어지는 것은 우리 육체에 늘 존재하는 가시인 것 같다. 찰스 스펄전은 1870년 3월 13일 영적 퇴보에 관해 설교하면서 자기 교회를 향해 이렇게 말했다. "이 질병이 하나님의 백성 사이에 얼마나 만연해 있는지, 언제가 됐든 이 병을 앓지 않는 사람이 거의 없지 않을까

---

*Practical Piety* (New York: American Tract Society, 1864), 148.
3   Plumer, 148.
4   Plumer, 148.

합니다."⁵

영적으로 사고하는 신자가 다른 것보다 더 겸손하게 고찰해야 할 사실이 하나 있다면, 하나님께서 이 사람을 위해 행하신 모든 일, 즉 은혜를 풍성하게 보여 주시고, 오래 참음과 온유함으로 가르치시고…사랑받는다는 증표를 보여 주시고, 경험으로 교훈을 얻게 하신 후에도 이 사람의 마음속에 여전히 하나의 소인(素因), 즉 하나님에게서 벗어나고 싶다는 은밀하고 영구적이며 놀라운 성향이 존재한다는 것이다.

그래서 19세기의 목회자이자 찰스 스펄전 및 J. C. 라일과 동시대인인 옥타비우스 윈슬로우는 탁월한 저서 *Personal Declension and Revival of Religion in the Soul*(개인 영혼의 신앙 쇠퇴와 소생)에서 위와 같이 말했다.⁶ 참으로 우리가 구주에게 등을 돌리고 그리하여 성령을 근심하게 만듦에 따라 얼마나 신속하고 쉽게 하나님을 위한 삶에서 멀어질 수 있는지 우리는 겸손하게 인정해야 하며, 하나님의 자녀치고 이 일에서 예외인 사람은 별로 없다는 것도 사실이다.

오늘날 교회에서 하나님을 향해 충성스럽게 성경적으로 열심

---

5   Charles Spurgeon, *The Metropolitan Tabernacle Pulpit: Sermons* (London: Passmore & Alabaster, 1871), 145. 이 문장의 나머지 부분은 다음과 같다: "자신의 마음을 올바로 판단해 볼 때 지금 이 순간도 우리는 어느 정도 영적으로 퇴보하고 있다고 대다수가 고백하지 않을까 합니다." 여기서 스펄전이 무슨 의미로 이런 말을 하는지 이해할 수 있을 것 같다. 특히 "어느 정도"라는 표현을 생각하면 더욱 그렇다. 하지만 나는 영적 퇴보를 우리가 대체적으로 그리스도인답지 못하다는 뜻이 아니라 좀 더 명백하고 지속적인 어떤 것으로 정의하기에, 내가 목양하는 교인들을 가리키며 이들이 기본적으로 영적 퇴보자들이라고 의혹의 시선을 던지지는 않을 것 같다. 모든 신자가 다 영적 퇴보자들이라면, 그것은 누구도 영적 퇴보자가 아니라는 말과 같다.

6   Octavius Winslow, *Personal Declension and Revival of Religion in the Soul* (Eugene, OR: Wipf and Stock, 2001), 9.

을 보이는 태도가 전반적으로 퇴조하고 있다고 느끼는가? 내가 생각하기에 상황이 특별히 더 나빠졌다고 주장할 수는 없다. 그런 주장은 입증하기도 힘들고, 교회 역사와 사람들에 관한 순진한 이해를 드러낸다. 통상적으로 우리는 지금 진짜 영적으로 불행한 때에 살고 있다고 생각하는 경향이 있다. 어떤 의미에서는 정말 그렇다! 통계를 믿을 수 있다면, 그리고 일반적 관측에 따르면, 대략 2015년 이후 우리는 이른바 "탈교회 위기"(de-churching crisis)에 직면해 왔다.

우리는 불안한 시대에 살고 있다. 하지만 청교도인 존 오웬도 그 시대에 우리와 똑같은 생각을 했다. 『배교의 본질과 원인』(*On the Nature of Apostasy*)에서 오웬은 다음과 같은 주장으로 "독자에게 드리는 글"을 시작한다.

> 이 시대의 신앙 상태가 기독교 세계 대부분 지역에서 개탄할 만하다는 것은 신앙이라고 일컫는 것에 관심 있는 사람이라면 누구나 인정하는 사실이다…온 세상이 인간 정욕의 끔찍한 결과와 하나님의 불쾌함을 보여 주는 서글픈 증표들로 가득하다는 것이 너무도 뚜렷해서, 하늘에서든 땅에서든 모든 것이 우리가 고백한 신앙이 본래의 아름다움과 영광에서 타락했음을 알리고 있다.[7]

오웬이 오늘날 상태를 보면 뭐라고 말할지 궁금하다(아마 많은 말을 할 것이다!).

---

7  John Owen, *The Works of John Owen*, ed. W. H. Goold, 24 vols. (Edinburgh: T&T Clark, 1850-53), 7:3.

우리 시대가 최악이라고 생각해서도 안 되지만, 우리가 유례없는 축복의 시대를 경험하고 있다고 생각하지 않도록 주의할 필요도 있다. 목회자로서 말하자면, 나는 최근의 전 세계적인 팬데믹(COVID-19) 사태가, 교회 안에 십중팔구 존재했으나 이제 독특한 방식으로 공공연히 모습을 드러낸 어떤 문제들(예를 들어 환대의 결핍 혹은 환대에 대한 무관심)을 악화시키고 있다고 본다.

많은 그리스도인이 지난 몇 년 사이 자신의 개인적 퇴보를 애통해하고 있다. 어떤 이들은 자신이 주님의 일에 계속 냉담하고 열의가 없는 것에 대해 진심으로 걱정하는 듯해 보이지만, 이들은 어떻게 해야 첫사랑을 "되찾고" 재발견할 수 있을지 잘 알지 못한다. 또 어떤 이들은 그리스도인으로서의 자기 삶이 전 같지 않음을 깨닫기는 하면서도 그 불안한 느낌에 무관심한 것 같다. 함께 드리는 예배를 제멋대로 빼먹는 이들도 많고, 그러면서도 전처럼 양심의 가책을 느끼지도 않는 것 같다. 왜냐하면 이 사람들은 더 이상 전적으로 정당화될 수 없는 다양한 핑계에 의지해 살고 있기 때문이다. 어떤 이들은 온라인 예배를 드린다고 여전히 주장하지만, 이런 사람들도 자기 형편이 허락할 때 대개는 별 관심도 없이 예배를 구경만 하는 편이라고 인정할 것이다.

팬데믹 때문에 그리스도인의 삶 여러 측면이 얼마나 힘들어졌는지 생각해 보면 약간 측은한 마음이 들 수도 있다. 예를 들어 그리스도인들 간의 교제와 환대는 많은 나라에서 줌 미팅으로 대체되었는데, 이는 서로를 냉대하고 더 나아가 주님을 냉대하는 태도와의 싸움을 촉진했을 뿐이다(마 25:40). 이런 싸움이 벌어지기는 해도, 수많은 사람이 영적으로 퇴보하고 있다는 현실이 달라지지는 않는다. 실제로, 자녀를 키우는 사람들은 아이들이 지난 몇 년 동안 별다른 영적 진보를 보이지 않았다는 사실을 실감하고 있다. 사랑하는 자녀들의 영적 상태를 보면서 느끼는 스트레스로 부모들의 염려는 가중된다. 이런 부모들은 자녀가 이렇게 영적으로 무기력하고 무관심하고 무지한 데에는 부모의 책임도 어느 정도 있다는 사실을 겸손히 인정할 것이다.

이런 영적 무기력과 불성실은 반드시 회개해야 할 영적 퇴보 자세를 드러낸다. 실제로 영적 퇴보는 종류가 무엇이든 하나님 보시기에 지극히 심각한 문제다. 토머스 애덤스의 말을 빌리자면, "영적 퇴보는 언제나 하나님 보시기에 지극히 가증한 죄다. 그렇다, 이는 하나님의 존귀를 손상시키고 하나님의 본질에 반하는 온갖 죄들이 한 다발, 혹은 한 꾸러미로 묶인 것이다."[8] 그런 태도로 우리는 진리의 하나님께 대한 위선을 드러낸다. 변하지 않는 하나님 앞에 우리의 변덕스러움을 드러낸다. 신실하신 하나님께 대한 우리의 불성실을 드러낸다. 은혜로우신 하나님께 대한 우리의 배은망덕을 드러낸다.[9]

성령으로써 하나님과 그리스도에게로 돌아가야 한다(그리고 돌아갈 수 있다). 호세아는 주로 성적 우상 숭배로 표현되는 북왕국의 바알 숭배가 근심되어, "이스라엘아 네 하나님 여호와께로 돌아오라 네가 불의함으로 엎드러졌느니라"(호 14:1)라고 간청한다. 회개는 생명과 약속으로 이어진다.

내가 그들의 반역을 고치고

---

8   Thomas Adams, *An Exposition upon the Second Epistle General of St. Peter* (London: Henry G. Bohn, 1848), 570.

9   Admas, 570.

기쁘게 그들을 사랑하리니
나의 진노가 그에게서 떠났음이니라(호 14:4)

　하나님의 사랑은 영적으로 퇴보했다가 회개하는 사람을 자신에게 끌어들이고 자신에게 돌아오라고 설득하는 사랑이다. 이는 값없이 기꺼이 주는 사랑이다. "기쁘게 그들을 사랑하리니." 하지만 성경이 명백히 증언하다시피 회개는 보증되는 사실이 아니다. 서서히, 혹은 신속히 주님을 떠나간 뒤 다시는 돌아오지 않는 사람들도 있다. 베드로와 유다는 끓는 가마솥 같은 죄 속으로 뛰어들었지만, 거기서 나온 사람은 베드로뿐이다. 앤드루 풀러가 통찰력 있는 저서 *The backslider*(영적 퇴보자)에서 말하는 것처럼, "하나님을 부분적으로 떠나는 것과 완전히 떠나는 것이 어떻게 다르든, 떠나는 사람은 그 당시에는 그 차이를 알아차리기 힘들거나 불가능하다."[10] 마찬가지로, 리처드 백스터도 "부분적 퇴보는 전적 배교의 자연스러운 경향이며, 특별한 은혜가 막아 주지 않는 한 전적 배교를 초래할 수 있다"고 지혜롭게 말했다.[11] 미끄러운 경사면은 늘 존재하고, 미끄러지는 사람은 영원한 어둠과 절망 속으로 떨어질 때까지 계속 미끄러진다.
　여기서 고려할 것은, 믿음을 완전히 버린 두드러진 사례들을 성경이 다수 제시하고 있다는 사실이다. 이를 일컬어 배교라고 한

---

10　Andrew Fuller, *The Backslider* (London: Hamilton, Adams, and Co., 1840), 19. 싱클레어 퍼거슨도 비슷한 말을 한다. "엄연한 사실은, 영적 퇴보의 시작과 배교의 시작이 어떻게 다른지 누구도 모른다는 것이다. 두 가지 다 겉보기에는 똑같다." "Apostasy and How It Happens," March 14, 2023, https://www.ligonier.org/learn/articles/apostasy-and-how-it-happens.

11　Richard Baxter, *The Reformed Pastor* [. . .] (London: James Nisbet & Co., 1860), 125.

다. 풀러는 "참신앙을 고백한 뒤 이들은 이 신앙을 버리고 변절한다"고 말한다. 그리고 "영적 퇴보자는 마음 상태가 악한데도 흔히들 이 사람을 선한 사람으로 여긴다. 성경은 영적 퇴보라는 말을 이런 적용에 한정하지 않는다…영적 퇴보는 언제나 참된 신앙 고백을 가정하는 것이 사실이다. 하지만 이것이 반드시 고백 내용의 실제 존재를 가정하지는 않는다. 영속하는 퇴보, 멸망으로 영원히 다시 끌려 들어가는 경우가 있다"고 덧붙인다.[12] 그러므로 영적 퇴보를 생각할 때는 회개하지 않는 영적 퇴보의 결과, 즉 배교도 반드시 고려해야 한다.

이 책의 목표는 단순히 영적 퇴보와 배교의 진상(眞相)을 확실히 하자는 것이 아니라, 이런 현상을 진단해서 주님을 떠나 떠도는 일의 위험과 그 증상을 알고, 그리하여 하나님께서 말씀을 통해서 주신 다양한 처방을 적용하여 퇴보한 영혼을 치유하자는 것이다. 나는 다시 새롭게 되어 회개로 이어질 수 없는 완전한 배교를 막을 능력이 없다(히 6:4-6을 보라). 내가 바라는 것은, 배교로 귀결되는 개인적 퇴보의 실제 위협과 위험을 영적 퇴보자에게 경고하고 일깨우는 일에 도움이 되었으면 하는 것뿐이다. 이렇게, 진단도 중요하지만 치료책도 그에 못지않게 중요하다. 이 치료책은, 하나님께 등을 돌린 영적 퇴보자를 다시 하나님께로 데리고 오는 것이어야 한다.

이 책을 읽는 사람이라면 자신의 영적 상태나 사랑하는 사람의 영적 상태가 걱정되어 도움을 구하는 사람일 것이다. 아니 어쩌면 교인들 중 누군가에게 문제가 있음을 느끼고, 자신의 눈에 보

---

12  Fuller, *The Backslider*, 16-17.

이는 그 위험을 인지하고 해결하는 방법에 도움을 받고자 하는 목회자일 수도 있다. 제멋대로인 교인들을 향해 모든 목회자가 그렇게 섬세한 감수성을 키워 갈 수 있도록 하나님께서 기꺼이 도와주셨으면 한다. 어쩌면 사랑하는 가족의 영혼을 염려하는 사람이 이 책을 읽을 수도 있다. 살다 보면 누구라도 어느 시점에서 그런 상황이 될 수 있다. 위로를 받으라. 주님의 팔이 짧아 구원하지 못하는 일은 없을 것이며(사 59:1), 그 팔은 바로 주님의 아들 예수 그리스도시니 그분은 자기 양을 찾아 무리 가운데로 데려오는 분이시다. 하지만 무리를 떠나 헤매는 사람이 누군지 먼저 확인이 되어야 찾아 나설 수 있다.

〈나 같은 죄인 살리신〉이라는 찬송에는 "잃었던 생명 찾았고"(I once was lost, but now I'm found)라는 가사가 있는데[13] 이 가사는 다시 돌아오는 영적 퇴보자에게 실제로 적용될 수 있다. 부디 이 사람이 하나님의 오래 참고 변하지 않으며 놀라운 은혜에 대해 열정을 새로이 하고 이 가사를 다시 노래할 수 있기를 기도한다.

---

13   John Newton, "Amazing Grace!" (1779).

# 01 성경의 증거

> 영적 퇴보자여, 그대의 사건은 두려운 사건이다.
>
> _ 토머스 보스턴[1]

### 영적 퇴보와 배교

태초에 아담과 하와가 하나님에게서 멀어졌고, 이는 결국 여호와의 성전(에덴)을 떠나는 일로 이어졌다. 이 사례는 교회 안에서 일어난 여러 사건에 비해 독특하기는 하지만, 두 사람이 타락 전 시대에도 살았고 타락 후 시대에도 살았다는 사실을 생각하면, 이들은 하나님에게 등을 돌리고 어떤 의미에서 영적 퇴보자와 배교자 역할을 한 최초의 인간이라고 할 수 있다. 에덴 성전에서 출교당한 두 사람은 하나님의 약속에 의해 영광스럽게 회복되어(창 3:15) 하나님과 다시 교제할 수 있게 되었다. 이 땅에서는 비록 내재(內在)하는 죄와 함께 여생을 살아야 했지만 말이다.

---

1 Thomas Boston, *The Whole Works of Thomas Boston*, 12 vols. (Aberdeen: George and Robert King, 1852), 11:390.

타락 이후, 창세기에서 요한계시록에 이르기까지 성경은 하나님의 백성 중에서 등장한 영적 퇴보자와 배교자의 충격적인 목록을 보여 준다. 하지만 성경은 하나님께서 오래 참으시고 용서하시고 은혜를 베푸셔서 영적 퇴보자들이 그 길에 더는 머물 필요가 없게 해 주시는 광경도 보여 준다.

우리는 영적 퇴보를 당연히 마음의 문제로 생각한다. 완전한 배교도 마찬가지지만, 방식이 다르다. 완전한 배교는 뚜렷한 방식으로 성령을 거부하는, 돌같이 굳은 마음을 드러낸다. 배교자는 한때 일종의 영적 퇴보자였지만, 영적 퇴보자라고 해서 반드시 다 배교자는 아니다. 하나님 찬양! 참그리스도인이 영적으로 퇴보할 수는 있지만, 위로부터 초자연적인 믿음을 선물받은 성도는 궁극적으로 믿음을 버리고 변절할 수 없다. 그리스도 안에 있는 사람에게는 연약한 은혜도 승리를 일굴 수 있음이 증명된다. 주님에게로 절대 다시 돌아가지 않는 사람도 그리스도를 믿는 믿음을 고백했을 수 있지만, 그런 사람은 설령 여러 영적 현실을 체험했을지라도 그리스도에게 참으로 접붙여져서 회개에 합당한 열매를 맺지 못한 사람이다.

아치볼드 알렉산더의 탁월한 저서 *Thoughts on Religious Experience*(신앙 체험에 관한 고찰)에는 영적 퇴보에 관한 항목이 있는데, 여기서 그는 영구적 퇴보와 일시적 퇴보를 구별할 뿐만 아니라 시종일관 경건한 삶을 사는 사람도 "잠시 비교적 냉담하고 무관심한 시기"를 겪고 그리하여 "거룩한 삶에서 언제나 똑같은 빛과 생명과 위로를 누리지 못할" 수 있다고 말한다.[2] 이는 충성스러운 그리

---

2   Archibald Alexander, *Thoughts on Religious Experience* (Philadelphia: Presbyterian Board of Publication, 1841), 206.

스도인의 삶에 흔히 있는 일로, 꼭 영적 퇴보라고 이름을 붙일 수는 없다. 그보다 영적 퇴보란 그리스도인이 "하나님과 친밀히 동행하는 길에서 점차 멀어지고, 거룩한 일에 관한 생생한 감각을 잃으며, 세상에 지나치게 집착하고 세상 염려에 지나치게 몰두하게 되는 것이다. 그리하여 마침내 마음 지키기를 소홀히 하고, 골방에 들어가서 이행해야 할 본분을 빼먹거나 가볍게 이행하며, 신앙의 진보를 위한 열정이 소멸되고, 전에 민감한 양심으로 거부했던 많은 일에 탐닉하고 이를 옹호하기에 이른다."[3] 달리 말해, 그리스도인으로서의 순종이 상당 부분 경로를 벗어나게 된다.

이 책에서 우리가 염려하는 것은 영적 체험에서 "아주 잠깐"(예를 들어 하루나 일주일 정도 마음이 언짢은) 냉랭한 마음이 되는 것이 아니라, 겉으로 확연히 드러나는 영적 퇴보 및 이 퇴보와 배교가 어떤 관계인가 하는 문제다. 이 문제를 다루는 신학자들은 영적 나태가 어느 정도 지속되어야 공식적인 퇴보가 되는지 그 기간을 한정하지 않는 지혜로움을 발휘한다. 삼 주 동안 영적인 일에 무관심하면 영적 퇴보라고 주장할 경우, 이 주 반 동안은 "무심한 그리스도인"으로 살아도 되느냐고 묻는 사람이 있을지 모른다. 그런 이유 때문에 솔직히 나도 기간을 한정하고 싶지 않지만, 하나님과 그리스도를 소홀히 하는 시간이 하루 이틀에서 이 주 삼 주가 되었다가 다시 한 달 두 달이 될 때는 확실히 조심해야 한다고 생각한다. 그리스도를 섬기는 일에는 휴일이 있을 여지가 없다. 그리스도께서는 날마다 자기를 부인하라고 말씀하신다(눅 9:23). 하지만 진짜 배교자는 결국 신앙으로 돌아오지 않는다는 점에서, 완전

---

3    Alexander, 207.

한 배교는 특정한 기간의 관점에서 쉽게 정의될 수 있다.

스코틀랜드의 신학자 에버니저 어스킨은 "그리스도에게서 전적으로 이탈 내지 떨어져 나오느냐 혹은 부분적으로 이탈 내지 떨어져 나오느냐"를 구별한다.[4] 악한 자(유기자)는 전자(즉, 전적인 이탈)에 속하는 반면, 경건한 사람은 후자(즉, 부분적 이탈) 상태가 될 수 있다. 어스킨은 경건한 사람도 "상당 기간 방치되어 비통하게도 그리스도와 그분의 길에서 떨어져 멀리 갈 수 있기 때문에" 일시적으로 주님에게서 등을 돌릴 수 있다고 덧붙인다. "하지만 떨어질 때도 이들은 마치 목재나 코르크가 물에 떨어지는 것 같아서, 처음에는 가라앉지만 믿음과 회개로 다시 떠오른다."[5] 참신자가 심지어 배교자라는 딱지가 붙을 정도로 무너질 수도 있지만, 은혜가 이기기 때문에 이들은 다시 양 무리에게 돌아올 것이다. 존 플라벨이 The Fountain of Life(생명의 샘)에서 말하다시피, "신자들이 신앙 퇴보를 면제받을 특권은 없지만, 궁극적 배교와 멸망에서는 확실히 보호받는다. 새로운 피조물은 병에 걸릴 수는 있지만, 죽을 수는 없다. 성도는 넘어질 수 있지만, 다시 일어날 것이다(미 7:8)."[6]

웨스트민스터 신앙 고백서 17장 "성도의 견인에 대하여"에서는 영적 퇴보 사실을 인정한다. 웨스트민스터 총회 신학자들은 모든 참된 신자의 최종적 견인을 단언하면서도(17.1-2), 일부 참된 신

---

[4] Ebenezer Erskine, *The Whole Works of the Rev. Ebenezer Erskine: Consisting of Sermons and Discourses on Important and Interesting Subjects* [. . .], 3 vols. (London: William Baynes and Son, 1826), 1:24.

[5] Erskine, 1:24.

[6] John Flavel, *The Works of the Rev. Mr. John Flavel*, 6 vols. (1820; repr., Edinburgh: Banner of Truth, 1997), 1:352.

자들이 "사탄과 세상의 유혹, 이들 안에 남아 있는 부패의 우세함, 견인의 수단을 소홀히 여김으로 중한 죄에 빠질 수 있고, 한동안 그 상태에 머물 수 있으며, 그럼으로써 하나님의 노여움을 사고, 성령을 근심하게 해서, 이들이 받은 은혜와 위로를 어느 정도 빼앗기게 되며, 마음이 완악하게 되고, 양심이 상하게 되며, 다른 사람들을 다치게 하고 불쾌하게 만들며 일시적 심판을 자초하게 된다"고도 인정한다(WCF 17.3).

웨스트민스터 신앙 고백서 다음 장(18.4)에서는 영적 퇴보 중에 있는 참된 그리스도인은 믿음의 확신이 공격당하는 경험을 할 수 있다고 말한다. 영적인 의무들(예를 들어 기도, 공예배)을 소홀히 함에 따라, 그리고 때로 한동안 의도적인 범죄 패턴(예를 들어 습관적으로 술에 취하거나 음란 동영상을 자꾸 본다거나 하는)에 빠져듦에 따라 이들은 자기 양심에 상처를 입히고 성령을 근심하게 한다. 이에 하나님께서는 "얼굴빛을" 거두시고, 이 사람들이 한동안 "흑암 중에 행하여 빛이 없는" 자가 되게 하실 수 있다. 그러나 웨스트민스터 총회 신학자들이 분명히 하고 있다시피, "그래도 이들은 하나님의 씨, 믿음의 생명, 그리스도 및 형제들에 대한 사랑, 진실한 마음과 본분에 대한 자각을 결코 완전히 잃지 않으며, 따라서 때가 되면 성령의 역사로써 이 확신이 되살아날 수 있고, 이로써 그때까지 이들은 극도의 절망에 빠지지 않게 지탱된다"(WCF 18.4). 이는 하나님과의 교제로 다시 돌아온 영적 퇴보자를 적절히 묘사하고 있다.

웨스트민스터 신학자들은 영적 퇴보자들에 관해 오늘날 우리들이 이따금 부인하기도 하고 때로는 당혹스러워서 인정할 수 없는 말을 한다. 신자들이 일시적 심판을 자초할 수 있고, 하나님의 노여움을 살 수 있으며, 하나님의 얼굴빛 없이 흑암 중에 행할 수 있다는 개념은 많은 설교자가 실제적으로는 부인하는 개념이며, 어떤 경우 강단에서 이런 개념들을 조금이라도 신념을 가지고 말하면 신기해하거나 어쩌면 화를 내는 회중들의 얼굴을 목격하게 된다.

자, 이 책은 주로 신앙을 고백하는 그리스도인, 혹은 한때 신앙 고백을 했으나 주님의 빛의 임재를 떠나 어둠 속에서 행하는 것 같은 사람들을 위한, 그런 사람들에 대한 책이라는 것을 기억할 필요가 있다. 영적 퇴보자란 여전히 가시적 교회의 일원이고 믿음을 전부 버리지는 않은 사람을 가리킨다. 배교자는 세상의 모든 불신자를 다 가리키는 말이 아니다. 그보다 배교자란, 한때 신앙 고백을 통해 가시적 교회에 속했던 사람이다. 배교자는 "믿음에 관하여는 파선"하고, 그리하여 사탄에게 넘겨진 사람이다(딤전 1:19-20). 이들은 교회에서 나가지만, 이들은 하나님의 백성에 속하지 않았었다. 이들이 "만일 우리에게 속하였더라면 우리와 함께 거하였으려니와 그들이 나간 것은 다 우리에게 속하지 아니함을 나타내려 함"이라고 요한은 말한다(요일 2:19). 배교자는 복음이 닿지 않은 땅에 사는 이교도보다 더 큰 죄책을 초래한다.

교회 안에서 발각되고 망신당한 거짓 교사들은 가장 악질적 형태의 배교라는 가장 큰 죄책을 지며, 베드로는 이를 다음과 같이 설명한다. "만일 그들이 우리 주 되신 구주 예수 그리스도를 앎으로 세상의 더러움을 피한 후에 다시 그중에 얽매이고 지면 그 나중 형편이 처음보다 더 심하리니"(벧후 2:20). 교사들은 더 엄격히 심판받을 것이기에(약 3:1), 배교한 거짓 교사들에게는 매우 무거운 심판이 기다리고 있다.

영적 퇴보와 배교는 이런저런 식으로 교회가 관련된 문제다. 복음이 닿지 않은 곳의 사람들은 죄 사함받기 위해 하나님의 아들을 안 믿을 수 있지만, 이 책에서 말하는 사람들은 그런 사람들이 아니다.

## 구약성경의 사례

영적 퇴보와 배교는 구약성경에서도 빈번하게 발생했다. 이 일들은 개인에게 일어났다(예를 들어 에서나 롯의 아내). 아사 왕에 관한 이야기도 여러 사례 중의 하나다. 역대기 기자는 아사 왕의 통치에 대해 대체적으로 호의적인 견해를 보이지만, 생애의 마지막 오 년 동안 아사는 영적으로 퇴보하여 하나님을 마땅히 신뢰해야 할 만큼 신뢰하지 못하고, 대신 외국과의 연합에 의지하는 쪽을 더 좋아했다(대하 16:1-14). 아사는 자기 죄에 대해 징벌까지 받은 것으로 보인다(12절). 그리고 개인만이 아니라 하나님 백성 가운데서 집단적으로 퇴보하고 배교하는 모습도 볼 수 있다(민수기, 사사기를 보라).

신명기는 "어떤 불량배가" 다른 신들을 섬기려고 하나님의 백성을 떠난 사건을 묘사한다(신 13:13). 예레미야 시대에 유다는 주님을 버리고 애굽과 앗수르 같은 이방 연합들을 신뢰했지만, 이들의 신은 유다를 보호해 주지 못했다(렘 1:16). 그래서 예레미야는 다음과 같이 선포했다.

네 악이 너를 징계하겠고
네 반역이 너를 책망할 것이라

> 그런즉 네 하나님 여호와를 버림과
> 네 속에 나를 경외함이 없는 것이
> 악이요 고통인 줄 알라
> 주 만군의 여호와의 말씀이니라 (렘 2:19)

여기서 "배교"(apostasy, 개역개정 성경에서는 '반역'으로 옮김-옮긴이)라 칭하는 것을 예레미야 8장 5절에서는 "항상 나를 떠나…감"(perpetual backsliding)이라고 표현했다.

> 이 예루살렘 백성이 항상 나를 떠나
> 물러감은 어찌함이냐
> 그들이 거짓을 고집하고
> 돌아오기를 거절하도다

두 경우 모두 주님에게서 떠나고, 성실한 언약 관계를 저버리기에 이르렀다. 이 책의 목적상 우리는 이 두 경우를 구별하지만, 성경은 두 경우가 밀접한 관계에 있다고 보는 편이며, 따라서 우리도 그렇게 보아야 한다.

사사기는 이스라엘의 영적 퇴보와 배교를 보여 주는 또 하나의 명백한 사례다. 사사기 2장 11-15절에서 하나님의 백성은 바알을 섬겼고, 그렇게 해서 주님을 버렸다. 이들은 자신들을 애굽에서 구해 주신 하나님을 버렸다. 이들은 다른 신들을 좇음으로써 주님을 진노케 했고, 이에 주님은 이들을 대적에게 넘기셨다. 끔찍한 고통에도 불구하고 이들은 주님의 말씀에 귀 기울이지 않았다. 우리가 이를 아는 것은 "이스라엘 자손이 여호와의 목전에 악을 행하여"라는 말이 사사기에 계속 반복하여 등장하기 때문이다(2:11; 3:7; 4:1; 6:1; 10:6; 13:1). 여러 왕도 여호와 보시기에 악한 일을 행했다(예를 들어 왕상 15:26, 34; 왕하 21:20).

이외에도 더 많은 사례를 제시할 수 있다. 대선지서(예를 들어 이사야, 예레미야)에 기록되었든, 소선지서(예를 들어 호세아, 아모스)에 기록되었든, 구약 시대 하나님의 백성은 끊임없이 여호와를 떠났으며, 많은 경우 이들이 받는 심판은 이들의 범죄가 얼마나 심각했는지에 대한 증거였다. 많이 받은 사람에게는 많은 것이 요구된다(눅 12:48).

## 신약성경의 사례

신약성경의 경우, 새 언약이 안정성 있고 영광스럽다고 해서 영적 퇴보와 배교의 현실이 간단히 사라지지는 않는다. 안타깝게도 이 위험은 신약성경 곳곳에 산재해 있으며, 책 전체(예를 들어 히브리서와 요한계시록)가 영적 퇴보의 위험 및 언젠가 심판받을 세상에서 구원의 유일한 소망인 그리스도께 충실해야 할 필요성에 대해 경고하기도 한다.

히브리서 기자는 영적 퇴보와 배교를 편지의 중심 초점으로 삼는 것 같다. 이런 의도가 뚜렷이 보이는 부분(히 6:4-6; 10:25-29)에서만 그런 것이 아니라 처음부터 끝까지 편지 전체가 그렇다. 실제로 이 편지에서 구약성경의 사례들(예를 들어 시 95편)은 새 언약 가운데 사는 그리스도인들을 향한 경고 역할을 한다(히 3-4장). 먼저, 히브리서 기자는 모든 수신인이 "믿지 아니하는 악한 마음"의 위험을 심각하게 받아들이기를 바라는 것 같다. 이런 마음은 사람들이 "살아 계신 하나님에게서 떨어"지게 만들 수 있기 때문이다 (3:12). 죄의 기만성은 우리를 완악하게 만들어 하나님께 대한 반역으로 이끌 수 있다(13-15절).

우리 주님은 일곱 교회와 대면하시되 때로는 깜짝 놀랄 만한 경고를 주신다. 에베소에 있는 교회에는 이렇게 말씀하신다. "그러므로 어디서 떨어졌는지를 생각하고 회개하여 처음 행위를 가지라 만일 그리하지 아니하고 회개하지 아니하면 내가 네게 가서 네 촛대를 그 자리에서 옮기리라"(계 2:5). 라오디게아 교회에 보내는 편지에서, 영적 퇴보 중인 라오디게아 교인들은 이들의 교만과 자족이 배교에 대한 심판으로 이어질 것이라고 경고받는다. 예수께서는 이렇게 선언하신다. "내가 네 행위를 아노니 네가 차지도 아니하고 뜨겁지도 아니하도다 네가 차든지 뜨겁든지 하기를 원하노라 네가 이같이 미지근하여 뜨겁지도 아니하고 차지도 아니하니 내 입에서 너를 토하여 버리리라 네가 말하기를 나는 부자라 부요하여 부족한 것이 없다 하나 네 곤고한 것과 가련한 것과 가난한 것과 눈 먼 것과 벌거벗은 것을 알지 못하는도다"(3:15-17). 주님은 거절당한 채 교회 문밖에 서 계시면서도 은혜로써 문을 두드리시면서, 회개하면 회복시켜 주겠다고 말씀하신다. 예수께서 이들에게 경고하심은 이들을 사랑하시기 때문이다("무릇 내가 사랑하는 자를 책망하여 징계하노니 그러므로 네가 열심을 내라 회개하라", 19절). 그리스도에게서 이런 유형의 목회적 돌봄을 받는다는 사실에는 의문이 있을 수 없다. 현대인의 감수성으로 볼 때 예수님의 말씀이 조금 가혹하다고 속으로 생각하는 사람이 있을지는 몰라도 말이다. 예수께서 하시는 말씀의 현실은 때로 회중 전체가 영적으로 방황할 수 있다는 사실을 보여 준다.

복음서를 대충이라도 읽어 봤다면 여기서 제시된 그 어떤 사례도 놀랍지 않을 것이다. 씨 뿌리는 사람 비유에서 예수께서는 여러 유형의 사람들을 조명하신다. 어떤 유형("돌밭에 뿌려"진, 마 13:20)은 말씀을 듣고 기쁨으로 이를 받아들이기까지 한다. 이런 사람은 "그 속에 뿌리가 없어 잠시 견디다가 말씀으로 말미암아 환난이나 박해가 일어날 때에는 곧 넘어지는 자"다(21절). 이는 신앙을 버리는 것, 즉 배교다.

주님에게 등을 돌리는 것은 심각한 일이다. 롯의 아내는 "뒤를 돌아보았"고, 그래서 멸망했다(창 19:26; 눅 9:62도 보라, "손에 쟁기를 잡고 뒤를 돌아보는 자는 하나님의 나라에 합당하지 아니하니라"). 예수께서는 "떠나가고 다시 그와 함께 다니지 아니"한 제자들을 처리하셨다(요 6:66). 하나님은 "뒤로 물러가 멸망할 자"를 기뻐하지 아니하신다(히 10:38-39). 그리스도인의 삶은 앞으로 나가는 삶이지만, 영적 퇴보는 바로 그것, 즉 뒷걸음질치는 것이다. 회개가 없을 경우, 때로 그 "뒷걸음질"이 배교로 마침내 모습을 드러내기도 한다. 배교는 하나님에게서 달아나 다른 신에게로 가서 그 신처럼 되는 것이다(시 115:4-8; 135:15-18).

교회에는 "중요한 것에 집중하고 사소한 일은 적당히 하라"고 말하는 이들이 많다. 일리 있는 말이다. 단, "중요한 것"이 무엇이고 "사소한 것"이 무엇인지에 관해 우리의 의견이 일치할 수만 있다면 말이다! 그러나 목회에 이런 접근 방식을 채택하면, 이는 곧 영적 퇴보와 배교에 관해 불편함을 느낄 정도로 엄청난 경고를 받게 된다는 의미일 수 있다. 우리 주님은 자신의 말씀을 듣는 이들에게 주저 없이 경고하셨고, 히브리서 기자 또한 마찬가지였다.

웨스트민스터 신앙 고백서 외에 도르트 신조도 성도의 견인에서 경고가 어떻게 긍정적 쓰임새가 있는지에 관해 설명한다. 공인 라틴어판을 영어로 번역한 도르트 신조 다섯 번째 교리("성도의 견인에 대하여") 14조에서는 이렇게 말한다. "복음 설교로써 우리 안에서 은혜의 사역을 시작하신 것이 하나님을 기쁘시게 했기에, 동일한 그 복음을 듣고 읽고 묵상함으로써, 그 복음의 권면과 위협, [그리고] 약속, 또한 성례를 활용하는 방법을 통해 하나님은 그 은혜의 사역을 보존하고, 계속하고, 완성하신다." 하나님은 약속과 위협을 포함해 여러 수단을 통해 자기 백성을 보존하신다.

그렇다, 사도 바울이 고린도 교인들에게 보내는 편지에는 바로 이 점을 다루는 다소 길고 중요한 단락이 있다. 구약 시대 일부 성도들의 악함, 하나님께서 이들을 기뻐하지 않으셨다는 사실, 그리고 그 결과 하나님에게서 어떤 심판이 임했는지를 수신인들에게 상기시키고 나서 바울은 하나님 백성 가운데서 이 과거 역사 속 사건들이 일어난 것은 "우리의 본보기가 되어 우리로 하여금 그들이 악을 즐겨 한 것 같이 즐겨 하는 자가 되지 않게 하려 함"(고전 10:6)이라고 말한다. 우리는 주님에게 등을 돌리고 우상 숭배를 향하게 만드는 갖가지 유혹들을 피해야 한다. 하나님의 백성을 자처

---

7  존 오웬은 복음의 위협과 관련해 이렇게 말한다. "어떤 이들은 장차 임할 진노의 맹렬한 위협, 심지어 믿는 자들에게까지 주어지는 이 위협이 율법적이고, 따라서 복음 설교자들이 이를 역설하는 것은 적절하지 않다고 하는 잘못된 믿음에 빠져 있다. 이는 인간이 스스로를 예수 그리스도와 그분의 모든 사도들보다 지혜롭게 여기는 것이다. 그렇다, 이들은 주 예수 그리스도를 무장 해제시켜서 가장 비열한 원수들의 멸시 앞에 그분을 노출시키려고 한다. 우리가 확인하듯이, 복음의 이러한 위협은 신자들 자신에게도 크게 유익하다. 그리고 복음[위협]을 지혜롭고 능숙하게 청중의 양심을 향해 활용한 이들이 회심과 건덕(建德)을 이루는 효과적 사역을 해 왔음이 관찰되었다. 또한 말씀을 듣는 이들은 이러한 위협이 다뤄지고 해석될 때, 이를 통해 자신들의 본분이 무엇인지 깨우칠 수 있다." *The Works of John Owen*, ed. W. H. Goold, 24 vols. (Edinburgh: T&T Clark, 1850-53), 3:287.

한 이들이 저지른 이 과거의 불성실한 행위들은 우리에게 교훈이 되어야 하며(11절), 지나치게 자신만만하지 않도록 해 주어야 한다. 결국 바울은 "선 줄로 생각하는 자는 넘어질까 조심하라"(12절)고 경고한다.

성경 역사에 기록된 사실들은 하나님의 백성이 무한하신 하나님을 만족스럽게, 사랑스럽게, 충분하게 여기지 않은 경우가 너무 많다고 말해 준다. 이들은 하나님의 선함을 받아들일 수 없고, 마음이 끌리지도 않고, 흥미롭지도 않다고 여겼다. 이런 일이 발생했을 때, 이는 실제적 무신론의 한 유형이었다. 배교는 자신이 과거에 그리스도를 통해 알게 되었다고 주장한 하나님을 부인하는 것이며, 스티븐 차녹의 말에 따르면 "하나님의 친절함과 도움을 경험한 후에 하나님을 부인하는 것은 하나님과 관계가 있기 전이나 하나님을 겪어 보기 전에 부인하는 것보다 더 큰 무례"다.[8] 차녹은 또 이렇게 덧붙인다. "모든 배교는 태만에서 시작되지만, 신속히 혐오로 무르익는다."[9] 배교자는 하나님을 싫어한다. 하나님을 떠나 떠도는 것은 은밀한 형태의 혐오이며, 이를 방치하면 공공연한 증오로 발전할 수 있다고 영적 퇴보자에게 경고할 필요가 있다.

---

[8] Stephen Charnock, *The Complete Works of Stephen Charnock*, 5 vols. (Edinburgh: James Nichol, 1864-66; repr., Edinburgh: Banner of Truth, 1985), 5:492.

[9] Charnock, 5:492.

# 적용

하나님의 말씀에서 이런 사례들을 간략히 살펴봄으로써 우리는 어떤 교훈을 얻을 수 있는가?

첫째, 하나님은 자기 백성이 믿음과 회개를 통해 자신에게 돌아올 수 있도록 하려고, 자신에게 등을 돌리는 행위에 대해 백성에게 경고하신다. 이 책에서 이런 주의 사항을 자주 보게 될 텐데, 이것이 하나님의 말씀에서 자주 볼 수 있는 주의 사항이기 때문이다. 목회자가 사람들을 돌볼 때, 경고가 필요하면 경고를 해야 한다! 경건한 이들은 자기 죄를 의식하면서 하나님 및 하나님의 백성과 교제하며 살고 있으므로 이 사람들을 겁주어서는 안 된다. 하지만 뜨뜻미지근해진 사람들에게는 경고를 하는 것이 목회자의 의무다. 그리스도께서는 에베소와 라오디게아의 영적 퇴보자들에게 약속하신다(계 2:7; 3:20-21을 보라). 그리스도의 위협은 참이며, 자비와 은혜를 주시는 것 역시 참이다. 의사가 환자에게 모든 게 괜찮다고 말한다면, 그런 의사는 의료 과실로 고소해야 한다. 안타깝게도 오늘날 많은 목회자가 영적 퇴보자를 마주하기를 두려워하는데, 이는 목사 자신이 영적 퇴보자임을 보여 주는 것일 수 있다. 하지만 하나님의 말씀에서 볼 수 있는 약속과 위로를 목회자 또한 (회개한) 영적 퇴보자에게 제시할 필요가 있다. 질병에 치료약이 있다고 확신한다면, 영적 질병을 드러내 놓기를 부끄러워해서는 안 된다.

둘째, 앞에서 논의한 내용은 주님에게 등을 돌리는 것이 성경 이야기의 지배적 주제임을 보여 준다. 하지만 우리는 주님에게서 완전히 떨어져 나가는 것(배교)과 잠시 등을 돌리는 것(영적 퇴보)을 구별할 수 있다. 당사자가 주님에게 등을 돌리는 과정 중에 있을 때는 이를 구분하기가 어렵다. 하지만 존 오웬은 다음과 같이 중요한 점을 지적한다. "일반적으로 안심할 수 있는 통례는, 자신에게 있는 퇴보의 악함을 영적으로 자각하는 사람은 의심의 여지없이 회복 가능한 상태에 있다는 것이다. 아직 그 악함을 인식하지 못한 사람일지라도, 죄를 자각함으로써 이를 인식하는 한 회복 가능성이 있다. 회개의 가능성이 완전히 사라지기까지는 그 누구도 구원의 소망이 끊어지지 않는다. 복음의 깨우침을 대적하여 완전히 굳은 마음이 되지 않는다면 그 누구도 회개의 가능성을 완전히 잃은 것이 아니다."[10] 복음 앞에서 "완전히 굳은 마음이 되지" 않는 한 그 사람에게는 반드시 소망이 있다. 자신의 뜨뜻미지근함을 자각할 수 있다면, 잠시 그 영혼 속에 들어온(부디 그렇기를) 어둠 위로 복음의 빛이 비치기 시작할 거라는 소망을 가질 수 있다.

### 더 깊은 묵상을 위한 질문

1 _ 이 장에 언급되지 않은 영적 퇴보와 배교의 사례를 성경에서 더 찾아볼 수 있는가?
2 _ 영적 퇴보와 배교의 차이는 무엇인가?
3 _ 오늘날 교회에서 이런 위험을 확인할 수 있는가? 어떤 모습으로 확인되는가?
4 _ 호세아 14장 1절, 고린도전서 10장 1-12절, 히브리서 3-4장을 읽고 묵상하라.

---

10  Owen, *Works*, 7:236.

02

# 순례자의 진보

> 은혜가 주어지는 것은, 우리가 선행을 했기 때문이 아니라 선행을 할 수 있도록 하기 위해서다. 즉, 우리가 율법을 이루었기 때문이 아니라 율법을 이룰 수 있도록 하기 위해서다.
>
> _ 아우구스티누스[1]

## 어색한 달리기

한 젊은 여성이 트레일 경주 중 심하게 넘어져 하반신이 마비되었다고 가정해 보자. 의사는 이 여성이 다시는 걸을 수 없다고, 달릴 생각은 하지도 말라고 말한다. 그런데 의학적 기적이 일어나서 여성은 다리를 다시 움직일 수 있게 되고, 놀랍게도 부축을 받아 천천히 걸을 수 있게 된다. 처음에는 동작이 원활하지 않았지만, 꾸준히 치료를 받자 걸음걸이가 더 나아졌고, 여성은 언젠가는 다시 달릴 수 있게 될 것이라는 새로운 목표까지

---

1 Augustine, *On the Spirit and the Letter*, trans. W. J. Sparrow-Simpson (London: Society for Promoting Christian Knowledge, 1925), 53.

세운다. 이 여성은 계속 다리를 움직이고 재활 운동을 해 나갔다. 하지만 몇 주에 걸쳐 정신적·육체적 장애물을 만나는 바람에 지난 몇 달 동안의 좋은 성과가 일부 무위로 돌아가기도 했다.

몇 차례의 그런 좌절에도 불구하고 몇 년이 지나 이 여성은 마침내 2킬로미터를 천천히 달릴 수 있게 된다. 많은 합병증을 겪지만, 여러 해가 지난 뒤 여성은 마침내 10킬로미터 경주에 참여한다. 목표는 그저 결승선까지 달리는 것이었지만, 이 여성에게는 다소 어색한 걸음걸이로 거둔 영광스러운 승리였다. 구경꾼들은 이 중대한 순간의 이면에 있는 역사를 전혀 모른다. 이 일이 무엇을 축하하는 것인지 알지 못한다. 하지만 거의 만 걸음에 달하는 이 경주는 전혀 다리를 움직일 수 없었다가 이룬 일이었고, 그 과정에는 기적뿐만 아니라 수많은 기복, 많은 도움과 격려, 헤아릴 수 없이 많은 후퇴, 기쁨과 슬픔의 눈물이 있었다. 비록 많은 어려움이 있었지만 결국 이 여성은 자기 앞의 경주를 끝까지 마친 것이다.

그리스도인의 삶은 위의 시나리오와 비슷하다. 우리가 앞으로 나갈 때, 내재하는 죄 때문에 우리의 '움직임'은 늘 어색하다. 얼마나 서투르든 상관없이 우리 앞에 놓인 경주를 할 때 우리는 계속 앞으로 움직여서 결승선을 향해 전진한다(딤후 4:7-8; 히 12:1-3). 교회 안에 있는 영적 퇴보자들은 잘못된 방향으로 죄를 저지르며 달리지만, 그럼에도 하나님의 은혜로 다시 올바른 경로로 돌아와서 앞으로 나아갈 수 있다.

타락의 원인과 치료책을 살피기에 앞서, 하나님의 백성이 진보를 이루는 일에 관한 성경의 가르침을 생각해 보아야 한다. "오직 우리 주 곧 구주 예수 그리스도의 은혜와 그를 아는 지식에서 자라 가라"(벧후 3:18). 의롭다 여김받은 성도로서 그리스도의 많은 약속을 지니고 사는(고후 1:20) 우리는 "하나님을 두려워하는 가운데서 거룩함을 온전히 이루어 육과 영의 온갖 더러운 것에서 자신을 깨끗하게"(7:1) 할 의무가 있다고 사도 바울은 말한다. 토머스 왓슨은 "선한 그리스도인은 히스기야의 해처럼 뒤로 물러서지 않고, 여호수아의 해처럼 그 자리에 멈추어 서 있지도 않으며 다만 거룩함 가운데 늘 앞으로 나가서, 하나님이 자라게 하심으로 자란다(골 2:19를 보라)"고 말한다.[2]

앞으로 나가는 이 움직임과 관련해서 우리는 그리스도인의 삶과 성화를 다루는 수많은 책의 핵심에 있는 질문을 해야 한다. (1) 그리스도인으로서 우리는 어떻게 은혜 안에서 자라는가? (2) 이 성장은 어떤 모습인가? (3) 우리 성장의 최종 목표는 무엇인가?

## 성화(聖化)의 일

믿음으로 그리스도에게 연합한 사람은 구원의 유익을 받는다. 즉, 하나님의 자녀로서 우리 주님 안에서 죄 사함받고 받아들여지는 은혜뿐만 아니라, 하나님의 아들의 형상으로 변화하는 은혜를 누린다. 하나님의 아들의 형상으로 변화하는 것, 즉 성화는 우리가 그리스도 안에서 새로운 피조물일 때 즉시 (한정적으로) 일어나기도 하고 시간의 경과에 따라 (점진적으로) 일어나기도 한다(고전 1:2; 고후 5:17). 일반적으로 말해서 성화는 죽이기(mortification)와 생기를 얻기(vivification) 두 부분으로 이뤄진다. 죽이기는 죄를 "죽이기"와 연관되고, 생기를 얻기는 우리가 거룩함

---

2 Thomas Watson, *A Body of Practical Divinity* [. . .] (London: Thomas Parkhurst, 1692), 215.

에서 성장하는 것과 연관된다(엡 4:24). 웨스트민스터 소요리문답 35문에 대한 답변은 이 두 갈래의 은혜로 아주 잘 요약된다. "성화란 하나님의 값없는 은혜가 하는 일로서, 이 일로써 우리는 전인(全人)이 하나님의 형상을 좇아 새롭게 되고, 점점 죄에 대해서는 죽고 의에 대해서는 살게 된다." 죄는 적극적으로 악을 향하는 성향일 뿐만 아니라, 선하고 의로운 것이 결핍된 것을 말한다. 그리스도께서는 이 두 가지 문제에 해답을 주신다.

토머스 굿윈은 인간을 일컬어 천성적으로 "텅 빈 피조물"이라고 한다.[3] 예수께서 개입하셔서 그런 죽은 피조물에게 풍성한 생명(요 10:10), 은혜의 생명을 주시니, 이 생명의 "주된 속성은 움직이고 자라는 것이다… [은혜는] 활동성 있는 것이고, 자라는 것이기도 하다. 많이 행동할수록 많이 자라기 때문에, 은혜의 성장은 은혜의 움직임으로써 표현된다"고 굿윈은 주장한다.[4] 그리스도인이 그리스도를 굳게 잡아야 하는 것은, 그리스도께서 "하나님이 자라게 하시"는 것으로 자양분을 주시고 발전하게 하시기 때문이다(골 2:19).

성령께서는 그리스도 안에서 우리가 육신에 있는 생명에서 영에 있는 새로운 생명으로 돌이킬 수 있게 해 주시며(롬 8:1-10), 이때 우리는 옛사람을 벗고 "의와 진리의 거룩함으로 지으심을 받은" 새 사람을 입는다(엡 4:22-24). 바울은 의롭다 여김받은 그리스도인, 이제 정죄에서 벗어난 이들에게(롬 8:1) 성령의 능력으로 "몸

---

3  Thomas Goodwin, *The Works of Thomas Goodwin*, 12 vols. (Edinburgh: James Nichol, 1861-66; repr., Grand Rapids: Reformation Heritage Books, 2006), 3:457.

4  Goodwin, 3:457.

의 행실을 죽이"라고 권면한다. 우리가 하나님의 양자 된 자녀로서 자유롭게 사는 한편 장차 영화롭게 될 것을 인내하며 기다릴 때(17절), 성령께서는 우리가 "무서워하는 종의 영을 받지 아니하"도록 지켜 주신다(15절).

앞으로 살펴보겠지만, 그리스도인의 성장은 자동적으로 일어나지 않는다. 물론 이 성장은 하나님의 약속을 기반으로 우리가 바라던 결과로서 발생한다. 우리는 믿음·소망·사랑이라는 덕목이 무엇이든 다 할 수 있다거나, 이 덕목들이 그저 위로부터 났기 때문에 "작동하는" 것이라고 생각해서는 안 된다. 옥타비우스 윈슬로우는 "이 덕목들이 신적 기원을 가졌고 영적인 성격이 있으며 우리를 성화시키는 효과를 내는 것은 틀림없지만, 그 어떤 자립적 힘으로도 유지되지 않고 오직 예수님에게서 끊임없이 생기와 자양분을 얻음으로써 유지된다는 사실을 잊은 채" 이 덕목들을 그릇 신성시할 수 있다고 올바로 관측한다. "즉, 이 덕목들을 그 고유의 능력에 방치하는 순간은 곧 이 덕목들이 확실히 타락하고 부패하는 순간이다."[5] 성화는 반드시 진보를 낳지만, 은혜가 공급될 필요가 있다. 예를 들어 믿음은 그리스도를 먹고 살아야 하며(요 6:35, 51), 그리스도는 말씀과 성례를 통해 자기 자신을 주신다. 영적으로 먹고 마시지 못하는 신자는 영적으로 쇠약해져도 놀라울 것이 없다. 성화는 하나님의 은혜가 하는 일이지만, 하나님께서 신자 안에서 역사하시는 동안 신자는 두려움과 떨림으로 자기 구원을 이뤄야 한다(빌 2:12-13). 자기 구원을 "이루는" 사람은 하나님께서 그 안에서 역사하시는 사람이다.

---

5 Octavius Winslow, *Personal Declension and Revival of Religion in the Soul* (Eugene, OR: Wipf and Stock, 2001), 10.

은혜 안에서의 성장은 "내려놓고, 하나님께 맡기자"라는 단순한 생각만으로 일어나지 않는다. 그런 접근 자세는 우리를 전적으로 수동적으로 만들어, 죄에 대해 죽고 의에 대해 살 때 아무런 능동적 역할도 하지 못하게 한다. 사실 우리 안에서 이 역사가 일어나기 위해서 우리는 전적으로 그리스도께 의존한다. 조나단 에드워즈가 올바로 지적하다시피, 성화는 전적으로 우리의 일이지만, 또한 전적으로 하나님의 일이기 때문이다. "효력 있는 은혜 안에서 우리는 그저 수동적이지 않으며, 그렇다고 해서 하나님이 어떤 일을 하시고 나머지는 우리가 하는 것도 아니다. 하나님이 모든 것을 하시고, 또한 우리가 모든 것을 한다. 하나님이 모든 결과를 낳으시고, 또한 우리가 모두 행한다. 그것이 바로 하나님께서 낳으시는 결과, 즉 우리의 행위이기 때문이다. 하나님만이 진정한 조성자(author)요 원천이시다. 우리는 그저 순전한 행동자들일 뿐이다. 우리에게는 전적으로 수동적이고 전적으로 능동적인 상이(相異)한 측면이 있다."[6]

## 그리스도의 진보

하나님은 그리스도를 통해 우리 존재를 유지시키시며, 이는 마치 성부께서 이 땅에서 그리스도를 양육하사 그리스도께서 "지혜와 키가 자라가며 하나님과 사람에게 더욱 사랑스러워 가시"(눅 2:52)던 것과 같다. 그리스도인의 성장의 모범은 그리스도시다. 그리스도는 충성스러운 아들, 그리고 자기 백성을 위한

---

6 Jonathan Edwards, *The Works of President Edwards*, 4 vols. (New York: Leavitt & Allen, 1856), 2:580.

선지자와 제사장과 왕으로서 지혜가 자라고 성숙함을 더해 가셨다. 어떻게 그렇게 되었는가? 예수께서는 하나님의 입에서 나오는 모든 말씀을 신뢰하면서 믿음으로 사셨다(마 4:4). 세 번째 종의 노래에서 우리는 예수 그리스도 자신인 이 종의 삶이 어떠했는지를 보게 된다.

> 주 여호와께서
> 학자들의 혀를 내게 주사
> 나로 곤고한 자를
> 말로 어떻게 도와줄 줄을 알게 하시고
> 아침마다 깨우치시되
> 나의 귀를 깨우치사
> 학자들 같이 알아듣게 하시도다
> 주 여호와께서 나의 귀를 여셨으므로
> 내가 거역하지도 아니하며
> 뒤로 물러가지도 아니하며(사 50:4-5)

우리 주께서는 자신의 가르침이 자기 것이 아니라 아버지의 것임을 분명히 증언하셨다(요 7:16). 실제로 주께서는 아버지가 주신 말씀만 말씀하셨다(12:49). 그럼에도 주께서는 무엇을 말해야 하며 어떻게 말해야 하는지를 배우셔야 했다. 앞에서 인용한 종의 노래는 아침마다 이렇게 배우는 시간이 있었다는 사실을 확언한다. 이 배움이 정확히 어떻게 이뤄졌는지는 여전히 불확실하지만, 자신의 생애가 진행되는 동안 주께서 구약성경을 계속, 습관적으로 탐독하셨다는 것은 확실히 알 수 있다. 주께서는 구약성경을 암기하고 완벽히 해석하셨을 것이다.

왕이 즉위를 하면, 율법을 옮겨 써야 했다(신 17:18). 예수께서는 이 율법을 마음과 생각 속에 받아들여 자기 것으로 만드셨을 것이 틀림없다. 실제로 공적 사역 기간 동안 예수께서는 아주 자주 이 질문을 하셨다. "…을 읽지 못하였느냐"(예를 들어 마 12:3). 예수께서는 구약성경을 잘 알지 못하는 이방인이 아니라 신앙심 깊은 유대인에게 이 질문을 하셨다.

공적 사역을 시작하기 전 삼십 년 동안 예수께서는 배우면서 자라셨으며, 기본적으로 위로부터 배우셨다(시 22:9-10). 이어서 대략 삼 년 동안 주께서는 아버지의 말씀을 다른 이들에게 가르치셨다. 주께서는 "학자들의 혀"와 "학자들같이 알아"들을 수 있는 귀를 가지고(사 50:4) 곤고한 자를 도우셨다. 주님만이 그리스도인의 삶에서 진보를 이루게 하고 영적 퇴보자를 되돌리기에 합당하시다.

이사야 50장 5-6절은 주님의 자발적이고 순종적인 섬김에 관해 다음과 같이 더 알려 준다.

> 주 여호와께서 나의 귀를 여셨으므로
> 내가 거역하지도 아니하며
> 뒤로 물러가지도 아니하며
> 나를 때리는 자들에게 내 등을 맡기며
> 나의 수염을 뽑는 자들에게 나의 뺨을 맡기며
> 모욕과 침 뱉음을 당하여도
> 내 얼굴을 가리지 아니하였느니라

그리스도께서는 우리와 우리의 구원을 위해 행하신 모든 일을 기꺼이 성취하셨다. 여기서 그리스도께서는 "내가-내가-내가 ~ 했다"고 반복적으로 주장하시며, 신약성경에서도 똑같이 하신다. "나는 양을 위하여 목숨을 버리노라"(요 10:15), "이를[내 목숨을] 내게서 빼앗는 자가 있는 것이 아니라"(18절). 성경 전체를 통해 그리스도는 본질적으로 이렇게 증언하신다. "나는 양들에게 내 몸을 주어 십자가에 못 박히게 했다. 내가 그렇게 한 것은 내가 그렇게 하고자 했기 때문이다."

그리스도께서 갖가지 시련과 고난을 통해 순종을 학습하심은 성령의 능력 안에서 일어난 일이었다. 성령이 없으면 영적인 생명이나 경건과 성숙에서의 진보도 있을 수 없다. 구약성경은 메시아에게 의지할 때 성령의 역할을 분명히 역설한다. 선지자 이사야가 다음과 같이 말한 것에서 이를 확인할 수 있다.

> 그의 위에 여호와의 영
> 곧 지혜와 총명의 영이요
> 모략과 재능의 영이요
> 지식과 여호와를 경외하는 영이 강림하시리니(사 11:2)

> 내가 붙드는 나의 종,
> 내 마음에 기뻐하는 자
> 곧 내가 택한 사람을 보라
> 내가 나의 영을 그에게 주었은즉
> 그가 이방에 정의를 베풀리라(사 42:1)

> 주 여호와의 영이 내게 내리셨으니

> 이는 여호와께서 내게 기름을 부으사
> 가난한 자에게 아름다운 소식을 전하게 하려 하심이라
> 나를 보내사 마음이 상한 자를 고치며
> 포로된 자에게 자유를,
> 갇힌 자에게 놓임을 선포하며(사 61: 1)

실제로 예수님 자신이 성령의 능력을 통해 더 많이 순종하게 되신 것은 우리 자신의 순종 사실을 확실하게 해 준다. "그가 아들이시면서도 받으신 고난으로 순종함을 배워서"(히 5:8). 우리의 성장도 비슷한 방식으로 이뤄진다. 그리스도와의 연합으로 우리는 그분의 생명으로 들어가 그분의 영광을 함께 나누며, 그분의 고난의 삶 또한 함께 나눈다. 우리가 그리스도의 마음을 가질 수 있음은(고전 2:16) 우리가 그리스도의 영을 소유하기 때문이다(롬 8:9; 벧전 1:11).

예정은 성장으로 이어지고 성령으로써 그리스도의 형상을 닮는 일에 진보하는 결과를 낳으며(롬 8:29), 그렇게 우리의 성숙은 이뤄진다. 바울은 에베소 교인들이 "다 하나님의 아들을 믿는 것과 아는 일에 하나가 되어 온전한 사람을 이루어 그리스도의 장성한 분량이 충만한 데까지 이르"(엡 4:13)기를 바랐다. 신자라면 누구나 다 "범사에 그에게까지 자랄지라 그는 머리니 곧 그리스도라 그에게서 온 몸이 각 마디를 통하여 도움을 받음으로 연결되고 결합되어 각 지체의 분량대로 역사하여 그 몸을 자라게 하며 사랑 안에서 스스로 세워야"(15-16절) 한다. 그리스도인의 성장은 그리스도에게 초점을 맞추며, 믿음으로 그분과 연합한 사람이라면 친히 하나님을 향한 순종과 신뢰를 키워 가신 분과 연결된다. 그리

스도께서는 성부께서 은혜롭게 마련해 주신 성령의 도움을 통해 열매를 맺으시고 하나님을 위해 사셨다.

그래서 다음과 같은 것이 바로 그리스도인의 성장을 구성하는 필수 요소들이다. 즉, 하나님께로부터 나와서, 하나님에게로 향하며, 만사가 성령으로써 그리스도를 통해 이뤄진다는 것이다.

## 적용

영적 퇴보의 반대는 점점 성장하여 그리스도를 닮는 것이다. 우리의 소망은 하나님의 약속에 있으며, 하나님은 우리 얼굴에서 덮개를 벗겨 그리스도의 영광을 보게 하시고, 그렇게 해서 우리가 "영광에서 영광에 이르"러 그분의 형상으로 변화하게 하신다. 그리스도에게서 눈을 떼면 그리스도인다운 삶이 정체될 뿐만 아니라 퇴보하기도 한다. 이 책을 계속 읽어 나가면, 우리가 어떻게 해서 그리스도에게서 눈을 떼는지, 그러나 어떻게 그리스도에게 다시 시선을 고정시킬 수 있는지 알게 될 것이다.

그런데 우리가 바라는 것을 여기 이 책의 시작 부분에서 이야기하고자 한다. 그리스도께서 성령의 능력을 통해 하나님께 순종함으로써 승리하셨고, 그 승리가 동일한 방식으로 우리의 승리 또한 확실히 한다는 점을 주목하라. 그래서 우리는 믿음 및 충성스러운 순종으로 우리가 그리스도의 고난에 참여하고 그리스도와 함께 영화롭게 된다는 사실을 기뻐한다(벧전 4:13; 요일 3:2). 실로, 그리스도께서 돌아오시면 "우리의 낮은 몸을 자기 영광의 몸의 형체와 같이 변하게" 하실 것이다(빌 3:21). 이것이 여러분이 궁극적으로 원하는 것 아닌가? 완전히 그리스도의 형상을 닮게 되어 언젠가 그 영광스러운 날에 그분을 얼굴과 얼굴을 맞대고 보게 되는 것! 그때까지 우리는 영광에서 영광에 이르면서 그리스도 안에서 변화되어, 이생에서 그 닮음을 위해 믿음으로 애써야 한다. 이것이 바로 생명에 이르는 좁은 길에서 우리를 지켜 줄 모든 약속이 필요한 세상에서 우리의 소망과 위로이자 기쁨이 된다.

바울은 그리스도의 형상으로 변화하는 것을 영화(榮化)의 확실성과 연결시킨다. "하나님이 미리 아신 자들을 또한 그 아들의 형상을 본받게 하기 위하여 미리 정하셨으니 이는 그로 많은 형제 중에서 맏아들이 되게 하려 하심이니라 또 미리 정하신 그들을 또한 부르시고 부르신 그들을 또한 의롭다 하시고 의롭다 하신 그들을 또한 영화롭게 하셨느니라"(롬 8:29-30). 예수께서 자기 삶과 고난을 통해 그 자신이 영화를 향해 진보함에 따라 형제들 가운데서 "맏아들"

이 되신다고 바울이 단언한다는 놀라운 사실을 놓치지 말라. 그러므로 이것이 바로 우리도 그렇게 되는 이유이다. 그리스도는 자신이 의롭다 여기신 사람을 확실히 영화롭게 하시기 때문이다.

그리스도께서 이 세상에서 진보하셨던 것처럼, 여러분도 진보할 것이다. "땅에서는 외국인과 나그네"로서 우리는 영원한 영광을 향해서는 진보하고 이 세상의 "육체의 정욕"에서는 멀어질 것이다(히 11:13; 벧전 2:11). 이 장 제목이 암시하는 것처럼, 순례자(pilgrims)는 확실히 진보(progress)한다. 비슷한 예로 존 버니언의 우화 『천로역정』(Pilgrim's Progress, 1678)은 주인공 크리스천이 멸망의 도성에서 빠져나와 천상의 도성으로 가는 여정을 통해 이를 확실히 보여 준다. 그 길에서 크리스천은 한 남자를 만나는데, 이 사람은 되돌릴 수 없을 지경에 이를 만큼 "이 세상의 정욕, 쾌락, 이득"에 몸을 던진 탓에 철창에 갇혀 있었다. 그 남자는 그리스도께 대해 얼마나 마음이 굳어졌는지 "나는 회개할 수 없다"고 단언했다(히 6:4-6; 10:26-29을 보라). 이 책에서 더 자세히 살펴보게 되겠지만, 믿음을 고백하기는 하지만 참신자가 아닌 사람은 더는 소망이 없는 지경까지 멀리 떠돌 수 있다. 그 남자가 "소망이 없습니다, 전혀 없어요"라고 시인하는 것처럼 말이다. 이제 우리는 그 점을 염두에 두고 크리스천이 제시하는 해법을 받아들일 수 있다. 바로 "깨어 근신하고 기도하여 이 사람이 이렇게 비참한 처지가 된 원인을 피할 수 있도록" 하는 것이다.[7]

마지막으로, 그리스도께서는 여러분의 진보를 위해 열심이시라는 사실을 알기 바란다. 그리스도께서 성전을 깨끗이 하신 일에서 우리는 시편 69편 9절이 분명 그리스도를 가리키는 말씀이라는 사실을 알게 된다. "주의 전을 사모하는 열심이 나를 삼키리라"(요 2:17). 하나님의 집을 위한 그분의 열심은 교회, 주의 전으로서의 우리를 위해서 여전하다는 사실을 의심해서는 안 된다. "너희는 너희가 하나님의 성전인 것과 하나님의 성령이 너희 안에 계시는 것을 알지 못하느냐 누구든지 하나님의 성전을 더럽히면 하나님이 그 사람을 멸하시리라 하나님의 성전은 거룩하니 너희도 그러하니라"(고전 3:16-17; 엡 2:19-22

---

7  John Bunyan, *The Pilgrim's Progress*, ed. J. B. Wharey and Roger Sharrock (Oxford: Clarendon Press, 1960), 34-35.

도 보라). 그리스도께서는 자신의 교회가 자신처럼 되고 자신을 통해서 거룩한 성전이 되었으면 하는, 그리하여 "모든 불법에서 우리를 속량하시고 우리를 깨끗하게 하사 선한 일을 열심히 하는 자기 백성이 되게"(딛 2:14) 하시려는 열심에 사로잡히셨다.

하지만 이 일은 우리 자신의 열심 없이 진공 상태에서 일어나지 않는다. 진보를 이루는 일에서, 점점 더 그리스도의 형상을 닮는 일에서 우리는 적극적 역할을 해야 한다. 즉, 영적으로 퇴보하는 마음에서 보호받는 것은 그리스도를 통해 그리스도처럼 되겠다는 결단으로 시작된다. 그런 결단은 굳건해지기도 하고 느슨해지기도 할 것이므로 부단히 새롭게 할 필요가 있다. 그리스도께서 그러셨던 것처럼, 성장하려면 날마다 그분의 말씀을 먹어야 한다. 그리스도께서도 바로 그 성경을 먹고 자신의 그 간절한 열심에 자양분을 주셨다. 부디 우리도 그렇게 되기를. 영적 퇴보자가 되어 죄 가운데 이 세상의 일들에 쉽사리 집어삼켜질 것이 아니라, 우리를 족히 삼킬 수 없는 주님의 열심 안에서 점점 더 성장하여 하나님의 영광에 이를 수 있기를 바란다.

### 더 깊은 묵상을 위한 질문

1 _ 그리스도의 삶은 그리스도인의 진보에 관한 우리의 생각에 어떻게 영향을 끼치는가?
2 _ 이생에서 그리스도인으로서의 진보가 중요한 이유는 무엇인가?
3 _ 우리를 그리스도처럼 만들기 위해 하나님께서 쓰시는 수단으로는 어떤 것들이 있는가?
4 _ 이사야 42장 1-9절, 로마서 8장 1-30절, 고린도후서 3장 12절-4장 6절을 읽고 묵상하라.

# 03 가지각색의 그리스도인

저녁 식사 때는 그리스도인이었다가, 일터에서는 이교도가 되고,

골방에서는 악마가 된다는 것은 서글픈 일이다.

_ 스티븐 차녹[1]

### 가시적 – 비가시적 교회

영적 퇴보 문제를 하나님의 약속과 연결시켜서 다룰 때 우리가 생각하는 그리스도인의 삶에 제기되는 문제는, 배교 문제를 구원의 은혜로운 성격과 연결시켜서 다룰 때 제기되는 문제와 아주 똑같지는 않다. 그리스도인은 "너희 안에서 착한 일을 시작하신 이가 그리스도 예수의 날까지 이루실 줄을 우리는 확신하노라"(빌 1:6), "또 미리 정하신 그들을 또한 부르시고 부르신 그들을 또한 의롭다 하시고 의롭다 하신 그들을 또한 영화롭게 하셨

---

1 Stephen Charnock, *The Complete Works of Stephen Charnock*, 5 vols. (Edinburgh: James Nichol, 1864-66; repr., Edinburgh: Banner of Truth, 1985), 4:400.

느니라"(롬 8:30)라는 매우 소중한 진리를 포함해서 구원에 대해 수많은 보증의 말씀을 받는다. 한편, 신자에게는 하나님의 안식에 들어가리라는 약속이 주어져 있지만, "너희 중에는 혹 이르지 못할 자가 있을까" 하여 우리는 두려워해야 한다(히 4:1).

그리스도인은 죄인을 구원하는 하나님의 능력에 대한 약속을 받지만, 믿음에서 떨어지지 말라는 경고도 받는다. 어떻게 해야 이 문제들에 대한 성경의 가르침의 총체성을 공정하게 반영하면서 이를 이해할 수 있을까? 하나님의 말씀에서는 "만일 ~하면"이라는 조건들을 명백히 볼 수 있는데(롬 8:13; 골 1:23을 보라), 어떻게 이를 조화시켜서 구원의 무조건적인 측면을 단언할 수 있을까? 이 민감한 질문에 답변하기에 앞서, 교회의 본질에 관한 일정한 진리를 확실히 해 두어야 한다.

역사적으로, 많은 신학자가 가시적 교회와 비가시적 교회에 대해 이야기해 왔다. 스스로 그리스도인이라고 공개적으로 고백하는 사람이라고 해서 모두 영광으로 이어지는 구원의 믿음으로 그리스도에게 연합한 사람은 아니라고 일반적으로 단언한다. 말하자면, 교회 안에는 중생하지 못한 사람들이 있고, 이들은 교회 안의 중생한 사람들과 구별되며, 정확히 누가 택함받은 사람이고 누가 아닌지는 하나님만이 아신다.

그리스도는 마태복음 13장 47-50절에서 바로 이 현실을 가르치시는 듯한데, 여기서 그리스도는 천국을 온갖 종류의 고기를 다 모았다가 시대의 끝에 이르러 좋은 것과 나쁜 것을 나누는 그물에 비유하신다. 씨 뿌리는 사람 비유(마 13:1-9, 18-23)도 마찬가지로 그 나라의 '복합적' 성질을 나타낸다.

장 칼뱅은 성경이 교회에 대해 두 가지로 말한다고 관측했다.

"때로 '교회'라는 말은 실제적으로 하나님의 임재 안에 있어서, 양자 됨의 은혜로 하나님의 자녀가 된 사람과 성령께서 성화시키심으로써 그리스도의 참지체가 된 사람 외에는 누구도 그 안으로 받아들여지지 않는다는 의미다…하지만 '교회'라는 이름은 흔히 지상에 흩어져서 한 분 하나님과 그리스도를 예배한다고 고백하는 다수의 사람 전체를 가리킨다…이 교회 안에는 그리스도에 대해 아무것도 가진 것이 없이 이름과 겉모습뿐인 수많은 외식자(外飾者)가 섞여 있다."[2] 여기서 칼뱅은 일반적으로 '가시적-비가시적 교회 구별'(visible-invisible church distinction)이라고 묘사되어 온 것을 설명하고 있다.

하지만 자카리아스 우르시누스는 교회가 비가시적이라 불리는 것은 "그 안에 있는 사람들이 비가시적이라는 말이 아니라, 교회에 속한 사람들의 믿음과 경건이 그것을 소유한 사람들 외에는 누구에게도 보이거나 알려질 수 없기 때문이다. 또한 가시적 교회에서는 경건한 사람과 외식자를 확실히 구별할 수 없기 때문"이라고 분명히 말한다.[3] 우리는 포괄적 지식이 부족한 유한한 존재이기 때문에 진짜 신자와 가짜 신자를 구별하는 능력이 제한되어 있음을 인정해야 한다. 그래서 어떤 사람을 가리켜 '신자'라고 할 때 우리는 외적 신앙 고백을 기준으로 그 사람에 대해 말할 수 있다. 그와 동시에, 어떤 사람을 '신자'라고 부른다고 해서 구원에 이르는 믿음이 실제로 있음을 보증하지는 않는다는 사실을 인정해야

---

2   John Calvin, *Institutes of the Christian Religion*, ed. John T. McNeill, trans. Ford Lewis Battles, 2 vols. (Philadelphia: Westminster Press, 1960), 4.1.7.

3   Zacharias Ursinus, *Commentary on the Heidelberg Catechism* (Grand Rapids: Eerdmans, 1956), 287.

한다.

　누가 성령으로써 아들에게 참으로 연합했고 누가 그렇지 않은지는 하나님만이 오류 없이 아신다. 우리에게는 선택된 사람에 대한 그런 지식이 없다. 그래서 교회는 대개 회원 후보자를 장로가 면접한 뒤 그 사람의 신앙 고백이 신빙성 있는지 판단한다. 구원을 위해 오직 그리스도만을 믿는다고 고백하는 사람에 관해 교회가 내리는 판단은 관용의 판정(judgments of charity)이라고 한다. 우리는 각 사람의 마음속에 무엇이 있는지 완전무결하게 알 수 없지만, 너그러운 판단에 따라 그 사람의 신앙 고백이 믿을 만하다고 여기며, 그리하여 그 사람은 그리스도인으로 대접받는다. 알다시피, 어떤 이들은 흔히 고통스러운 경험 때문에 교회를 버리고 그리스도를 믿는다는 고백을 버린다. 그런 사람들에 대해서는 뭐라고 말할 수 있을까? 그 어떤 영적 축복도 못 누린 사람들이라고 해야 할까? 물론 그렇지는 않다. 구약성경과 신약성경을 보면, 하나님의 언약 공동체 환경 안에 있는 중생하지 못한 사람에게도, 비록 구원과는 상관없지만 어떤 영적 유익이 주어진다는 증거를 볼 수 있기 때문이다. 바로 이 지점에서 우리는 성경이 하는 말을 올바르게 해석할 수 있도록 대단히 주의를 기울일 필요가 있다.

### 연합의 유형

　　　토머스 굿윈은 자신의 저서 『그리스도인의 성장』(*The Trial of a Christian's Growth*)에서, 요한복음 15장 1-2절을 비롯해 일시적 신자와 참신자의 차이에 관해 말하는 성경 구절에 대해 고무적인 의견을 밝힌다. 굿윈은 "그리스도와의 연합이란 사람을 가지(branches)로 여기는 것이라는 점을 생각하라"고 독자들에게 말한다. "즉, 그리스도와의 연합 면에서 사람은 그리스도라는 나무의 가지로 간주된다. 연합이 그러하므로 그분과의 교제도 그러하며, 따라서 이들은 그런 가지가 되고 그런 열매를 맺는다."[4]

그리스도께서는 자기 안에 있는 가지를 열매 맺는 가지와 열매 맺지 못하는 가지로 구별하신다(요 15:2). 열매를 맺는 가지와 맺지 못하는 가지, 모두 생명을 주는 포도나무에 연합한 자로서 "그분 안에" 있다고 한다. 신약성경에서 "그리스도 안에" 있다는 것은 구원의 확실성을 가리키는 예가 많다는 점을 생각하면 이는 좀 놀라운 것 같다.

하지만 "외적 규례라는 외적 끈"으로 그리스도에게 연합한 사람들이 있다.[5] 그런 가짜 그리스도인은 외적 규례에 참여함에 따라 그리스도와 그저 외적일 뿐인 관계를 맺는다. 이들은 지극히 제한적인 의미에서 "그분 안에" 있다. 이는 유아 때든 성인이 되어서든 세례를 받았지만 교회와 그리스도에게 거리를 두는 사람들, 그럼에도 세례를 받았기 때문에 스스로를 '그리스도인'이라 부르는 사람들을 가리킬 수 있다. 이들은 이따금, 적어도 성탄절과 부활절에는 교회에 출석하기까지 한다. 이들에게는 "생명의 수액(樹液)이나 내적 영향력에서 파생된 것", 즉 성령의 내적 역사나 "정서의 감동"이 전혀 없다.[6] 이들의 '열매'는 불신자들의 열매와 다를 바 없어서, 비록 불완전하기도 하지만 진리를 말하기도 한다. 이

---

4 Thomas Goodwin, *The Works of Thomas Goodwin*, 12 vols. (Edinburgh: James Nichol, 1861-66; repr., Grand Rapids: Reformation Heritage Books, 2006), 3:440.

5 Goodwin, 3:440.

6 Goodwin, 3:441.

는 하나님의 영광을 높이는 데서 나오는 것이 아니라, 이들 안에 남아 있는 하나님의 형상과 일반 은총의 흔적일 뿐이다. 이들은 위에 계신 그리스도께서 친히 주신 능력과 은사가 아니라 자기 자신의 세상적 능력과 일반적 은사를 바탕으로 움직인다는 의미에서 초자연적인 삶이 아니라 자연적인 삶을 산다.

하지만 또 다른 유형의 가짜 그리스도인이 있는데, 굿윈의 말에 따르면 이런 유형 역시 반드시 선택된 사람은 아니다. 그리고 전형적으로 앞에서 말한 유형(즉, 단지 외적 규례만 받은 사람)을 참그리스도인과 대조하는 사람에게는 이것이 놀라울 수도 있다. 교회 안에 있는 또 다른 유형의 가짜 그리스도인은 그리스도에게서 "그분의 영의 수액을 마음속으로 받아, 여러 가지 선한 활동을 하고, 말씀과 성례가 선포되고 집행될 때 감동의 과즙을 분비하며, 그리하여 내면의 선한 목적과 외면의 선한 시작을 싹틔우는" 사람이다.[7] 그러나 굿윈의 말처럼, 이는 "가지를 성화시켜서 뿌리와 동일 본질로 변화시키는 것으로서의" 성령의 교통이 아니다.[8] 이런 사람들은 하나님의 예배 공동체 가운데서 성령의 일반 역사를 "공유한다."

그리스도께서는 돌밭에 뿌려진 씨는 기쁨으로 말씀을 받는 사람이 받는다고 말씀하신다(마 13:20). 하지만 여기에는 뿌리가 없으며, 이 사람은 한동안 교회 안에서 버티지만, 다양한 시련 때문에 결국은 떨어져 나간다(21절). 마태복음 13장에서 보다시피 씨가 떨어지는 또 다른 유형의 토양이 있다. 바로 가시투성이 땅이

---

7  Goodwin, 3:441.
8  Goodwin, 3:441.

다. 하지만 세상의 염려 때문에 이 토양에서는 말씀이 아무런 실제적 결과를 내지 못한다(22절). 우리는 이런 신자들 사이에 다수의 미세한 구별선을 긋는 일에 신중해야 한다. 특히 성령의 역사와 관련해서는 더욱 그래야 한다. 하지만 참구원에 더 근접한 사람이 있고 그렇지 못한 사람이 있다는 것을 인정하는 게 유익할 것이다.

굿윈은 성령을 받기는 하지만 "영적인 수액이 전달되는" 본격 구원에 근접하기만 했을 뿐 이를 받지는 못하는 사람들에 대해 이야기한다. 실제로 이 사람들은 성령이 "한층 깊이 전달되어, 이들 안에 더 오래 거하고, 더 먼 곳까지 싹을 내며, 이로써 탁월한 푸른 가지임이 입증되고, 유다가 사도들에게 인정받은 것처럼 하나님의 백성에게까지 참신자로 인정받으며 따라서 겉으로 보기에는 이들과 똑같아 보인다."[9] 자연법의 결과로 단지 겉으로 드러나는 덕행만 지닌 사람과 달리, 이런 유형의 "신자들"에게는 "수액이 있어서 행동이 초록빛을 띠며, 이런 연유로 이들은 열매를 맺고 생산한다…또한 이들은 주님이신 그리스도와 모종의 연합을 맺고(벧후 2:1)…그분의 포도원에서 그분을 섬길 수 있을 정도"라고 굿윈은 말한다.[10] 사실 이들은 참신자들처럼 머리로서의 그리스도에게 연합하지는 않으며, 양자의 영도 소유하지 않는다. 하지만 이런 유형에게도 유다의 경우처럼 성령의 역사가 있어서 일정한 섬김의 일(예를 들어 설교나 기도 같은)을 할 수 있다. 이들은 지속적인 참열매는 없지만 그래도 여러 가지 은사는 있을 수 있다(갈 5:22-23).

---

9   Goodwin, 3:441.
10  Goodwin, 3:441.

존 오웬은 배교를 주제로 한 유명한 저서에서, 가시적 교회 안에 존재할 수 있는 다양한 신자 유형을 이해하는 데 도움이 되는 방식으로 히브리서를 분석한다. 본문은 "성령에 참여한 바" 될 정도로 "빛을 받"은 사람들에 대해 이야기한다(히 6:4). 이렇게 빛을 받는 것은 이런 유형의 신자들에게 복음의 진리에 대한 "즐거움과 기쁨"을 주며,[11] 그렇게 받은 빛이 모종의 효력을 발하기까지 한다. 이런 사람들은 죄를 삼가고 여러 가지 본분을 이행한다. 이들은 이 세상에서의 행실에 흠이 없는 것처럼 보이고 한동안은 공공연히 그리스도에게 욕이 되는 행동은 하지 않는다. 그럴지라도 이렇게 빛을 받는 데에는 한계가 있다.

일시적 신자들도 설교에 크게 감화받기도 하고 혼자서나 사람들 앞에서 기도를 드리기도 한다. 어떤 이들은 심지어 장로나 집사로 안수받기까지 한다. 이들은 "하늘의 은사를 맛보고 성령에 참여한 바 되고 하나님의 선한 말씀과 내세의 능력을 맛보"았다(히 6:4-5). "맛보았다"라는 은유는, 주어지는 것에 대한 체험(개인적 참여)이 어느 정도 있었음을 보여 준다. 처음에는 이 체험이 유쾌하기까지 했을 것이다. 하지만 결국 이들은 주어진 것을 소화하고 약속을 자양분 삼아 성장하기를 거부했다.

우리 주께서는 "주여 주여" 했지만 하나님의 뜻을 행하지 않고 불법한 일에 참여했기 때문에 그 나라에 들어가지 못한 사람들에 대해 말씀하신다(마 7:21-23). 흥미롭게도 예수께서는 참성도의 견인을 완곡하게 증명하시는 중에, 자신이 쫓아내는 사람들을 향해 "내가 너희를 도무지 알지 못"한다(23절)고 말씀하신다. 예수를 주

---

11  John Owen, *The Works of John Owen*, ed. W. H. Goold, 24 vols. (Edinburgh: T&T Clark, 1850-53), 21:76.

님으로 고백하는 이 사람들이 한때 참신자였다가 넘어진 것이라면, 예수께서는 이들을 도무지 모른다고 말씀하실 수 없었을 것이다.

이렇게 말했으므로, 참된 신자라면 모두 견인하여 영화(榮化)에 이를 것이라고 단언할 수 있어야 하고, 그럼에도 교회 안에는 성령도 받고 여러 영적 역사를 경험해서 실제로 영향을 받는 가짜 신자들이 있다고도 단언할 수 있어야 한다. 많은 일시적 신자가 감동적인 찬송을 열정적으로 부르며, 자기 입술로 고백한 진리를 통해 영적으로 고양되는 기분이 되기도 한다. 이들은 교회에 헌금도 하고 가난한 사람을 먹이기도 한다. 그렇다면 이들의 마음은 성령의 감화를 받은 것인가? 그렇기도 하고 아니기도 하다. 궁극적으로, 우리는 신뢰할 만한 신앙 고백을 믿지만, 그런 한편 성령께서 역사하신 신앙 고백은 시간의 흐름과 함께 스스로를 증명한다. 실로 시간이 충분히 지나면 누가 하나님의 참자녀인가에 관해 모든 것이 분명해질 것이다(롬 8:19).

## 신자들 간의 차이점

그렇다면 참신자는 그리스도와 실제적이고 영원한 연합을 맺지 않은 사람들과 어떻게 다른가?

일시적 신자들이 맺은 열매는, 열매 같아 보일 수는 있어도 참열매가 아니다. 호세아 시대가 특히 그런 경우였다.

이스라엘은 열매 맺는
무성한 포도나무라

> 그 열매가 많을수록
> 제단을 많게 하며
> 그 땅이 번영할수록
> 주상을 아름답게 하도다
> 그들이 두 마음을 품었으니
> 이제 벌을 받을 것이라
> 하나님이 그 제단을 쳐서 깨뜨리시며
> 그 주상을 허시리라(호 10:1-2)

이스라엘은 "열매 맺는 무성한 포도나무"라고 묘사된다. 이보다 앞서 호세아 9장에서 에브라임은 "매를 맞아 그 뿌리가 말라 열매를 맺지 못"한다고 한다(호 9:16). 9장에서 "열매"는 육체적 자손을 가리키는 반면, 10장에서의 열매는 이스라엘의 물질적 번영 개념이 더 강하다. 안타깝게도, 하나님께서 이스라엘의 열매를 늘려 주시자, 이스라엘은 위로부터의 그 선물을 허비했다. 하나님께서 이스라엘에게 복 주시자 이스라엘은 하나님을 저주했다. 요한복음 15장에 기록된 그리스도 말씀의 이면에는 이 비유가 자리 잡은 것 같다. 이스라엘의 번영은 의가 아니라 죄로 이어졌다. 그래서 백성은 징계받았다(요 15:2, 6을 보라). 그렇다, 이들에게는 "열매"가 있었지만, 이는 하나님 보시기에 속이 텅 빈 포도나무였다.

참으로 그리스도에게 속한 사람과 그저 속한 것처럼 보이는 사람의 주된 차이점은 이들이 지닌 믿음과 열매의 본질에 있다. 성령의 역사는 참믿음을 지닌 사람에게서 열매를 낳는다. "오직 성령의 열매는 사랑과 희락과 화평과 오래 참음과 자비와 양선과 충성과 온유와 절제니"(갈 5:22-23). 바울은 로마서에서도 이렇게 말한다. "그러므로 내 형제들아 너희도 그리스도의 몸으로 말미암아 율법에 대하여 죽임을 당하였으니 이는 다른 이 곧 죽은 자 가운데서 살아나신 이에게 가서 우리가 하나님을 위하여 열매를 맺게 하려 함이라"(롬 7:4). 이런 표현들은 일찍이 세례 요한이 증언한 말과도 일치하는데, 그는 하나님의 백성은 "회개에 합당한 열매"를 맺어야 한다고 주장했다(눅 3:8). 예수께서 나중에 분명히 하셨다시피, 좋은 열매를 맺지 못하는 나무는 "찍혀 불에 던져"질 것이다(9절).

우리의 영적 본분은 주로 우리 자신을 향해서가 아니라 하나님을 향해 열매를 맺어야 한다. 일시적 신자들은 겉으로 보기에 고귀하고 훌륭한 일들을 많이 행하지만, 이들이 맺는 "열매"의 목적은 자기 자신이다. 굿윈은 그런 사람들에 대해 이렇게 경고한다. "또한 이들은 자력이 아니라 그 이상의 도움을 받아 자신들이 하는 일을 할 수 있는 것인데, 그럼에도 이들의 목표 지점은 자기 자신을 벗어나지 못하며, 따라서 이들은 하나님께서 주시는 도움을 전적으로 자기 자신만을 위해 이용하는 것이다. 참가지가 맺는 열매의 목표는 하나님이 영화롭게 되는 것이다."[12] 우리가 맺는 열매는 하나님을 영화롭게 한다. "너희가 열매를 많이 맺으면 내 아버지께서 영광을 받으실 것이요 너희는 내 제자가 되리라"(요 15:8). 우리가 맺는 열매의 주된 목표는 하나님을 영화롭게 하는 것이다 (고전 10:31).

참열매는 그리스도와 맺는 참되고 구원에 이를 만한 연합을 바탕으로 한다. 그리스도 안에서 우리가 그 어떤 가치 있는 일을 하

---

12  Goodwin, *Works*, 3:442.

든, 이 일은 "그리스도 안에" 있다. 그래서 그리스도께서는 참열매는 맺으려면 우리가 그분 안에 거해야 한다고 강조하신다. "내 안에 거하라 나도 너희 안에 거하리라 가지가 포도나무에 붙어 있지 아니하면 스스로 열매를 맺을 수 없음 같이 너희도 내 안에 있지 아니하면 그러하리라"(요 15:4). 우리가 열매를 맺는 궁극적 이유가 하나님의 영광이라면, 우리가 열매를 맺을 수 있는 유효한 원인은 그리스도와의 연합이다. 우리는 목자이신 그리스도에게, 그리고 아버지로서의 섭리 가운데 하나님에게 보호받는다. 굿윈의 말처럼 "우리가 농부[하나님 아버지]를 우리의 목표로 삼음으로써 그분을 존귀하게 여기는 것처럼, 뿌리이신 분[예수 그리스도] 또한 그 뿌리 안에서, 그리고 뿌리로부터 모든 것을 행함으로써 존귀하게 여긴다."[13] "일시적 신자는 모든 것을 주로 자기를 위해서 행하며, 또한 자기를 근거로 모든 것을 행한다. 이들은 하나님을 자신의 목적으로 삼지 않는 것처럼, 그리스도를 자기의 뿌리로 삼지도 않는다"고 굿윈은 말한다.[14]

그리스도인의 삶은 우리가 원래 영적으로 파산 상태임을 인정하기를 요구한다. 즉, 그리스도를 닮는 일에서 조금이라도 진보하고자 한다면, 그리스도에게서 능력을 얻어야 하고 생각하고 행동할 때 그리스도처럼 즉, 하나님의 영광을 염두에 두고 해야 한다(요 17:4). 우리는 "나를 떠나서는 너희가 아무 것도 할 수 없음이라"(15:5)는 그리스도의 말씀을 기쁘게 받아들여야 한다. 우리가 우리 스스로는 만족하지 못하며 우리의 만족은 오직 하나님에게

---

13  Goodwin, 3:443.
14  Goodwin, 3:443.

서만 나온다는 사실(고후 3:5)을 인정하는 사람에게 이 말씀은 좋은 소식이다.

열매를 맺지 못하는 가지도 어떤 의미에서는 그리스도에게서 능력을 받고, 다른 사람들에게 복이 될 수 있는 선한 행동을 하기도 한다. 하지만 그리스도가 존귀히 여김받는 것보다 자기 자랑을 더 중시하는 한 이들은 반드시 성령을 대적한다. 이들은 바울이 고린도 교인들에게 다음과 같이 경고한 문제를 끈질기게 범하는 자들이다. "네게 있는 것 중에 받지 아니한 것이 무엇이냐 네가 받았은즉 어찌하여 받지 아니한 것같이 자랑하느냐"(고전 4:7).

다소의 "영적 생기"를 가지고 있으면서도 견인하지 않는 사람은 모든 것이 하나님에게서 온다는 사실을 진지하게 받아들이지 않는 사람이다. 굿윈은 우리가 하는 모든 일은 "실제로, 그리고 더할 수 없이 효과적으로 그리스도에게서 온다"[15]고 말한다. 견인하지 않는 신자가 결국 자기 스스로, 자기 자신을 위해 열매를 생산하는 것은 이들의 순종의 근본 원리가 구원의 믿음에서 생겨나오지 않기 때문이다. 믿음은 필연적으로 우리에게서 자기만족을 비워내는데, 이는 믿음이 성령으로써 그리스도를 통해 하나님에게서 모든 것을 받는 손이기 때문이다. 그리스도를 믿는 믿음으로 사는 삶은 우리에게 천성적으로 있는 자기만족을 버리라고 끊임없이 일깨운다.

---

15  Goodwin, 3:443.

## 적용

참신자와 거짓 신자를 구별하기는 전적으로 불가능하다고 생각하고 싶을지도 모르겠다. 실제로 그리스도께서 자신이 배신당할 것이라고 말씀하셨을 때, 제자들은 유다가 가장 유력한 배신자라고 명백히 말하지 않고 그 대신 저마다 "주여 나는 아니지요"라고 물었다(마 26:22). 유다의 삶에서 이뤄진 성령 역사의 본질이 무엇이든, 궁극적으로 유다는 그리스도의 능력을 바탕으로 하나님의 영광을 위해 순종하지 않았다. 그리고 유다는 결국 발각되었다. 유다에게는 생명으로 이어지는 회개가 없었고, 문자 그대로 죽음으로 이어지는 회개만 있었다.

유다와 유다 같은 사람들이 영적 빛을 받은 것은, 최종적으로 분석해 볼 때 구원에 이르는 역사가 아니다. 오웬이 말하는 것처럼, 이런 사람들도 "영적인 일들의 아름다움·영광·탁월함을 얼핏 보지만", 이들에게는 "영적인 일들에 대해 은혜로써 획득하는 직접적이고, 꾸준하고, 직관적인 통찰이 없다."[16] 끊임없이 그리스도를 보는 것은 참신자만 하는 일이다. 어떤 생각을 하든 그때마다 늘 그리스도를 생각하지는 않을지라도, 우리는 끊임없이 그분을 의식한다. 굿윈은 집을 떠나 길을 나선 사람의 예를 든다. 이 사람이 밴쿠버에서 케이프타운으로 간다고 할 때, 여정 중에 반드시 매 순간 케이프타운을 생각하지는 않는다. 다만 생각 속에서 늘 일정한 방향으로 여정을 이어가는 것을 목적으로 삼는다. 정확한 목적지가 언제나 마음속에 가장 먼저 떠오르지는 않을지라도 말이다.

모든 생각을 사로잡아 그리스도에게 복종하고(고후 10:5) 주님을 항상 내 앞에 모신다고(시 16:8) 해서 우리가 모든 행위(예를 들어 운전을 한다거나 잠을 잔다거나 하는)에서 명확하게 그리스도를 생각한다는 뜻은 아니다. "다만, 좀 더 중요한 행동을 처음 시작할 때 그 사람은 늘 그렇게 모든 생각을 사로잡아

---

16  Owen, *Works*, 7:21.

그리스도에게 복종하고 주님을 앞에 모시면서 믿음을 발휘한다. 또한 진척 과정에서도 자주 이를 새롭게 한다. 그리고 결말에 이르러 이를 이행할 때 이 사람은 모든 찬양을 그리스도에게 돌림으로써 마음으로 그리스도를 하나님으로 모신다."[17] 이렇게 하는 사람은 그리스도가 어떤 분인지 알고 그대로 사랑하는 것이며, 믿음과 소망과 그리스도를 향한 사랑의 행위를 많이 할 수밖에 없다. 따지고 보면 유다는 주님의 영광 보기를 좋아하지 않았고, 그래서 주님의 형상으로 변화하지 못했다(고후 3:18을 보라). 그리스도인으로서 믿음의 삶을 산다는 것은 신자의 영적 생명의 근원이신 그리스도를 쉼 없이 "바라보는" 것이다. 우리는 그리스도를 우리의 뿌리로서 사랑하며, 위로부터 흘러내리는 모든 축복이 이 뿌리에서 나온다.

    영적 퇴보자는 주님의 영광 바라보기를 중단한 사람이며, 그리하여 이 사람이 주님을 바라보는 일은 점점 줄어들게 된다. 배교자는 그리스도를 쉼 없이 바라보며 그분을 있는 그대로 사랑하는 일을 한 번도 해 본 적이 없는 사람이다. 이 사람에게는 우리를 필연적으로 그리스도에게로 끌어당기는, 구원에 이르는 믿음의 눈이 없다. 구원에 이르는 믿음을 가진 사람이 가장 크게 마음이 이끌리는 대상은 그 믿음의 선물을 우리에게 주신 바로 그분이기 때문이다. 그러므로 일정 기간 주님을 자주 바라보지 않는다고 해도(즉 영적 퇴보가 있다 해도), 구원에 이르는 믿음이 있다면 주님을 끊임없이 바라보는 습관으로 반드시 돌아오며, 이렇게 주님을 끊임없이 바라보는 것이 하나님의 참자녀의 특징이다.

---

17  Goodwin, *Works*, 3:445.

### 더 깊은 묵상을 위한 질문

1 _ 구원에 이르는 참신앙의 표지는 무엇인가?
2 _ "신자들"의 여러 유형에는 어떤 것들이 있는가?
3 _ 어떻게 해야 우리의 믿음을 계속 강하게 유지할 수 있는가?
4 _ 다른 사람들에게서 영적으로 건강한 상태, 혹은 바람직하지 못한 상태를 보게 될 때 이와 관련해 너무 성급하거나 자신 있게 이야기하지 말아야 하는데, 어떻게 하면 이런 일을 피할 수 있을까?
5 _ 호세아 10장, 마태복음 13장 1-23절, 47-50절, 요한복음 15장, 로마서 11장 17-24절을 읽고 묵상하라.

## 04 죄의 음험함

> 타락하는 신자는 그저 형식적 신앙 상태로 깊이 빠져들어,
> 외적이고 공개적인 은혜의 수단들로
> 하나님과의 친밀하고 신비스러운 동행을 대체할 수 있다.
>
> _ 옥타비우스 윈슬로우[1]

### 표류하기

사이클 선수들이 특히 좋아하는 순간은 긴 오르막길을 오른 끝에 마침내 내리막길로 관성을 따라 미끄러져 가기 시작할 때다. 내리막길의 그 속도에 몸을 맡기고 활주하는 것이 현명한 경기 운영이고, 선수들은 이런 순간을 누릴 자격이 있다. 하지만 그리스도인의 경주는 천국에 이를 때까지 그런 자유로운 활주가 허용되지 않는다. 그때가 되어야, 영광스러운 우리 부활의 몸은 완전히 거룩하게 되어 약함이나 고통 같은 것은 알지 못하고, 오직 성령

---

1 Octavius Winslow, *Personal Declension and Revival of Religion in the Soul* (Eugene, OR: Wipf and Stock, 2001), 18.

안에서 완전하고 강하고 영원한 자유를 누리게 될 것이다.

D. A. 카슨은 죄의 표류 성향에 관해 이야기한다. 설교자와 신학자는 종종 죄의 음험함이라는 표현을 써서 죄가 우리 삶에 초래하는 점진적이고 때로 알아채기 어려운 해악에 대해 이야기한다. 그리스도를 떠나 영적으로 표류하려는 우리의 성향은 죄의 음험함을 드러낸다. 그리스도인의 삶이 계속적인 노력을 요구하는 이유는, 카슨이 말하다시피 "사람들이 거룩함을 향해 흘러가지 않기 때문이다. 은혜가 주도하는 노력이 없으면 사람들은 경건, 기도, 성경에 순종하기, 믿음, 주님을 즐거워하기 쪽으로 마음이 끌리지 않는다." 실제로 우리는 죄를 지으며 표류하면서도 우리가 했거나 하지 않은 일들을 거짓 미덕으로 포장한다.

> 우리는 타협 쪽으로 표류하면서 이를 관용이라고 부른다.
> 우리는 불순종 쪽으로 표류하면서 이를 자유라고 부른다.
> 우리는 미신 쪽으로 표류하면서 이를 믿음이라고 부른다.
> 우리는 절제력을 잃고 무질서해지는 것을 좋아하면서 이를 긴장 풀기라고 부른다.
> 우리는 기도하지 않는 상태를 향해 구부정하게 가면서 율법주의에서 벗어났다고 생각하며 자기를 기만한다.
> 우리는 하나님을 믿지 않는 상태를 향해 미끄러져 가면서 해방되었다고 자신을 설득한다.[2]

죄는 하나님을 떠나 멀리 표류하기를 좋아한다. 그리고 우리가

---

2  D. A. Carson, *For the Love of God: A Daily Companion for Discovering the Riches of God's Word*, vol. 2 (Wheaton, IL: Crossway, 2006), 49.

하나님을 떠남에 따라 죄가 경악할 만한 속도로 추진력을 얻는다. 우리 영혼에 있는 참으로 구원에 이를 만한 믿음은 파괴될 수 없고 반드시 승리를 이루지만, 그렇다고 해서 우리가 은혜 상태에서 점차 쇠퇴하는 일은 있을 수 없다고 생각해야 한다는 뜻이 아니다. 토머스 왓슨은 이렇게 말한다. "인정하건대, 참신자들은 실제로 하나님에게서 멀어져서 모든 은혜를 다 잃지는 않더라도, 이들의 은혜는 부족한 수준이 될 수 있고, 그래서 성화가 크게 중단될 수 있다. 은혜는 '모르투아'(mortua)가 아니라 '모리투라'(moritura), 즉 죽어가지만 죽지는 않은 상태일 수 있다."[3] 그럼에도, 하나님의 참자녀 하나를 잃어버리는 것은 사탄이 천상으로 가서 그리스도를 보좌에서 밀어내는 것만큼이나 가능성 없는 일이다. 하지만 사탄은 그리스도인에 대한 공격을 포기하지 않는다. 사탄은 전지(全知)하지 않기에, 누가 선택받았고 누가 선택받지 못했는지 오류 없이 알지 못한다. 그러므로 사탄은 할 수 있는 한 많은 신자를 들이받는다.

그리스도인의 삶에 있는 여러 가지 신비는 하나님 방식의 불가사의함을 우리에게 보여 주며(롬 11:33), 이 방식은 우리의 방식과 다르다(사 55:8-9). 자기 자녀들이 표류하고, 미끄러지고, 미지근해지는 것을 하나님이 왜 허용하시는지 이해하기 어려워 보인다. 세상에 왜 그렇게 수많은 악이 존재하는지 이해할 수 없는 것처럼, 하나님이 왜 우리를 지금보다 훨씬 더 거룩하게 만드시지 않는지 우리는 궁금할 수 있다.

우리는 영적 퇴보와 배교의 모든 원인을 너무 면밀히 들여다

---

3　Thomas Watson, *A Body of Practical Divinity* [. . .] (London: Thomas Parkhurst, 1692), 219.

보지 말고, 다만 교회의 삶과 마찬가지로 개별 그리스도인의 삶에 있는 죄의 음험함의 진상을 헤아릴 필요가 있다. 죄가 그리스도인의 삶에서 점차적으로, 대개는 은밀하게 발판을 마련하는 것은 언제나 존재하는 위험으로서, 이 위험이 때로는 완전한 배교로 그 모습을 드러내기도 한다. 아치볼드 알렉산더는 이 문제의 위중함을 공들여 설명하는데, 왜냐하면 배교자들의 경우 모르는 사이에 진행되는 죄 때문에 완전히 믿음을 버리는 과정이 시작되기 때문이다. "이들은 자주 틈을 엿보는 정욕이나 욕망에 압도되고, 어떤 죄를 습관적으로 되풀이하는 상태로 빠져드는데, 처음에는 은밀히 이에 탐닉하다가 얼마 후에는 그런 겉치레도 다 벗어던지고, 자신이 어떤 해롭고 가증스러운 불법의 노예가 되었음을 모두에게 드러낸다."[4]

하지만 어떤 이들은 자신이 습관적으로 즐기는 도락(예를 들어 술꾼의 과음)을 아주 기만적이고 필사적인 방식으로 최대한 감추면서 어떤 대가를 치르든 자기 죄를 덮어 가리려고 한다. 교회 안에는 경건해 보이지만 중생하지 못한 사람들이 있는데, 이들의 경우 처음부터 자기 죄를 드러내지는 않지만, 그 죄가 은밀히 작용하도록 아무 저항 없이 내버려두다가 결국 공공연한 배교자가 되고 만다. 그러므로 그리스도인은 죄의 교활함을 심각하게 받아들여야 한다.

---

[4] Archibald Alexander, *Thoughts on Religious Experience* (Philadelphia: Presbyterian Board of Publication, 1841), 205.

## 개인의 영적 쇠퇴의 시초

옥타비우스 윈슬로우는 "신자의 영적 생명과 은혜가 퇴락하는 것"이 영적 쇠퇴의 전조라고 하면서, 이는 "가장 초기 단계로 비교적 은폐되어 있다"고 한다.[5] 어떤 의미에서, 초기의 내리막 행보는 영적 퇴보의 배아(胚芽) 단계라고 할 수 있다. 눈에 보이지는 않지만, 바로 그 점 때문에 더 위험하다. 사실 이 내리막은 일종의 영적 질병으로, "영혼 속에서 아주 은밀하게, 아주 조용히, 눈에 띄지 않게 진행되기 때문에, 당사자는 자신의 실제 상태를 가슴으로 각성하기도 전에 기반을 잃고, 은혜와 활력에서 멀어지고, 영적 황무함과 부패라는 경악스러운 상태로 기만당해 들어갈 수 있다."[6]

암과 마찬가지로 죄도 대개 모르는 사이에 진행된다. 죄는 교묘한 방식으로 번성하기 때문에 알아채기가 어렵고, 알아챘을 때는 이미 때가 늦어 있다. 내리막길을 가기 시작한 사람이 갑자기 그리스도를 믿는 믿음을 잃지는 않는다. 믿음을 잃는다는 것은 하나님의 참자녀에게는 불가능한 일이다. 하지만 눈에 보이는 믿음의 행위, 그리스도를 목적으로 하는 행위가 적어지고 퇴보하기 시작한다. 이런 믿음의 행위들이 퇴보할 때, 죄가 점차 잠식해 들어온다. 토머스 맨턴은 사탄이 "우리를 시늉에서 행동으로 이끌고, 이어서 죄의 강퍅함과 무분별한 반복으로 이끈다!"고 말한다.[7] 어

---

5 Winslow, *Personal Declension*, 15.
6 Winslow, 15.
7 Thomas Manton, *A Practical Commentary or Exposition on the General Epistle of James*, abr. and ed. the Rev. T. M. Macdonogh (London: W. H. Dalton, 1844), 37.

떻게 해서 이 단계에 이르게 되는가? 맨턴은 이렇게 덧붙인다. "죄는 느끼지 못할 정도로 조금씩 사람에게 접근한다."[8] 우리 삶에서 죄의 이런 교활함을 제어할 수 있다면 이는 하나님에게서 오는 큰 복이다. 하지만 우리는 하나님이 늘 죄의 음험함을 억제해 주신다고 멋대로 상상하기보다는 이에 맞서 싸우기도 해야 한다. 토머스 브룩스는 고전적 저작 『사탄의 책략 물리치기』(*Precious Remedies against Satan's Devices*)에서, 사탄에게 허를 찔리기 싫다면 "사탄의 첫 동작이 있을 때 즉시 저항해야 한다"고 신자들에게 권고한다. "저항이 안전하고, 논박은 위험하다. 하와는 사탄과 말로 싸우고, 그래서 낙원에서 타락한다⋯욥은 저항하고, 그래서 거름더미 위에서 승리한다."[9]

그리스도를 믿는 믿음으로 건강한 삶을 살 때 우리는 성령 안에서 산다. 성령이 하는 일은 우리 삶에서 성자를 영화롭게 하는 것이기 때문이다. 그리스도를 얼마나 바라보느냐, 즉 얼마나 성령 안에서 사느냐에 따라 우리는 악과 위험과 죄책에 민감해질 것이다. 그럴 때 우리는 쉴 새 없이 우리를 추적하는 죄의 상존(常存)하는 위험 앞에서 영적인 방어를 할 수 있도록 최선의 준비를 갖추게 될 것이다. 죄의 해악과 위험, 죄책에 대한 감수성이 부족하면 죄의 활동을 허용하게 된다. 이런 일이 생길 때 우리는 그리스도 아닌 다른 것으로 시선을 돌리게 되고 죄에 대해 둔감해진다. 예레미야 시대의 거짓 선지자처럼 되어, 자기 영혼을 향해 "평안하다 평안하다 하고 말하지만 사실 평안은 없다"(렘 8:11, 현대인의 성

---

8   Manton, 37.
9   Thomas Brooks, *Precious Remedies against Satan's Devices* [. . .] (Philadelphia: Jonathan Pounder, 1810), 312.

경). 우리는 "생수의 근원되는" 하나님을 버리고 "터진 웅덩이들"을 파지만(2:13), 주의를 기울여 회개하지 않으면 우리가 마시는 흙탕물이 서서히 우리를 죽인다는 사실을 알지 못한다. 단맛 나는 자동차 부동액을 모르고 마시면 그 유독 성분이 그 사람을 해치는 것처럼, 악은 우리에게 나쁜 결과를 낳을 것이다. 하지만 이런 일이 일어나는 이유는, 그리스도에게서 시선을 돌릴 때 우리가 하나님에 대한 건전한 두려움도 버리기 때문이다. "네 속에 나를 경외함이 없는 것이 악이요"(2:19).

이것이 어떤 사람들에게는 민감한 이야기일 수 있지만, 폭식으로 과체중이 되는 사람은 하룻밤 사이에 건강한 체형에서 비만이 되지는 않는다. 이 과정은 대개 점진적이다. 폭식 때문에 살이 쪘든, 혹은 유전적 기질이나 바람직하지 못한 식단이나 약물 치료나 다른 어떤 이유 때문에 살이 쪘든, 정상 체중이었을 때 이 사람을 본 이들은 몇 달이나 몇 년 후 이렇게 비정상적으로 체중이 늘어난 모습을 보고 큰 충격을 받는다. 이 변화는 시간의 흐름에 따라 전개된 한 패턴을 있는 그대로 보여 준다. 타락은 건강치 못하게 체중이 늘어나는 것과 비슷하다. 사실 건강치 못한 체중 증가는 무언가 좋은 것을, 절제 없이(알코올 남용처럼) 추구하는 육체의 욕망에 탐닉함으로써 주님을 떠나 영적으로 표류하는 상태를 드러낼 수도 있다. 이는 대개 패턴의 변화 탓이며, 시간이 흐르면서 문제점은 느리지만 확실하게 눈에 띄게 된다. 곧 좋은 습관은 나쁜 습관으로 대체된다.

영적 퇴보가 진행되는 느리고 꾸준하고 은밀한 방식은 많은 그리스도인에게 영향을 끼쳤다. 이들은 조금만 떠돌고 싶다는 강력한 유혹을 느꼈으나, 그 '조금만'이 곧 엄청난 표류가 되었다. 하나님은 때로 우리를 존 오웬이 말하는 "유달리 외적으로 번영하는 시기"[10]로 데려가신다. 우리는 본성적으로 떠돌기를 좋아할 뿐만 아니라 번영도 좋아한다. 하지만 번영에는 수많은 형태의 강력한 유혹이 동반된다. 오웬의 말처럼, 실제로 "번영은 하나의 유혹이거나 수많은 유혹인데, 왜냐하면 은혜가 현저히 주어지지 않을 경우, 번영이 유혹에 노출된 어떤 틀과 기질 속에 영혼을 던져 넣고는 온갖 유혹을 위한 연료와 음식을 제공하기 때문이다. 번영은 정욕에 양식을 제공하고 사탄에게는 화살을 마련해 준다."[11] 번영과 안락함은 유혹이 영혼에 들어가 해를 끼칠 수 있도록 연료가 되어 준다. 죄의 음험함은 흔히 외적 번영에 빌붙어 산다.

죄의 음험함으로 말미암은 한 개인의 영적 쇠퇴는 억제되지 않는 내면의 유혹을 통해 꾸준히 발생한다. 신자들 안에 남아 내재하는 죄의 위력을 얕보아서는 안 된다. 오웬은 "신자 안에 내재하는 죄의 잔재들이 악을 향해 쉼 없이 작동하면서 대단한 효력과 힘"을 갖는 것에 대해 말한다.[12] 나중에 오웬은 "선을 행하려는 의지가 특별히 적극적이고 순종 쪽으로 기울어질 때" 내재하는 죄가 어떻게 "효력이 있도록 작동하여 반역하고 악 쪽으로 기울어지는지"를 설명한다.[13] 이는 죄가 왜 그리 쉽게 우리 안으로 잠복해 들어오는지, 심지어 우리가 최선을 다할 때에도 죄는 왜 최악을 행하는지 그 이유를 설명해 준다. 그래서 오웬은 "죄를 죽이라, 그렇

---

10  John Owen, *The Works of John Owen*, ed. W. H. Goold, 24 vols. (Edinburgh: T&T Clark, 1850-53), 6:127.
11  Owen, 6:127.
12  Owen, 6:159.
13  Owen, 6:161.

지 않으면 죄가 그대를 죽일 것"이라는 유명한 말을 남겼다.[14] 그리스도께서 뱀의 머리를 짓뭉개셨으므로, 우리는 성령 안에서 우리의 죄를 날마다 새로이 가격해야 한다(롬 8:13). 인생에는 확실한 것 세 가지가 있다. 바로 죽음, 세금, 그리고 내재하면서 열심히 일하는 죄다.

모든 퇴보의 시초인 초기 단계의 개인적 퇴행의 뿌리는 불신앙이며, 불신앙은 첫째이자 가장 악한 죄다. 아담과 하와는 불신앙으로 범죄했다. 이들은 하나님의 말씀을 믿지 않았다(창 3:1, 4). 이들이 하나님처럼 되기를 바람에 따라(5절), 교만이 그 불신앙의 결과가 되었다.

예수께서는 특별히 두 가지에 대해 놀라셨다. 하나는 로마 백부장의 믿음(마 8:10)이고, 다른 하나는 나사렛에 있는 자기 백성의 불신앙이다(막 6:6). 일단 하루하루 하나님을 신뢰하면서 믿음으로 살기를 중단하면 우리는 필연적으로 타락하게 되어 있다. "불신앙은 우리 마음의 온갖 부패한 정욕과 성정을 풀어 놓아, 그 자체의 뒤틀린 본성과 성향에 따라 행동하게 만든다"고 오웬은 말한다.[15] 참으로 구원에 이르는 믿음을 가진 사람들에게도, 상당한 불신앙이 그 자신의 영혼을 상대로 전쟁을 벌일 수 있다. 우리는 믿는다고 말할 수 있지만, 자기의 불신앙을 미워한다고도 말할 수 있다. 발작을 일으킨 아들의 아버지처럼, 우리는 계속해서 주님에게 "내가 믿나이다 나의 믿음 없는 것을 도와주소서"라고 부르짖어야 한다(막 9:24). 우리의 죄와 죄에 대한 우리의 사랑 그 중심에는 여전히 불신앙이 남아 있다. 심지어 우리가 불신앙을 어느 정

---

14 Owen, 6:9.
15 Owen, 21:123.

도 즐기기까지 하는 이유는, 믿음으로 사는 것이 쉽지 않을 때가 있기 때문이다. 믿음으로 살기는 힘들다. 아브라함에게 물어보라. 삼손에게 물어보라. 다윗에게 물어보라. 베드로에게 물어보라!

우리는 믿음으로 사는 삶이 언제나 좀 더 나은 삶의 방식임을 기억할 필요가 있다. 설령 그 삶이 때로 고통스러울지라도 말이다. 원수를 사랑하기, 혹은 반대편 뺨을 내 주기가 더 훌륭한 삶이라고 믿는 것도 쉽지 않은 일이다. 우리가 재빨리, 그리고 쉽사리 불신앙의 영역으로 떨어지는 것은, 믿음으로 사는 삶이 때로 너무나 힘든 요구를 하기 때문이다. 청교도 존 볼은 자신의 믿음에 관한 탁월한 저작에서 이렇게 고백한다. "주님, 저는 주님의 길에 심히 무지하고, 주님의 진리를 의심하고, 주님의 능력과 선함을 신뢰하지 못하며, 주님의 계명에 불순종합니다. 주께서는 거룩한 말씀을 통해 보기 드물고 탁월한 약속을 주셨건만, 저는 그 약속을 공부하지 않고, 그 약속을 기뻐하지 않으며, 성실하고 꾸준하게 그 약속을 고수하지 않고, 그 약속에 마음을 두지 않으며, 그 약속을 제 것으로 삼지 않고, 그 약속을 안전하게 보존하지도 않습니다."[16] 믿음은 하나님의 약속으로 향하는 문을 열어 주지만, 고의적인 무지 때문에 우리는 하나님께서 약속하신 모든 것을 향해 그 문을 활짝 열지 못할 때가 아주 많다.

불신앙의 죄는 대단히 심각하다. 왜냐하면 이 죄는 또 다른 죄를 낳고, 은혜 안에서 이뤄지는 진보를 모두 쫓아내기 때문이다. 불신앙은 우리의 덕(德)을 공격하고 이를 약하게 만든다. 불신앙은 우리를 집어 올려 하나님에게서 멀리 떨어뜨려 놓는다. 이 일

---

16  John Ball, *A Treatise of Faith* [. . .] (London: For Edward Brewster, 1657), 202.

은 하나님과 그리스도를 근심하게 만든다. 하나님과 그리스도는 불신앙이 그 영혼에 어떤 위력을 끼치는지 아시기 때문이다. 엠마오로 가는 길에서 예수께서 제자들의 불신앙 때문에 슬퍼하신다는 사실을 기억하라. "이르시되 미련하고 선지자들이 말한 모든 것을 마음에 더디 믿는 자들이여"(눅 24:25). 그 후 예수께서는 열한 제자에게 나타나셔서 다시 이들의 불신앙을 문제 삼으신다. "어찌하여 두려워하며 어찌하여 마음에 의심이 일어나느냐"(38절). 예수께서는 도마가 부활하신 그리스도를 보고서야 믿는다는 이유로 사실상 그를 질책하신다(요 20:29).

믿음으로 살면 죄의 기만성으로 우리 마음이 완고해지는 일을 피할 수 있다(히 3:13). 죄는 우리를 기만한다. 그래서 하나님에게서 벗어나기 시작하면서도 하나님을 떠나는 게 아니라고 생각하게 될 때가 있다. 라오디게아 교인들은 자신들의 영적 상태에 관해 기만당했다(계 3:17). 스티븐 차녹은 "마음의 기만과 주제넘은 자신감만큼 본성적인 것은 없다…자화자찬은 본성의 교만에서 자라나는 가장 강한 가지로 손꼽힌다. 사실은 지옥에 떨어질 준비를 하고 있을 뿐이면서 나는 천국에 갈 자격이 있다고 생각하는 것은 얼마나 허탄한 상상인가?"라고 지혜롭게 말했다.[17] 참으로 구원에 이르는 믿음은 우리를 겸손하게 만들고 자화자찬하지 못하게 만들며, 이는 믿음이 그리스도, 곧 진짜 죄인들의 구주이신 분을 바라보게 하기 때문이다. 믿을 때 우리는 비워지기도 하고 채워지기도 한다. 즉, 자아는 비워지고 우리는 그리스도로 충만해진다.

---

17 Stephen Charnock, *The Complete Works of Stephen Charnock*, 5 vols. (Edinburgh: James Nichol, 1864-66; repr., Edinburgh: Banner of Truth, 1985), 3:63.

그러므로 타락과 맞서 싸울 때 참믿음의 중요성은 아무리 강조해도 지나치지 않다. 찰스 스펄전이 언젠가 지적했다시피, "믿음은 그리스도인에게 있는 삼손의 머리카락과 비슷하다. 그리스도인에게서 믿음을 잘라 낸다는 것은 눈을 파내는 것과 같아서 그 사람은 아무것도 하지 못한다."[18] 믿음의 가치를 인정할 수 있으려면 먼저 불신앙의 가증스러움을 알아야 한다. 그런 후에야 우리는 그에 대한 치료책을 바랄 수 있다. 한 가지만 확실히 해 두자. 이는 불신자들만 요동시키는 문제가 아니다. 신자들로서 우리는 자신의 불신앙과 자신에게 주어진 본분을 깊이 염려해야 한다. 그래야 "충신과 진실"(계 19:11)이신 분에게 더욱더 의지할 수 있다.

### (공동체의) 영적 내리막의 시초

번영이나 외적 축복 같은 것들은 개별 그리스도인뿐만 아니라 교회에도 매우 위험할 수 있다. 라오디게아 교회 사람들은 자신들의 번영을 자랑했다. 예수께서는 이들에게 이렇게 주의를 주셨다. "네가 말하기를 나는 부자라 부요하여 부족한 것이 없다 하나 네 곤고한 것과 가련한 것과 가난한 것과 눈 먼 것과 벌거벗은 것을 알지 못하는도다"(계 3:17). 확실히 이들은 자신들의 타락을 알아차리지 못했고, 그래서 이들에게는 영광의 주님의 입에서 나오는 벽력같은 꾸짖음이 필요했다. 공동체의 죄가 드러나고 있었다.

---

18 Charles H. Spurgeon, "The Sin of Unbelief: A Sermon Delivered on Sunday Morning, January 14, 1855," in *The New Park Street Pulpit Sermons* (London: Passmore & Alabaster, 1855), 1:202.

라오디게아 교회 전에도, 그리고 이들의 사례 후에도 교회들은 죄의 음험한 속성 때문에 제기능을 하지 못했다. 사도들은 교회를 세우고 복음의 큰 비밀을 사람들에게 가르쳤다. 바울이 고린도에 교회를 개척하고 얼마 지나지 않아(아마 몇 년이 지난 후) 고린도 교회 사람들은 온갖 말도 안 되는 일들을 저질렀다. 바울은 갈라디아 교인들에게 순전한 복음을 가르쳤지만, 이들도 가장 해로운 악, 즉 율법주의의 덫에 걸리고 말았다. 실제로, 신약성경 서신서를 읽는 사람들은 이 편지를 받는 다수의 교회가 불안정한 지반 위에 서 있다고 느낄 수밖에 없다. 지금 우리 시대에는 어떤 문제가 생겨도 이 문제를 향해 직접적으로 말씀해 주시는 그리스도와 사도들이 없는데, 우리가 과연 무엇 하나라도 당연하게 여길 수 있는지 자문해 보아야 한다.

자, 우리에게 당면한 문제는 교회들이 내리막길을 가는 경우가 아주 빈번하다는 것이 아니라, 이런 쇠퇴가 교회 안의 사람들이 무언가가 잘못되었다는 것을 깨닫지 못하는 방식으로 일어난다는 것이다.

주일에 그리스도의 영광이 높이 찬양되지 않고, 부름받고 의의 종이 될 수 있는 능력을 받은 이들에게 그 어떤 의무도 강조되지 않으며, 하나님의 말씀이 인간의 말에 가려진다면, 이런 날 하루하루가 곧 하나님의 백성이 영적으로 퇴보하는 날이다. 어느 누구도 알아차리지 못하는 사이에 말이다. 사실 어떤 이들은 용기를 내서 그런 교회들의 개혁을 추구한다. 하지만 이들은 대개 지는 싸움을 하고, 믿음 없는 이들은 이 사람들을 사랑이 아니라 신학에 과도하게 치중하는 선동자로 여긴다.

교파들도 모두 퇴보 중인데, 이들이 복음을 강력히 선포하다가 노골적으로 자유주의로 빠져드는 일은 몇 달 사이에 일어나지 않는다. 서서히, 그러나 확실하게, 이런저런 이유로 여기저기서 생겨난 작은 변화들이 결국 여기저기서 큰 변화로 이어진다. 거짓 교사들이 제대로 처리되지 않고, 사탄은 은밀한 방법으로 목회자와 양떼를 움켜쥔다. 세상의 도덕 체계가 교회를 위한 기준을 설정하기 시작한다. 당연히 그 반대여야 하건만, 교회가 세상의 가치관에 양보하는 함정에 빠졌다는 사실을 누가 부인할 수 있을까? 이른바 세상의 "각성된" 가치관이 단순히 개인만이 아니라 전체 교회들의 행동 방침까지 정하고 있다.

그리스도인은 자신과 직접 관계된 지역 교회의 상황에 관심을 기울여야 한다. 강단의 잘못 때문에 동료 교인들이 영적으로 퇴보하기 시작한다는 사실을 알아차리기는 쉽지 않다. 불신앙은 공동체 차원의 결과를 낳는다. 그리스도인 가정에서 아버지가 불신앙을 키워 가면, 가족 구성원 사이에 영적 퇴보라는 결과를 낳을 수 있고 실제 그렇게 되기도 한다. 불신앙은 마치 전염병처럼 퍼져나간다. 노아 시대에 세상은 노아의 설교에 마치 귀먹은 사람처럼 귀를 닫았다. 노아는 "의를 전파하는"(벧후 2:5) 사람이었지만, 다가올 심판을 피해야 한다는 것을 누구도 깨닫지 못했음이 분명하다. 출애굽 때 하나님 백성들 사이에 만연한 죄는 불신앙이었고(시 95:7-8; 히 3장), 그래서 이들은 광야에서 죽었다(민 26:65). 애굽에서 기적적으로 구속받은 사람들이 불신앙 때문에 약속의 땅에 들어가지 못했다(히 3:19). 우리는 지금 이곳저곳의 개별 신자 이야기를 하는 것이 아니라, 일찍이 하나님의 백성을 자처한 수많은 사람에 대해 이야기하는 것이다(참고. 고전 10:6-10).

## 적용

하나님은 어떻게 그리스도가 영적으로 퇴보하지 않게 지키셨는가? 하나님은 어떻게 그리스도가 자신의 삶에 죄를 단 일분일초도 허용하지 않게 지키셨는가? 히브리서 기자는 그리스도가 "아들이시면서도 받으신 고난으로 순종함을 배"웠다고 말한다(히 5:8). 간고를 많이 겪은 분은 질고를 아는 분이었다. 외적 번영과 안락함은 그리스도의 삶의 특징이 아니었다. "여우도 굴이 있고 공중의 새도 거처가 있으되 인자는 머리 둘 곳이 없다"(마 8:20).

성부께서는 마치 우리 삶의 환경을 정하시는 것처럼 그리스도의 삶의 환경을 정하셨다. 그리스도의 삶의 환경은 그리스도가 계속 믿음으로 살지 않으면 안 되게 했다. 오웬이 히브리서 2장 13절("내가 그를 의지하리라") 해설에서 말한 것처럼, "자신이 맞서 싸워야 했던 모든 환란과 어려움 가운데서도 그분은 하나님을 의지했다."[19] 형제들과 다름없는 분으로서(히 2:11-18) 그리스도께서는 "하나님의 돌봄과 보호"[20] 가운데서 믿음으로 살기를 늘 요구받으셨다. 그리스도께서 겪으신 많고도 다양한 고난은 그분의 믿음을 시험하는 것이었지만, 그 믿음의 시련 덕분에 하나님을 의지하는 마음이 강화되었기에 그분은 단 한 번도 뒤로 미끄러지지 않을 수 있었다(10:38을 보라. "나의 의인은 믿음으로 말미암아 살리라 또한 뒤로 물러가면 내 마음이 그를 기뻐하지 아니하리라").

죄가 내 삶에 발판을 마련한 뒤 사실과 다르게 모든 것이 괜찮다고 나를 기만하는 일이 없도록 막아 주는 것은 무엇인가? 믿음으로 사는 것이다. 하지만 이는 경건하고 평이한 삶을 산다는 뜻이 아니다. 믿음으로 사는 삶은 많은 어려움이 따르는 삶과 연결된다. 믿음은 인생의 문제들에 답변한다. 삶에 아무런 괴로움도, 불안도, 고통도 없을 때 우리는 실족하는 경향이 있다. 하나님은 은혜로운 아버지로서 우리에게 믿음을 선물로 주실 뿐만 아니라, 고통스럽고 힘

---

19  Owen, *Works*, 20:429.
20  Owen, 20:429.

든 때에 하나님과 그리스도를 바라봄으로써 믿음을 작동시키는 환경을 섭리적으로 제공하신다. 이런 고통 덕분에 우리는 죄의 기만에서 보호받고 죄 된 습성에 빠지지 않을 수 있다. 고통스러울 때 약물이나 술 쪽으로 시선을 돌리려 하지 말고, 인내하며 주님의 도움을 기다리면 이 시기에 오히려 많은 열매를 맺을 수 있다.

우리는 날마다 하나님과 그리스도를 향해 계속 믿음의 행위를 해야 할 뿐만 아니라, 사소하게라도 악으로 향하는 마음이 생길 때마다 이에 저항해야 한다. 세상에서 가장 작은 죄일지라도 결코 너그럽게 넘어갈 수 없다. 예를 들어 여러분은 인터넷에서 음란물을 검색하지는 않더라도, 갈수록 불법이 되어 가는 케이블 방송과 인터넷 미디어의 콘텐츠는 아마 쉽게 용인할 것이다. 말하기에 부적절한 성적 주제를 다루는 장면·이미지·영상이 등장할 때 욕망이 담긴 시선을 주는 것을 아무렇지도 않게 생각한다. 하지만 바로 이 부분에서 우리는 나중이 아니라 지금 당장 좀 더 부지런해야 한다. 자기 영혼 속에 사소한 죄를 묵인하기 시작하면 이는 더 큰 죄로 향하는 문을 여는 것이며, 통제 불능의 고등학교 파티에 난입한 불청객처럼 죄는 집주인 따위는 신경 쓰지 않는다.

마지막으로, 우리는 한 몸의 일원으로서 함께 살아가는 온갖 부류의 개인들을 공동체 차원에서 대해야 한다. 부자가 아닌 사람은 부자들에 대한 선망으로 괴로워할 수도 있다. 그러나 부자는 하나님이 아니라 재물을 의지하는 문제와 씨름할지도 모른다. 라오디게아 교회는 부자 교회였다. 하지만 이들은 실제로는 가난했다(계 3:17). 공동체의 영적 쇠퇴는 여러 가지 상이(相異)한 이유로 발생할 수 있다. 교리 면에서 교회들이 경로를 벗어날 수 있지만, 시기와 교만 문제, 그리고 이와 비슷한 죄들은 우리 구주께 대한 교리적 불성실과 더불어 빠르게 진행된다. 죄가 은밀히 스며들면 그리스도는 은밀히 밀려난다. 때로는 어떤 일이 벌어졌는지 교회가 알아차리지도 못하는 사이에 말이다.

### 더 깊은 묵상을 위한 질문

1 _ 이 장은 신자의 삶에서 고난을 이해하는 데 어떤 방식으로 도움이 되는가?
2 _ 불신앙이 우리 주변 사람들에게 영향을 끼칠 수 있다고 가정한다면, 이 사실은 우리의 믿음 생활에 관해 무엇을 말해 주는가?
3 _ 하나님과 그리스도를 향한 믿음의 행위는 어떻게 우리가 타락하지 않도록 도와주는가?
4 _ 살아가면서 "죄를 죽이라, 그렇지 않으면 죄가 그대를 죽일 것"이라는 존 오웬의 금언이 현실로 나타난 때가 언제였는지 생각해 보라.
5 _ 시편 95편, 마가복음 6장 1-6절, 히브리서 2장 11-18절을 읽고 묵상하라.

## 05 식어 버린 사랑

> 하나님을 사랑하지 않는 자들은 모두 외인(外人)이요
> 적그리스도들이다. 이들은 교회에 나갈지 모르나
> 하나님의 자녀로 계수(計數)되지 못한다.
>
> _ 아우구스티누스[1]

### 식어 가다

두 사람이 참으로 애정이 깊은 사이였는데, 어느 한 쪽이 더 이상 상대방을 사랑하지 않는다면, 게다가 딱히 마음이 변할 만한 이유가 없다면, 그 결과는 대개 큰 슬픔이다. 성경은 하나님의 백성이 하나님께 대한 사랑에 등을 돌린 그런 사례를 여러 번 보여 준다. 믿음이 박해받고 악이 성행하는 시대에는 "많은 사람의 사랑이 식어지리라"고 예수께서는 마태복음 24장 12절에서 말씀하신다. 안타깝게도, 끝까지 견인하기 위해 고통을 감내하는

---

[1] Augustine, "Homilies on the First Epistle of John," in *Nicene and Post-Nicene Fathers*, ed. Philip Schaff (Grand Rapids: Eerdmans, 1956), 7:503.

것은 가치 없는 일이라고 판단하는 이들이 많을 것이다.

예레미야 시대에 하나님께서는 예루살렘에 가서 하나님 백성의 믿음 없음을 선포하라고 이 선지자에게 명령하셨다. 하나님은 "내가 너를 위하여 네 청년 때의 인애와 네 신혼 때의 사랑을 기억"한다고 하셨으며(렘 2:2), 이 기억으로 인해 이들의 믿음 없음은 한층 더 심각한 일이 되었다. 하나님은 자신들을 영광스럽게 구속하신 분에 대한 사랑을 저버린 것에 대해 이들을 징계하셨다. 신약성경에서 우리 주님은 에베소 사람들이 처음에 품었던 사랑을 저버렸다는 이유로 비슷한 방식으로 이들을 꾸짖으신다(계 2:4). 전도에 대한 열정을 잃은 것도 여기 포함될 수 있지만, 그런 열정을 잃은 것은 이들이 그리스도께 대한 사랑을 버렸기 때문이다. 전도의 최고 목표는 그리스도의 영광이기 때문이다. 그래서 주께서는 회개하고 처음 사랑으로(즉, 다른 사람들을 위한 열심으로) 돌아오라고 이들에게 촉구하신다. 그것은 사실 이들을 사랑하시는 그리스도에게로 돌아오라는 것이었다.

우리는 이 서글픈 현실을 무시할 수 없다. 즉, 사람과 사람 사이의 관계에서만이 아니라 믿음을 공언하는 그리스도인들이 성삼위 하나님과 맺는 관계에서도 사랑은 시들고 "식어 갈" 수 있다는 것이다. 그런데 이는 참사랑의 본질과 관련해 몇 가지 중요한 의문을 제기한다. 무엇 때문에 사랑이 식을까? 처음 사랑을 되찾기 위해 우리가 할 수 있는 일은 무엇인가?

### 사랑이란 무엇인가?

믿음이 약해진 영적 퇴보자들은 필연적으로 하나님

과 사람을 향한 사랑도 약해진다는 사실을 알게 된다. 윌리엄 에임스는 사랑이 아니라 믿음이 "인간이라는 영적 건축물의 첫 번째 토대"라고 올바로 주장했다. "이는 믿음이 시초이기 때문만이 아니라, 믿음이 이 건축물의 모든 부분을 지탱하고 유지하기 때문이다. 믿음은 열매를 맺는 힘을 준다는 점에서 뿌리의 성격을 지닌다."[2] 믿음은 강한데 사랑이 약할 수는 없다. 강한 믿음은 강한 사랑을 낳고, 약한 믿음은 약한 사랑을 낳는다.

믿음이 첫 토대인 한편, 그리스도인의 믿음의 가장 큰 표지는 사랑이다(신 6:4-5; 마 22:34-40; 롬 13:8). 그리스도인에게는 하나님을 향한 '수직적 사랑'이 있고, 인간을 향한 '수평적 사랑'이 있다. 수평적 사랑은 흔히 수직적 사랑이 존재하는지를 보여 주는 최고의 지표다(마 25:45; 요일 4:20-21). 영적 퇴보가 시작될 때, 하나님에 대해서만이 아니라 사람에 대해서도 사랑이 식는다.

사랑은 성령의 열매로서, 연합과 만족과 선의(善意)를 추구하는 덕목이다. 중세 교회의 위대한 신학자 페트루스 롬바르두스는 "자애는 하나님을 그 자체로 사랑하고 이웃을 하나님 때문에 혹은 하나님 안에서 사랑하는 사랑"이라고 말했다.[3] 궁극적으로, 모든 참된 사랑은 이런저런 식으로 하나님을 향한다. (1) 직접적으로는 우리가 공동체로 드리는 예배에서 그러하고, (2) 간접적으로는 우리가 가난한 사람들을 도울 때 그러하다.

옛 신학자들이 말했다시피, 사랑에는 세 가지 구성요소가 있으

---

2  William Ames, *The Marrow of Theology*, ed. and trans. John Dykstra Eusden (1968; repr., Grand Rapids: Baker, 1997), 250.

3  Peter Lombard, *The Sentences*, bk. 3, *On the Incarnation of the Word*, trans. Giulio Silano, Mediaeval Sources in Translation 45 (Toronto: Pontifical Institute of Mediaeval Studies, 2010), 113.

며, 이 요소들은 성경적 개념의 참사랑이 무엇인지 좀 더 충분히 그려볼 수 있게 한다. 에임스의 말에 따르면, 참사랑은 "연합의 사랑, 충족 혹은 만족의 사랑, 선의의 사랑"으로 귀결된다.[4] 이는 이른바 사랑의 요소들이다. 사랑을 이런 식으로 이해하면 여러 가지 유익이 있다. 가장 특별한 유익으로는 우리를 향한 하나님의 사랑이 어떻게 해서 일방적이지 않고 상호 사랑이라는 목표에 이르는지를 설명해 준다는 것이다.

우리는 하나님께서 연합의 사랑으로 세상의 터가 놓이기 전부터 우리를 선택하여 그리스도 안에 있게 하셨다는 사실을 확인한다(엡 1:4). 이 연합은 예정적 연합이라고 일컬어 왔으며, 이는 영원에 속한 하나님의 내재적 사역이다. 그래서 그리스도께서 살고, 죽으시고, 죽은 자 가운데서 살아나실 때 그분은 자기 자신을 위해서만이 아니라 자기 백성을 위해, 심지어 아직 태어나지도 않은 자기 소유 백성을 위해서 그렇게 하신다. 우리는 그리스도의 삶과 죽음과 부활에서 그분과 연합한다. 이는 우리를 향한 하나님의 일시적 사역(transient work of God)이라고 한다(롬 6:3-5). 마지막으로, 우리와 그리스도와의 연합은 성령으로써 우리가 그리스도를 믿고 그분과 하나가 될 때 그 연합의 목표에 이른다(엡 1:13-14). 하나님은 그리스도의 공로를 우리에게 돌리시지만, 우리는 오직 믿음을 통해서만 이 공로를 받을 수 있다. 이런 개념들은 매우 신학적인 개념들이기는 하지만, 하나님께서 우리에게 보여 주신 연합의 사랑이 우리를 향한 그분의 사랑을 나타낸다는 사실을 놀랍게 보여 준다. 삼위일체 하나님은 깨뜨릴 수 없는 영원한 연합으로써

---

4   Ames, *The Marrow of Theology*, 250.

자기 자신을 우리와 동일시하신다.

　연합의 사랑 외에 만족의 사랑도 있다. 그리스도인으로서 우리는 영생을 소유하는데, 영생이란 유일하게 참되신 하나님과 예수 그리스도를 아는 것이다(요 17:3). 하나님을 아는 일은 우리를 만족시킨다. 하나님의 속성을 알아감에 따라, 삼위일체 하나님을 향한 우리의 애정과 만족도 커져 간다. 우리는 그 하나님만이 우리를 참으로 영원히 만족시킬 수 있다는 것을 알게 된다. 하지만 하나님께 대한 우리의 만족은 우리에 대한 하나님의 만족에서 생겨난다. 하나님은 자기 백성을 매우 기뻐하신다. 이는 아무리 강조해도 충분하지 않다. 영적 퇴보자들은 보통 하늘에 계신 아버지께서 과연 자기들을 계속 기뻐하실 수 있을까 하는 의심을 이겨 내기 힘들어하기 때문이다. 하지만 하나님은 우리에게 부여하신 선(善)을 기뻐하신다. 하나님은 우리 안에 있는 그리스도의 형상을 기뻐하지 않으실 수 없다. 그러므로 만족의 사랑은 상호적이다. 하나님은 우리가 하나님을 향해 돌려드려야 할 기쁨으로 우리를 사랑하신다.

　마지막으로, 선의의 사랑이다. 그리스도인으로서 우리는 하나님을 예배하는 사람들이다. 우리는 영광과 존귀와 찬양을 하나님께 바친다. 우리 구주께서 이 땅에서 일하시는 동안 그러셨던 것처럼 우리는 모든 일에서 우리 아버지께 헌신한다(요 8:29). 사랑으로 하나님을 위해 산다는 것은 우리를 향한 하나님의 사랑 넘치는 선의에 부응하는 것일 뿐이다. 그 선의로써 하나님은 위로부터 오는 좋은 것들을 우리에게 허락하신다(시 85:12; 요 3:27; 고전 4:7; 약 1:17). 그리스도 안에 있는 사람들에게는 위로부터 오는 좋은 것들이 끊임없이 주어진다. 하나님께서 우리에게 보여 주신 선함을 깊이 생각해 볼 때 우리가 어떻게 찬양과 사랑과 애정을 바침으로써 이에 화답하지 않을 수 있겠는가? 그러나 아, 우리는 점점 냉랭해지며, 우리가 이렇게 되는 한 가지 이유는, 우리를 향한 하나님의 선함을 생각하기를 망각하기 때문이다.

예수 그리스도의 얼굴에서 하나님의 영광을 얼마나 보느냐에 따라 우리는 그만큼 하나님을 사랑하게 된다. 우리와 그리스도와의 연합은 하나님을 향한 만족과 선의가 있는 사랑으로 이어질 것이다. 물론 우리가 그런 사랑을 표현할 수 있는 능력은 우리 자신에게서 나오지 않으며, 우리가 하나님을 사랑하는 사람들일 수 있는 이유는 우리 안에 거하시는 성령이 사랑의 영이시기 때문이다. 조나단 에드워즈가 유명한 저서 『사랑과 그 열매』(*Charity and Its Fruits*)에서 역설한 것처럼 "하나님의 영은 사랑의 영이시며, 하나님의 영이 사람의 영혼에 들어오실 때 사랑도 같이 들어온다. 하나님은 사랑이시며, 성령으로써 내주하시는 하나님을 자기 안에 가진 사람은 자기 안에 내주하는 사랑도 갖게 될 것이다."[5] 하나님은 사랑이시며, 또한 하나님은 자기 백성과 관계를 맺고자 하는 하나님이시기에 우리는 사랑의 하나님에게 사랑으로 화답해야 한다. 하나님은 자기 아들을 사랑하신다. 그래서 우리도 마땅히 그래야 한다. 사실 우리는 하나님의 아들을 사랑할 때 하나님을 가장 많이 닮을 수 있다. 그리고 자비가 풍성한 하나님은 예수 그리스도를 사랑해야 할 수많은 이유도 주시지 않은 채 무작정 사랑하라고 하시지 않는다. 그 사랑은 우리를 위해 자기 목숨을 바치신 분을 위해 자기희생을 다하는, 애정 어린 사랑이다(요 15:13;

---

5   Jonathan Edwards, *Charity and Its Fruits*, ed. Tryon Edwards (Philadelphia: Presbyterian Board of Publication, 1874), 4.

요일 4:9-11; 3:16).

## 세상을 사랑하다

기도하지 않고 공예배에 출석하지 않는 것과 같은 영적 퇴보와 배교의 구체적 증상을 살펴보기 전에, 우리를 꾀어서 하나님을 향한 사랑에서 벗어나도록 강력히 밀어붙이는 힘에 대해 알 필요가 있다. 그 힘은 바로 세상이다. 세상이 우리 영혼에 달라붙으면, "이는 [우리가 받은] 은혜의 빛나는 광채를 가릴 뿐만 아니라 그 은혜를 점차 파괴한다"고 토머스 왓슨은 말했다.[6]

옥타비우스 윈슬로우는 세상에 대한 사랑을 영적 퇴보와 연관시켜서 다음과 같이 통찰력 있게 말했다. "하나님을 사랑하는 것과 세상을 사랑하는 것보다 더 상반되고 적대적인 애정은 없다. 한 사람의 마음속에 이 두 가지 사랑이 동일한 힘으로 존재하기는 불가능하다. 둘 중 어느 한 사랑이 최고일 수밖에 없으며, 이 두 사랑이 한 보좌에 앉을 수는 없다."[7] 우리 주께서 말씀하셨다시피, "한 사람이 두 주인을 섬기지 못할 것이니 혹 이를 미워하고 저를 사랑하거나 혹 이를 중히 여기고 저를 경히 여"긴다(마 6:24). 그래서 사도 야고보는 이렇게 말한다. "간음한 여인들아 세상과 벗된 것이 하나님과 원수 됨을 알지 못하느냐 그런즉 누구든지 세상과 벗이 되고자 하는 자는 스스로 하나님과 원수 되는 것이니라"(약 4:4).

---

6 Thomas Watson, *A Divine Cordial: Or, the Transcendent Priviledge of Those That Love God* (London, 1831), 107-8.

7 Octavius Winslow, *Personal Declension and Revival of Religion in the Soul* (Eugene, OR: Wipf and Stock, 2001), 75.

『사탄의 책략 물리치기』에서 토머스 브룩스는 우리가 하나님께 등을 돌리게 만들려고 사탄이 어떻게 세상을 "아름다움과 화려함"으로 치장해 보이는지를 설명한다.[8] 브룩스는 다음과 같이 서글프게 탄식한다. "아! 요즘에는 한동안 하나님과 그리스도와 규례를 열심히 따르다가, 마귀가 세상의 모든 아름다움과 화려함을 내세워 미혹하자 처음에는 거룩한 일들을 하찮게 여기는 마음을 품고, 다음으로 이 일들에 대한 애정이 식어 가고, 이어서 이를 경시하는 신앙 고백자들이 얼마나 많은지. 이들은 결국 복음서의 그 청년처럼 이 일들에 등을 돌리고 만다."[9] "세상이 얼굴을 찌푸리면 천 명이 파멸하지만, 세상이 미소를 지으면 만 명이 파멸한다. 세상은…우리에게 입 맞춘 뒤 우리를 배신한다, 유다처럼…이 세상의 명예와 호화로움과 모든 영광은 달콤한 독약일 뿐이어서, 우리를 영원히 파멸시키거나, 그렇지 않으면 우리를 큰 위험에 빠뜨린다"고 브룩스는 말한다.[10] 브룩스의 말에 따르면, 그리스도인들은 사랑으로 주님을 "열심히 따르다가" 그와 동일한 열정으로 세상을 추구하려고 등을 돌릴 수 있다. 하지만 그리스도인은 그런 열심으로 주님과 세상을 마치 두 주인을 섬기듯 동시에 따를 수 없다.

하나님의 말씀에서는 세상이 우리를 그렇게 끌어당기는 것에 대해 여러 번 경고한다. 그중에서도 가장 명쾌한 경고는 사도 요한의 펜 끝에서 나온다. 그리스도인들에게 보내는 편지에서 사도

---

8  Thomas Brooks, *Precious Remedies against Satan's Devices* [. . .] (Philadelphia: Jonathan Pounder, 1810), 117.
9  Brooks, 118.
10  Brooks, 118.

요한은 세상의 위험 및 하나님보다 세상을 우선하는 행동의 결과에 관해 훈계한다. "이 세상이나 세상에 있는 것들을 사랑하지 말라 누구든지 세상을 사랑하면 아버지의 사랑이 그 안에 있지 아니하니"(요일 2:15). 확실히 요한은 이 문제를 중요하게 보고 있다. 세상을 사랑한다는 것은 그 사람에게 아버지에 대한 사랑이 전혀 없다는 의미라는 것이다. 요한은 왜 그런 것인지 이유를 말한다. "이는 세상에 있는 모든 것이 육신의 정욕과 안목의 정욕과 이생의 자랑이니 다 아버지께로부터 온 것이 아니요 세상으로부터 온 것이라"(16절). 세상에 매력을 느낀다는 것은 하나님의 일에 매력을 잃었거나 심각하게 결여된 마음을 드러낸다. 요한은 세상을 사랑하는 것과 하나님을 사랑하는 것이 왜 한 사람의 마음에 공존할 수 없는지 이유를 설명할 뿐만 아니라, 세상에 대한 사랑에 우위를 두어서는 안 되는 이유 또한 일깨워 준다. "이 세상도, 그 정욕도 지나가되 오직 하나님의 뜻을 행하는 자는 영원히 거하느니라"(17절). 여기에는 경고(일종의 사실 점검인)도 있고 약속도 있다.

세상에 대한 사랑에는 명백히 죄인 것도 있다. 세상은 음란물, 마약, 헛된 철학 같은 여러 가지 죄 된 유혹물을 우리에게 제시한다. 세상에는 그 자체로는 죄가 아닌 것들도 많지만, 제멋대로인 인간의 마음 때문에 좋은 것도 나쁜 것이 된다. 예를 들어 좋은 포도주와 잘 숙성된 치즈는 그 자체로는 좋지만, 이를 게걸스럽게 먹고 마시며 취하고 과식하는 것은 좋지 않다. 음란물이나 마약은 대다수 그리스도인에게 명백한 잘못이지만, 좋은 것을 절제 없이 즐기는 것은 비교적 눈에 띄지 않는 잘못이다.

노력해서 부를 얻거나 부를 추구하는 것이 반드시 죄는 아니다. 하지만 부를 추구하는 데에는 명백한 위험이 따른다. 이 문제에 관해 바울은 이렇게 경고한다. "돈을 사랑함이 일만 악의 뿌리가 되나니 이것을 탐내는 자들은 미혹을 받아 믿음에서 떠나 많은 근심으로써 자기를 찔렀도다"(딤전 6:10). 많은 사람이 돈을 추구하다가 육체적으로나 정서적으로, 그리고 궁극적으로는 영적으로 자신을 위험에 빠뜨린다. 세상의 재물을 얻기 위해 자녀나 배우자와 함께하는 시간, 함께 드리는 예배 시간을 포기한 사람들이 많다. 이들은 하나님을 믿고 의지하기를 그만두고, "내 뜻이 이뤄지기를"이라고 말했다. 보통 이들은 가족과 함께하는 시간을 포기하거나 교회 예배에 빠지는 것은 잠시일 뿐이라고 핑계 대지만, 이른바 일시적인 죄라 할지라도 그 기간에는 결코 하나님의 축복을 기대할 수 없다. 자신이 필수적인 의무들을 소홀히 하기는 하지만 오래가지는 않을 거라고 약속하면서 스스로 시간 제한을 둘 수 있다는 말인가?

하나님의 관점에서가 아니라 우리의 관점에서 부를 추구한다는 것은 대개 우리 삶의 다른 영역이 제 역할을 하지 못한다는 뜻이다. 부를 추구하다가 하나님 나라의 일에 물질을 못 바치는 결과를 낳을 경우, 그런 식으로 부를 추구하는 것은 죄다. 하나님 나라가 언제나 최우선이다. 예수께서는 "너희는 먼저 그의 나라…를 구하라"(마 6:33)고 권고하시는데, 이때 우리는 이 말씀의 맥락을 살피는 것이 좋다.

요한은 세상을 사랑하는 것에는 "육신의 정욕"이 포함된다고 하는데(요일 2:16), 이때 요한이 쓰는 "정욕"이라는 말은 신약성경에 거의 40회 등장하며 언제나 부정적인 의미를 담고 있다. 이 세상에서 우리를 미혹해서 길 잃게 만드는 것이 바로 마음(정욕)이다. 그래서 "안목의 정욕"(16절)은 탐심 문제를 가리키는데, 이것이 그다음에 이어지는 "이생의 자랑"을 설명해 준다. 이생의 자랑에는 소유와 재물 같은 것이 포함된다. "누가 이 세상의 재물을 가지고 형제의 궁핍함을 보고도 도와 줄 마음을 닫으면 하나님의 사랑이 어찌 그 속에 거하겠느냐"(3:17). 소유와 재물은 우리를 자신만만하게 만들고 교만으로 마음이 차오르게 하며, 그리하여 하나님에 대한 사랑을 소멸시키기 쉽다.

앤드류 풀러는 요한일서 2장 15절 주석에서 탐심, 즉 다른 사람의 소유를 갖고 싶어 하는 것에 대해 경고한다. 풀러는 이 특정한 죄가 "십중팔구, 다른 어떤 죄에 비해 신앙 고백자들 사이에서 더 많은 인물을 영원히 몰락시킨다는 것을 입증할 것이며, 이는 이 죄가 거의 유일하게 신앙 고백을 유지하면서도 마음껏 저지를 수 있는 죄이기 때문"이라고 한다.[11] 당연히 탐심은 말하는 방식이나 그 말과 관련된 행동 방식으로 뚜렷이 드러날 수 있다. 하지만 탐심은 환상 속에서 죄 된 욕망을 무제한으로 풀어 놓는 사람들의 마음속에 쉽게 숨어들 수도 있다.

재물과 재산을 소유하려고 부를 추구하는 것 말고도 우리에게는 세상 사람들에게 사랑받고 싶어 하는 자연스러운 성향도 있다. 분명한 것은, 그리스도인은 누구에게도 미움받기를 바라서는 안 된다. 또한 그리스도인이 아닌 사람들이 우리를 사랑한다 해도 우리의 믿음을 의심해서는 안 된다. 하지만 사람들에게 사랑받고 싶은 것이 우리의 욕망이기에 우리는 종종 하나님께 충성하지 않는다. 사람을 기쁘게 하는 사람으로 살다 보면 결국 오직 하나님을 위한 것이어야 할 영광을 우리 자신을 위해 추구하게 된다. 하지

---

11   Andrew Fuller, *The Backslider* (London: Hamilton, Adams, and Co., 1840), 26.

만 이는 "허영" 혹은 속 빈 영광이다. 사람들에게 인정받고, 지지받고, 찬사를 받는 것과 관련해 레베카 드영은 이렇게 말한다. "잘못된 일과 잘못된 목적을 위해 영광을 갈망하면 그 영광은 썩은 영광이 된다."[12] 실제로, 주변의 모든 사람에게 박수갈채를 받으려고 하는 것은 그리스도인다운 삶과 상반되는 욕망이다. 예수께서는 세상이 자신을 미워하면 자신을 따르는 우리 또한 미워할 것이라는 점을 분명히 하셨다(요 15:18). 마찬가지로 바울도 경건하게 살면 이 세상에서 박해받게 된다는 불편한 진실을 포함해서 여러 가지를 우리에게 확인해 준다(딤후 3:12).

또한 우리는 비그리스도인 친구들에게도 우리가 감탄하고 즐거워하는 여러 가지 좋은 점들이 있다는 사실을 때때로 깨닫는다. 다시 말하지만, 그런 사람들과 함께하는 것이 반드시 죄는 아니다. 하지만 우리 주변에 하나님의 백성보다 세상 사람들이 더 많아지기 시작하면 하나님을 대적하는 사람들의 사고 패턴과 욕망과 사상들이 필연적으로 우리 영혼을 잠식하기 시작할 것이다. 그것도 우리가 알아차리지 못하는 사이에 말이다.

게다가, 신앙을 공언하는 그리스도인들 중에는 그리스도인이 아닌 사람들과 거리낌 없이 사귀면서 이 사람들이 마침내 그리스도께 충성하기를 바라는 이들이 많다("선교적 연애"). 하나님께서 자비를 보이셔서 그런 불신자를 회심시키는 경우도 있지만, 불신자가 하나님 나라로 흘러 들어오는 경우보다는 오히려 신자가 주님에게 등을 돌리고 떠나가는 경우가 더 많다. 바울이 고린도후서 6장 14-18절에서 제시하는 일반 원리("너희는 믿지 않는 자와 멍에를 함

---

12 Rebecca Konyndyk DeYoung, *Vainglory: The Forgotten Vice* (Grand Rapids: Eerdmans, 2014), 26.

께 메지 말라")는 신자와 불신자가 사귀는 문제에 직접적으로 적용된다. 한 사람은 하나님을 아버지로 모시고 한 사람은 마귀를 모신다면, 어둠이 서서히 잠식해 들어와 대개 신자 쪽에서 하나님 사랑을 멀리하는 결과를 낳는 경우가 많다.

세상을 사랑하면 여러 가지 형태의 박해를 회피하게 만드는 결과를 낳기도 한다. 바울은 데마가 "이 세상을 사랑하여 나를 버리고 데살로니가로" 가 버린 행동을 유감스러워 한다(딤후 4:10). 데마는 한때 바울의 충성스러운 동역자였다(골 4:14; 몬 24절). 그러다가 그는 바울을 버렸다. 데마가 세상을 사랑하기는 했지만, 그의 문제는 구체적으로 무엇이었는가? 당시 상황을 보면 실마리를 얻을 수 있다. 바울은 데마를 언급하기 전에 자신이 겪은 고난에 대해 이야기한다(예를 들어 딤후 3:11-12). 데마는 아마 약속된 것에서 시선을 떼었을 것이다. 바울이 그것 때문에 힘든 시기를 겪는 것을 보았기 때문이다. "이제 후로는 나를 위하여 의의 면류관이 예비되었으므로 주 곧 의로우신 재판장이 그 날에 내게 주실 것이며 내게만 아니라 주의 나타나심을 사모하는 모든 자에게도니라"(4:8). 장차의 영광에 대한 약속은 박해받는 현재를 견뎌 낼 수 있게 도와준다. 데마는 이것을 망각하고 영원하신 하나님에 대한 사랑보다 쇠퇴해 가는 세상에 대한 사랑을 택했다.

세상의 소유물과 인정 욕구는 많은 그리스도인에게서 처음 사랑을 앗아갔다. 이들은 명백한 죄(예를 들어 음란물, 술 취함)는 물론 죄인지 아닌지 분명하지 않은 죄, 간과되거나 묵인되는 죄(예를 들어 물질주의, 과로, 폭식, 스포츠, 여가를 추구하기)에 유혹당했다. 세상은 우리에게서 하나님께 대한 사랑을 뽑아내려고 한다. 이런 시도는 절대 중단되지 않고, 늘 작동하며, 종종 성공한다.

## 적용

왓슨은 사랑이 없는 것이 "배교의 바탕이다…하나님 사랑이 마음에 뿌리내리지 못한 사람은 유혹이 닥칠 때 떨어져 나갈 것이다…마음에 하나님께 대한 사랑이 없는 사람, 이런 사람은 배교자가 될 것이라고 생각할 수 있다"고 주장한다.[13] 그러므로 마음으로부터 늘 하나님을 사랑하게 해 달라고 계속 기도하는 것을 목표로 삼으라. 캔터베리의 안셀무스는 이렇게 기도했다.

> 나의 하나님
> 주님을 알고 주님을 사랑하여
> 주님을 기뻐할 수 있게 되기를 기도합니다
> 이생에서 제가 그 일을 제대로 하지 못한다 해도
> 꾸준히 나아가게 하소서
> 그 온전함에 이르는 날까지…
> 그 사이에 내 생각이 이를 묵상하게 하시고
> 내 마음이 이를 사랑하게 하시고
> 내 입이 이를 전파하게 하시고
> 내 영혼이 이에 굶주리게 하시며
> 내 육신이 이에 목마르게 하시고
> 내 존재 전체가 이를 바라게 하소서
> 내가 내 주님의 기쁨에 들어가기까지.[14]

안셀무스는 하나님을 알고 사랑하며 이와 관련된 모든 일에 도달하기를 기

---

13 Watson, *Divine Cordial*, 104.
14 Anselm, *Proslogion, in Eerdmans' Book of Christian Classics: A Treasury of Christian Writings through the Centuries* (Grand Rapids: Eerdmans, 1985), 27.

도했다. 안셀무스는 우리가 하나님을 사랑할 때에야 하나님을 제대로 섬길 수 있다는 것을 알고 있었다. 마찬가지로 아우구스티누스도 다음과 같은 유명한 말을 남겼다. "최종적으로, 여러분에게 이 한 가지 짧은 명령을 내립니다. 하나님을 사랑하십시오, 그리고 하고자 하는 일을 하십시오."[15] 하나님을 우선으로 할 때 우리는 하나님을 섬기고 하나님을 기쁘시게 하려는 압도적인 소원의 지시에 따라 행동한다.

찰스 스펄전은 우리를 향한 하나님의 사랑, 그리고 우리가 그런 사랑에 화답하는 방법에 대해 말한다. "사랑은 하늘에서 오기에, 천상의 빵을 먹고 살아야 한다. 위로부터 자양분을 얻지 않는 한, 높은 데서 오는 만나로 힘을 얻지 않는 한, 이 사랑은 이 세상에 존재할 수 없다. 그렇다면, 사랑은 무엇을 먹고 사는가? 물론 사랑을 먹고 산다. 사랑을 낳은 것이 사랑의 자양분이 된다. '우리가 사랑함은 그가 먼저 우리를 사랑하셨음이라.' 우리가 하나님을 사랑할 수 있도록 계속 동기 부여해 주고 그 사랑을 지탱시켜 주는 힘은 바로 우리를 향한 하나님의 사랑이다."[16] 그리스도인의 영적인 음식물은 하나님의 사랑이어야 한다. 이는 예를 들어 우리가 하나님의 말씀과 성례를 잘 활용한다는 의미일 수 있지만, 그 사랑을 먹고 사는 사랑 넘치는 마음이 없다면 하나님께서 정해 두신 이런 수단들로부터 아무런 실제적 유익을 얻을 수 없다. 이는 하나님의 은혜를 받기 위해서, 그뿐만 아니라 하나님의 사랑을 더 많이 받을 자세가 되어 있는 사랑 넘치는 마음을 가질 수 있도록 기도를 통해 더 잘 준비해야 한다는 뜻일 수도 있다.

우리를 향한 하나님의 사랑 외에, 우리는 그리스도의 사랑에도 매인다. 바울의 말처럼 "그리스도의 사랑이 우리를 강권하시는도다 우리가 생각하건대 한 사람이 모든 사람을 대신하여 죽었은즉 모든 사람이 죽은 것이라 그가 모든 사람을 대신하여 죽으심은 살아 있는 자들로 하여금 다시는 그들 자신을 위하여 살지 않고 오직 그들을 대신하여 죽었다가 다시 살아나신 이를 위하여 살게 하려 함"이다(고후 5:14-15). 확신을 갖고 복음을 믿으면 우리는 사랑으로 화답할 수밖에 없으며, 그 사랑이 우리를 강권하여, 우리를 위해 살고 죽으시고 부

---

15  Augustine, "Homilies on the First Epistle of John," 7:505.
16  Charles H. Spurgeon, "Love: A Sermon," in *The New Park Street Pulpit* (London: Passmore & Alabaster, 1894), 5:35.

활하신 그리스도를 위해 살게 한다.

마지막으로, 우리는 하나님을 사랑하는 사람들과 어울려야 한다. 리처드 십스가 지혜롭게 말했다시피, "죄 많고 냉랭한 사람들과 가까이 지내면 그 기세가 우리에게 미친다. 그러나 우리 자신의 영혼을 위해 지혜로워지고자 한다면, 어떤 냉랭한 영향이 느껴질 때마다 다정한 천상의 성정을 지닌 사람들과 교류하려고 애쓰자. 이는 우리 마음에 경이로운 효과를 낼 것이다."[17] 하나님은 자신의 목적을 이루기 위해 수단들을 사용하신다. 우리 마음이 하나님을 위한 사랑으로 불타오르게 하시려고 하나님은 종종 다양한 방식으로 자기 백성을 쓰신다. 주님을 사랑하는 이들은 놀라운 직분을 이행한다. 우리가 알아차리지 못해도 이들의 사랑에는 전염성이 있어서, 마땅히 주님을 사랑해야 할 사람들이 다시 구주께로 돌아와 그분을 사랑하게 만들기도 하기 때문이다.

### 더 깊은 묵상을 위한 질문

1 _ 기도는 연합·만족·선의의 측면에서 삼위일체 하나님께 대한 사랑에 어떻게 동시에 자양분을 줄 수 있는가?
2 _ 그리스도인들이 세상에 대해 부적절한 사랑을 보였는데도 교회가 별다른 대응을 하지 않은 사례로는 어떤 것들이 있는가? 우리는 이를 어떻게 설명할 수 있는가?
3 _ 우리는 교회 안에 있는 "사랑스럽지 못한" 사람들을 향해 사랑을 보이려고 애쓰고 있을 수도 있다. 그리스도의 사랑을 묵상하는 일이 이런 노력에 어떻게 도움이 되는가?
4 _ 사람들은 주님과 사람들을 사랑하려는 내게 어떻게 사랑으로 도움을 주었는가?
5 _ 예레미야 2장 2절, 고린도후서 5장 11절-6장 18절을 읽고 묵상하라.

---

17  Richard Sibbes, *The Complete Works of Richard Sibbes, D.D.*, 7 vols. (Edinburgh: James Nichol, 1863), 4:197.

# 06 다시 등장하는 교만

아우구스티누스는 이렇게 담대히 말한다.

"교만한 사람은 때로 공공연한 죄로 떨어지는 것이 유익하다.

그렇게 해서 자기 자신을 알고 이해할 수 있도록."

_ 토머스 맨턴[1]

### 교만과 겸손

애초에 인간은 모든 일에 하나님께 영광을 돌리면서 하나님을 섬기고 순종하는 존재로 창조되었다. 우리가 창조주와 맺는 관계는 그분의 종이 되어 그분을 찬양하는 관계를 절대 넘어설 수 없다(시 150편; 눅 17:10). 하나님을 어떤 식으로 섬기든, 그 섬김을 가능하게 하는 분은 하나님이셨다. 아담의 능력과 힘은 위로부터 그에게 주어졌기 때문이다(요 3:27).

아담의 죄는 자기를 높이는 유형의 죄로, 이렇게 해서 아담은

---

1 Thomas Manton, *The Complete Works of Thomas Manton*, 22 vols. (London: James Nisbet & Co., 1872), 6:414.

하나님으로부터의 독립을 주장하고자 했다. 하나님의 말씀(경고)을 향한 불신앙은 교만으로 귀결되었다. 노골적으로 하나님을 무시한 아담은 자기를 만드신 분처럼 되기를 바랐다. 아담은 하나님의 뜻보다는 자신의 뜻을 택했다. 아담은 종의 신분, 즉 참된 자유를 포기했고, 그리하여 속박 상태가 되었다. 하나님의 형상을 입은 아담은 본디 하나님을 닮는 한편 하나님을 따르고 섬기는 신분을 받아들여야 할 존재로 지음 받았다. 아담이 가진 모든 것은 자기가 아닌 다른 존재(즉, 하나님)에게 전적으로 달려 있었기 때문에 아담 그 자체로는 "가난했다." 아담은 하나님처럼 되려고 일종의 도둑질, 즉 강도죄를 저질렀다. 이 "가난한" 사람은 자기 관점에서 부자가 되려고 했다.

이와 대조적으로 하나님의 아들은 자기 자체로 부유한 분이심에도 가난하게 되셨다(고후 8:9). 겸손하신 예수님은 다른 이들을 자신보다 더 중요하게 여겼고, 하나님께 순종하면서 종의 삶을 사셨다. 예수께서는 '강도 짓'을 실행 가능한 선택으로 보시지 않고 기꺼이 스스로 아무것도 아닌 존재가 되셨다(빌 2:3-11). 교만(아담)은 인간의 파멸이었지만, 겸손(그리스도)은 인간의 구원이었다.

교만은 아담에서 그치지 않았다. 안타깝게도 수많은 불신자뿐만 아니라 하나님의 백성 사이에서도 교만은 많은 영혼을 끔찍한 위험으로 몰아넣었다. 교만을 드러내는 그런 모습은 하나님의 코에 겸손의 기분 좋은 향기가 아니라 악취를 풍겼다. 하나님이 되고자 하는 이 우상 숭배적 결단으로 죄인은 참되고 유일하신 하나님과 직접적으로 맞서서 경쟁하기에 이른다. 그리스도는 겸손 덕분에 성부와 계속 가까이 있을 수 있었다. 그러나 교만은 우리를 성부에게서, 그리고 결과적으로는 서로에게서 멀리 몰아낸다.

사탄의 구체적인 죄가 무엇이든(예를 들어 권한을 손에 넣으려고 애쓴다든가), 우리로서는 교만이야말로 사탄이 하나님을 떠나게 된 원인이라고 여겨야(딤전 3:6) 안전한 토대 위에 서게 되는 듯하다. 이 교만의 죄가 (타락한) 천사들과 인간을 얼마나 오염시켰느냐 하면, 기본적으로 모든 죄는 다 이 괴물 같은 악과 이런저런 식으로 연관될 정도이다. 아우구스티누스는 『하나님의 도성』(*The City of God*)에서, 교만은 죄의 시작이며, "교만이란 합당치 않게 높임받고자 하는 갈망 아니면 무엇인가? 이는 합당치 않은 높아짐이니, 그 영혼이 하나님을 목적으로 여겨 그분에게 충실히 붙어 있어야 하건만 오히려 그분을 버리고 그 자신이 일종의 목적이 된다"라고 주장했다.[2] 교만은 우리가 간절히 붙좇고자 해야 할 분을 버리게 만든다. 중세 교회에서 교만은 보통 모든 죄, 특히 자만·시기·나태·탐욕·분노·정욕·폭식 같은 대죄의 뿌리로 여겨졌다. 레베카 드영이 지적하다시피, 중세 신학자들은 여러 이미지를 써서 교만의 기본적 역할을 설명했는데, 어떤 이는 교만을 죄의 여왕, 죄라는 군대의 사령관, 다른 모든 죄의 가지와 열매가 자라 나오는 뿌리와 줄기에 비유했다.[3]

교만은 개인에게만 영향을 끼치는 게 아니라(대하 32:24-26), 집단(창 11:4)과 교회(고전 1:26-30)에도 영향을 끼친다. 이 문제는 천상에서 사탄과 더불어 시작되었지만, 이제는 온 땅에 널리 퍼져 있다. 많은 사람을 영원한 멸망으로 이끄는 포장도로는 바로 교만

---

2 Augustine, *The City of God*, trans. Marcus Dods (Loschberg, Germany: Jazzybee Verlag, 2015), 314.

3 Rebecca Konyndyk DeYoung, *Glittering Vices: A New Look at the Seven Deadly Sins and Their Remedies*, 2nd ed. (Grand Rapids: Brazos Press, 2020), 26, 30-31, 34.

이다. 하지만 신앙을 공언한 그리스도인들 중에도 자신의 발걸음에 교만이 깃드는 것을 허용한 끝에 의(義)의 길에서 멀어지는 이들이 있다. 헨리 스쿠걸은 우리가 다 천성적으로 교만하다고, "우리는 자기 자신을 높이 평가하고, 다른 모든 사람이 우리를 가치 있게 여기고 존중해 주기를 바란다. 이런 악폐가 우리의 타락한 본성에 아주 깊이 뿌리박혀 있다"고 한탄한다.[4] 이런 죄는 대단히 위험한 결과를 낳는다. "교만은 이 세상의 거의 모든 무질서, 우리의 모든 분쟁, 우리의 모든 죄의 근원이자 토대"라고 스쿠걸은 말한다.[5] 교만 때문에 우리는 하나님에게서 멀어지게 되며, 그뿐만 아니라 교만은 우리가 하나님과 싸우려고 하는 시도이기도 하다.

우리는 교만과 타락의 상관관계를 면밀히 인식해야 한다. 잉글랜드 우스터 주교이자 옥스퍼드의 신학 흠정 교수였던 존 프리도는 타락을 주제로 한 설교에서 "이곳 애굽에서 천상의 가나안에 이르기까지 그리스도인의 삶을 괴롭히는 가장 위험한 것은 영적 교만과 세속적인 안전"이라고 주장했다.[6] 영적 퇴보자는 필연적으로 교만한 사람이다.

### 바울이 이방인에게 주는 경고

로마서에 담긴 아름다운 약속들, 특히 8장에 나오는 약속들을 생각할 때, 바울이 이방인 그리스도인들에게 영적 교만

---

4   Henry Scougal, *Works of the Rev. Henry Scougal* (Glasgow: William Collins, 1830), 171.

5   Scougal, 171.

6   John Prideaux, *Ephesus Backsliding: Considered and Applied to These Times* [. . .] (Oxford: Leonard Lichfield, 1636), 1.

의 위험을 경고하는 부분을 잊어서는 안 된다(롬 11:17-24을 보라). 교만에 관한 논의는 영적 퇴보와 배교의 맥락에서 등장한다. 로마서 11장에서 하는 말에는 전례가 없지 않다.

예레미야는 그 시대에 자기 백성을 위해 기도하지 말라는 말을 한두 번 들은 게 아니었다(렘 7:16; 11:14). 하나님의 백성은 우상 숭배에 빠져서, 우상들에게서도 도움을 받고 하나님에게도 도움을 받을 수 있다고 생각했다. 일종의 영적 교만이 존재했기에 이들은 하나님의 관점에서가 아니라 자기들의 관점에서 보는 종교를 원했다. 하나님은 유다를 "좋은 열매 맺는 아름다운 푸른 감람나무"에 비유하셨다(11:16). 하지만 주께서는 자기 백성이 "바알에게 분향"(17절)하는 것을 보시고 나무에 번개가 쳐서 화염을 일으키는 것처럼 이들을 멸하시고자 했다. 이들은 하나님을 버리고 배교의 죄를 범했다.

바울은 감람나무 비유를 써서, 이스라엘의 배교를 감람나무에 접붙여진 이방인들의 믿음과 연관시켜서 설명한다. 또한 바울이 하는 말로 볼 때 이렇게 갓 접붙여진 이방인들 중에 영적 교만의 죄를 짓는 이들이 있다는 사실도 드러난다. 그래서 바울은 "그 가지들을 향하여 자랑하지 말라"고 말한다(롬 11:18). 믿음 없는 유대인들은 "믿지 아니하므로 꺾"였고(20절), 이방인들은 믿음을 통해 언약적 약속에 참여하는 이들이 되었다. 그래서 바울은 다시 이들에게 상기시킨다. "높은 마음을 품지 말고 도리어 두려워하라"(20절). 왜인가? 하나님이 원 가지들을 심판하실 수 있다면 원 가지가 아닌 자들도 심판하실 수 있기 때문이다(21절).

하나님은 이 두 무리의 사람들을 향해 두 가지 대조적인 태도를 보이신다. 불신앙과 교만으로 넘어진 자들은 가혹하게 대하시고, 겸손한 믿음으로 자신의 인자 가운데 계속 머물러 있거나 돌아오는 자들에게는 인자를 보이신다(롬 11:22-23). 이방인이든, 오늘날 가시적 교회에 속한 누구든, 하나님의 인자 가운데 계속 머물지 않으면 이들 또한 찍혀 나가 그 불신앙으로 주님을 떠나 떠돌다가 결국 배교에 이를 것이다(22절). 바울은 영적 교만이 믿음을 소멸시킨다고 강조한다. 믿음으로 산다고 하면서 자기의 경건을 자랑할 수는 없다. 믿음의 삶은 하나님의 인자 가운데, 그 인자를 바탕으로 사는 삶이며, 이는 반드시 겸손이라는 결과를 낳는다.

하나님이 교만을 얼마나 미워하시는지는 아무리 말해도 지나치지 않다. 그게 아니라면 바울이 자신의 말을 듣고 있는 이방인들에게 왜 그렇게 엄중한 경고의 말을 했겠는가?

> 여호와를 경외하는 것은 악을 미워하는 것이라
> 나는 교만과 거만과 악한 행실과
> 패역한 입을 미워하느니라(잠 8:13)

소돔의 죄책에는 교만도 포함되어 있었다(겔 16:49-50). 그래서 "여호와께서 하늘 곧 여호와께로부터 유황과 불을 소돔과 고모라에 비같이 내리"셨다(창 19:24). 성적인 타락, 손님을 후히 대접하지 않는 것, 그 외 죄들은 다 교만의 결과였다. 하나님의 심판은 소돔만이 아니라, 예를 들어 느부갓네살 왕(단 4:28-33), 미리암(민 12장), 웃시야 왕(대하 26:16), 헤롯(행 12:21-23) 같은 사람들에게도 내려졌다.

성경은 교만과 그에 따르는 통상적 결과와 관련해 가혹하게 현실을 점검하게 한다. "교만은 패망의 선봉이요 거만한 마음은 넘어짐의 앞잡이니라"(잠 16:18). 타락은 인간의 교만 때문이었으며, 이는 하나님의 심판이라는 결과를 낳았고, 이 심판으로 아담과 하와는 에덴에서 쫓겨났다. 바울이 로마서 11장에서 보여 주다시피, 그 후에도 교만은 종종 가혹하게 심판받았다. 그런데 영적 퇴보자와 배교자에게서는 교만이 어떤 모습으로 드러나는가?

## 교만의 얼굴

하나님의 백성 사이에서 교만의 발현은 그 마음이 "하나님의 뜻이 이루어지이다"가 아니라 "내 뜻이 이루어지이다"라고 말할 때 시작된다. 그런 성향이 뿌리를 내려 꽃을 피우게 놔두면, 그 즉시 일단의 문제들이 발생해서 하나님과 동행하고 하나님을 위해 사는 삶에서 멀어지게 만든다.

교만의 죄는 아담의 모든 후손에게 영향을 끼치지만, 하나님의 백성조차도 아직까지 남아 있는 죄의 영향을 피하지 못한다. 우리는 인정하고 싶지 않지만, 그 죄 때문에 교만이 빈번히 그 추악한 고개를 들어 올린다. 바울은 그리스도인들이 서로 조화롭게 살아야 한다고 일깨운 뒤 이렇게 권고한다. "높은 데 마음을 두지 말고 도리어 낮은 데 처하며 스스로 지혜 있는 체 하지 말라"(롬 12:16). 자기 자신에 대해서 마땅히 생각할 그 이상의 생각을 품기 시작하면(3절), 그 사람은 그리스도의 몸에 부정적 영향을 끼치는 방식으로 살기 시작할 것이다. 자기가 다른 사람보다 위에 있다고 생각하면 대개 불화가 생기거나 사랑을 보이지 못하게 된다. 그리스도인은 이와 반대로 겸손한 사람들과 겸손한 태도에 자신을 조화시키고자 애써야 한다. 이렇게 하지 못한다면 이는 하나님의 지혜에 따라 살지 못하는 것이다. 예수님은 "온유하고 겸손"하시기 때문이다(마 11:29). 어떤 의미에서, 그리스도께서 어울려 지낸 사람은 존엄성 면에서 필연적으로 그분보다 훨씬 아래였다. 영광의 주님께서 낮은 자와 어울리셨다면, 우리가 누구이기에 형제와 자매를 우리보다 낮게 본다는 말인가?

영적 교만은 칭의와 성화 교리뿐만 아니라 하나님까지 공격한다. 하나님에 관해 말하자면, 모든 죄는 다 하나님에 대한 공격, 즉 신을 죽이는 것(deicide)이다. 교만은 최고 통치자로서의 하나님을 미워하게 만든다. "바로가 이르되 여호와가 누구이기에 내가 그의 목소리를 듣고 이스라엘을 보내겠느냐 나는 여호와를 알지 못하니 이스라엘을 보내지 아니하리라"(출 5:2). 하지만 이 세상의 바로들만 이런 것이 아니다. 고의적으로 죄를 범하면 우리도 스스로 바로가 되어서 "여호와가 누구이기에 내가 그[의 율법]를 따라야 한다는 것인가?"라고 말하는 것이다. 하나님을 대적해 죄를 짓기로 한다면 하나님이 아니라 사탄을 우리의 주(主)로 택하는 것이다. 하나님을 대적해 범죄할 때 우리는 더 많은 복과 성공을 누리게 될 것이라고 생각하면서 하나님의 지혜에 등을 돌리고 우리 자신의 지혜로 이를 대체한다. 하지만 이는 교만한 마음에서 생겨나오는 어리석음이다. 예레미야가 하는 말을 들어 보라.

> 내 백성은 나를 알지 못하는 어리석은 자요
> 지각이 없는 미련한 자식이라
> 악을 행하기에는 지각이 있으나
> 선을 행하기에는 무지하도다(렘 4:22)

하나님의 지혜 대신 우리 자신의 지혜를 의지하면서 하나님의 길보다 우리의 길을 고집할 때 우리는 어리석은 자가 된다(롬 1:22). 교만은 하나님의 지혜를 미워하게 만들 뿐만 아니라, 하나님의 자비까지 미워하게 만들 수 있다. 요나나 탕자 비유 속의 형처럼 우리는 자기에게는 이런 기준을, 다른 사람에게는 저런 기준을 고집할 수 있다. 하나님의 속성에 대한 지식이 없고 이를 제대로 이해하지 못하면 우리는 선을 행하는 방법을 모르는 상태가 될 수 있다(렘 4:22). 그리고 이 같은 상태는 예외 없이 영적 퇴보로 이어지고, 때로는 배교를 낳기도 한다.

또한 교만은 우리의 칭의와 성화를 공격하는 결과를 낳는다. 교만한 사람들은 자기 정당화의 달인(達人)들이다. 이들은 한편으로는 오직 믿음에 의한 칭의 교리를 사랑한다고 주장한다. 하지만 그 교리는 사실 우리가 자기 자신을 훨씬 더 냉정하게 보고 스스로 잘못된 상태에 있음을 인정해야 한다는 뜻이다. 교만을 죽이지 않으면 성화 또한 피해를 입는다. 우리는 자기 자신을 실제보다 더 거룩하게 생각할 수 있다. 혹은 우리에게 은혜의 수단이 그다지 필요하지 않아서, 규칙적으로 예배하고 기도하는 습관을 어느 정도 포기해도 별문제 없을 거라고 생각할 수도 있다. 또는 자기 자신을 너무 대단하게 생각한 나머지 쉽게 기분이 상하기도 한다. 성화는 분명 그리스도의 형상을 닮는 결과를 낳는다. 하지만 성화는 우리 자신에 대해 현실적인 견해를 가질 수 있게도 한다. 즉, 우리 안에 어떤 좋은 것이 있든, 이는 다 위로부터 온 것이라고 말이다.

교만은 거짓 가르침 이면에도 자리 잡고 있다. 교회 안에서 영적 퇴보가 발생한다면 이는 부정확한 가르침의 결과일 수 있다. 바울의 말에 따르면, 이 거짓 선생들은 "교만하여 아무것도 알지 못"한다고 한다(딤전 6:4). 이들은 "변론과 언쟁을 좋아하는 자니 이로써 투기와 분쟁과 비방과 악한 생각이 나며 마음이 부패하여지고 진리를 잃어버려 경건을 이익의 방도로 생각하는 자들의 다툼이 일어"난다(4-5절). 그래서 거짓 선생들은 대개 남의 말을 듣지 않는 사람들로서, 이런저런 이유를 대며 새로운 사상과 교리를 만들어 내고, 이런 오류들은 사람들을 하나님 말씀의 진리에서 동떨어진 곳으로 이끄는 결과를 낳는다. 자신들의 오류가 공개적으로 교정 당하면 이들은 대개 더 고집스러워지고, 그래서 시간이 지날수록 이들의 오류는 더 심각해진다. 이들의 가르침과 이들의 삶은, 권한을 가진 사람들에 대한 하나님의 기준에 부합하지 않으며, 그래서 이들은 혼자서만 파멸하는 게 아니라 다른 사람들의 영혼까지 침몰시킨다.

## 적용

그리스도인다운 삶을 참을성 있게 지속해 나갈 때, 교만이 아무런 결과도 낳지 않을 것이라고 생각해서는 안 된다. 교만해서 주제넘은 생각을 하는 사람들에게는 다음과 같은 경고가 주어진다. "그런즉 선 줄로 생각하는 자는 넘어질까 조심하라"(고전 10:12). 성도의 견인이라는 영광스러운 교리를 영적 게으름과 주제넘은 가정을 허용하는 것으로 이해해서는 안 된다.

우리가 성경에서 보는 경고나 위협은 알맹이 없는 말이 아니다. 이 경고나 위협은 그 의도를 바탕으로 세심하게 분별해야 한다. 존 오웬은 경고의 유형을 불신자들을 향한 경고, 거짓 신자나 가짜 신자에게 주는 경고, 참신자에게 주는 경고로 구별했다. 불신자들은 그 악함과 그리스도를 믿지 못한 것 때문에 심판에 직면할 것이다(예를 들어 요 3:36; 롬 2:8-9; 살후 1:6-10; 벧전 4:17-18). 언약에 참여함으로써 하나님 백성의 일원이 되었기 때문에 가혹히 심판받을 사람들도 있다(예를 들어 히 12:15-17). 경고는 이 두 유형의 사람들로 끝이라고 생각할지 모르지만, 겉으로 보기에 참신자로 여겨지는 사람들에게도 경고가 주어진다(예를 들어 고전 10:12; 히 2:3). 이 유형과 관련해 오웬은 말하기를, 신자들을 향한 이 복음의 경고는 "이들의 행복과 유익에 들어맞는다…신자들은 나태와 안일에 빠질 수 있고, 신앙 여정에서 무감각하고 무기력하고 차갑고 형식적이 되는 경향이 있기 때문이다…이들을 각성시키고, 경고하고, 일깨워서 새로이 순종할 수 있도록 하려고 하나님께서는 앞에서 언급한 경고들을 이들 앞에 제시하신다, 요한계시록 2-3장을 보라"고 한다.[7]

어쩌면 이 부분을 읽으면서 "아멘, 정말 맞는 말이야"라고 생각할 수 있지만, "나는 경고 안 받아도 되니 좋다"라고 생각하면서 이를 자기 자신에게 적용하지 않을 수도 있다. 하지만 이것이 바로 여러분의 영혼을 위협하는 교만을

---

7   John Owen, *The Works of John Owen*, ed. W. H. Goold, 24 vols. (Edinburgh: T&T Clark, 1850-53), 21:209.

드러내는 태도가 아닌가? 여러분이 하나님보다 지혜로운가? 싱클레어 퍼거슨은 이 문제에 대해 다음과 같이 지혜롭게 말한다. "견인에 대한 포괄적 보장 같은 것은 없다. 우리가 어떻게 살든 상관없이 하나님이 우리를 지키시기라도 하는 듯, 신자가 '안전'하다는 단순한 교리는 없다. 신자는 견인이 확실히 보장되기에 우리가 그토록 자주 볼 수 있는 경고의 말을 무시해도 된다는 그런 말은 신약성경에 없다."[8] 교만이 자기 삶에 뿌리내리게 만드는 사람들은, 하나님은 무언가와 경쟁하기를 싫어하신다는 사실을 알게 될 것이다. 특히 신앙을 공언하는 그리스도인들의 삶에서는 더욱 그렇다. 구원의 성격을 생각할 때 이들은 가장 겸손해야 할 사람들이기 때문이다.

경건하여 복 받은 사람 히스기야의 사례에서 우리는 한 가지 경고가 두드러지는 것을 볼 수 있다(예를 들어 왕하 19:14-35를 보라). 유다 왕인 이 사람은 우리 앞에 소망을 제시하기도 한다. 히스기야는 자신의 경건한 삶에 주어진 축복과 성공을 조심스럽게 대하지 못한 사람이었다. 병들어 죽을 지경이 되자 그는 여호와께 기도했다. 이에 하나님은 치유를 베푸셔서 자비롭게 응답하셨지만(왕하 20:1-11; 사 38:1-22를 보라), 히스기야는 자신의 '충성스러움'을 의식했을 뿐만 아니라, 자신이 치유 받은 일과 관련해 그 충성의 가치를 너무 높게 생각한 것 같다. 히스기야는 자신에게 치유가 임한 것이 궁극적으로 하나님을 위해서이지(왕하 20:6) 자신이 생각하는 자신의 가치 때문이 아니라는 사실을 분명히 깨닫지 못했다. 병이 나았을 때 히스기야는 여호와의 영광을 높이기보다는 바벨론의 사자들에게 자신의 부를 과시함으로써 자기 영광을 드러냈다(13절). 이런 행동이 훗날 이 부를 약탈해 가라고 이 사자들을 유혹하는 행동이라는 것을 꿈에도 알지 못한 채 말이다. 이 일과 관련해 히스기야의 교만이 드러난 것은 하나님께서 자비롭게 병을 고쳐 주신 것에 대해 겸손으로 화답하지 않았기 때문이다. "히스기야가 마음이 교만하여 그 받은 은혜를 보답하지 아니하므로"(대하 32:25). 히스기야는 하나님 앞에서 마음이 교만해졌다. 병이 생겨서 히스기야가 기도하게 되었던 것처럼, 이번에는 하나님의 심판이 히스기야

---

8 Sinclair Ferguson, *The Christian Life: A Doctrinal Introduction* (Edinburgh: Banner of Truth, 1981), 174.

를 겸손하게 만들었다(26절). 우리가 여기서 경고받아야 할 내용은, 우리가 삶 가운데서 주님의 축복을 받을 자격이 있다고 하는 마음 자세를 마치 전염병 피하듯 피해야 한다는 것이다(신 9:4-6을 보라).

믿음으로 산다고 하면서 자신의 경건을 자랑할 수는 없다는 사실에 관해 앞에서 우리가 살펴본 내용을 생각해 보라. 교회라는 환경에서 우리는 사탄과 우리의 육체가 어떻게 경건을 사람들에게 불리하게 이용할 수 있는지 알아야 한다. 탁월한 경건을 지닌 경건한 기질의 사람들은 그런 특성을 인정받는 게 보통이고, 그래야 옳다. 드영은 덕과 성결이 두드러질 때 따르는 주변의 관심과 관련해 토머스 아퀴나스가 어떤 생각을 했는지에 대해 말한다. "더 훌륭해질수록 일반적으로 더 많이 인정받는다. 그리고 더 많이 인정받을수록 더 민감하게 이를 기대하게 되고 과도하게 이에 집착하게 될 수 있다. 자신의 선함이 인정받고 주목받고 지지받기를 바라는 것이다."[9]

하나님은 우리를 사랑하시되 교만이 근절될 만큼 사랑하신다. 하나님은 우리를 겸손하게 하신다. 토머스 왓슨은 그리스도인의 삶에서 죄의 '가치'에 관해 흥미로운 말을 한다. "경건한 사람이 성경이라는 거울에 자기 얼굴을 비춰 보고 불성실과 위선이라는 반점을 발견하면, 이는 교만의 깃털이 떨어지게 만든다. 이는 그 사람을 겸손하게 하는 반점이다. 우리의 죄도 이렇게 선하게 쓰일 수 있다. 죄를 발견해서 이를 계기로 자기 자신을 낮출 수 있는 것이다. 나를 교만하게 만드는 순종보다는 나를 겸손하게 만드는 죄가 더 낫다."[10]

하나님이 아버지같이 징계하심으로 우리가 겸손해지는 경우가 많다. 우리는 하나님의 '징벌적 징계'와 '아버지로서의 징계'를 구별할 수 있는데, 존 플라벨의 말에 따르면 후자는 "진노하신 아버지의 보살핌과 사랑의 순수한 결과"이다.[11] 우리는 징계를 통해 겸손을 배운다. 히스기야와 예루살렘 백성은 하나

---

9　Rebecca Konyndyk DeYoung, *Vainglory: The Forgotten Vice* (Grand Rapids: Eerdmans, 2014), 31.

10　Thomas Watson, *A Divine Cordial: Or, the Transcendent Priviledge of Those That Love God* (London, 1831), 51.

11　John Flavel, *The Works of the Rev. Mr. John Flavel*, 6 vols. (1820; repr., Edinburgh: Banner of Truth, 1997), 3:575.

님의 징계를 경험했고, 하나님의 강한 손 아래서 스스로를 낮췄다(벧전 5:6을 보라). 하나님은 겸손을 심히 사랑하셔서, 겸손한 사람에게 놀랄 만한 약속을 하신다. "누구든지 자기를 높이는 자는 낮아지고 누구든지 자기를 낮추는 자는 높아지리라"(마 23:12).

마지막으로, 우리는 빌립보서 2장 5-11절을 꼼꼼히 읽고 묵상함으로써 교만·지나친 자부심·오만함·자화자찬 같은 것들을 우리에게서 제거할 수 있다. 성자께서는 자기 삶을 위한 하나님의 뜻에 따라 기꺼이 자기를 낮추셨다. 이는 그냥 죽음을 뜻한 것이 아니라 십자가에서의 죽음을 말하는 것이다. 그리스도 자신의 말씀에 따르면, 누구든 자기를 낮추는 사람은 높아질 것이라고 한다. 그래서 예수님에게는 모든 이름 위에 뛰어난 이름이 주어진다. 예수님은 상급을 받으셨지만, 먼저 욕을 당하신 후에 영화롭게 되셨다. 그리스도인의 삶에는 욕을 당하는 일이 필연적인데, 우리가 자기 행위로써는 의롭다고 여김을 받을 수 없는 죄인들이라는 사실을 인정할 때 그 일이 발생한다. 그러나 그와 동시에, 구속받은 성도로서 우리는 우리가 값없이 의롭다고 여김을 받았다는 사실을 잊어서는 안 된다. 우리가 하나님의 자비 가운데 살고 있다는 사실을 기억해야 하며, 교만을 멀리하고 하나님과 가까워지기 위해 때로 고난을 당한다는 사실을 받아들여야 한다.

### 더 깊은 묵상을 위한 질문

1 _ 겸손은 왜 그리 힘든가? 어떻게 하면 우리의 삶과 타인의 삶에서 겸손을 더 잘 함양할 수 있을까?

2 _ 누가복음 18장 9-14절에 기록된 바리새인과 세리 이야기에서, "이 사람"에 관한 말씀을 듣고 그 자리에 있던 사람들이 얼마나 놀랐을지 생각해 보라. 이는 교회에서 그렇게 쉽게 식별되지 않는 우리 자신의 교만에 관해 어떤 사실을 보여 주는가?

3 _ 별일 아닌데 기분이 상했던 때를 생각해 보라. 이는 어떻게 우상 숭배를 드러내며, 이것이 왜 그렇게 위험한가?

4 _ 우리 자신의 삶과 다른 사람의 삶에서 경건함을 알아보는 것 자체는 좋은 일이다. 이를 전제로, 그렇게 경건함에 주목하는 일과 관련해 우리는 어떻게 주의해야 하는가?

5 _ 이사야 38장 1-22절, 예레미야 11장, 누가복음 18장 9-14절, 로마서 11장을 읽고 묵상하라.

## 07 경건한 두려움을 버리다

> 그러므로, 사람이 은혜 안에서 자랄 때는 반드시 두려움도 자란다.
> …그러므로, 이 두려운 정서를 반드시 보존하도록 하자,
> 하나님에 대한 두려움을.
>
> _ 리처드 십스[1]

### 경건의 정수(精髓)

하나님에 대한 두려움은 아름다우면서도 종종 오해되는 교리다. 오해되고 있기에 별로 주목도 받지 못한다. 하나님을 두려워하는 신자로 여겨지는 그리스도인도 드물고, 그리스도인이 그런 이름으로 불리면서 존경받는 일은 더욱더 찾아보기 어렵다(느 7:2를 보라). 더 나아가, 하나님에 대한 건강한 두려움이 없는 것이 영적 퇴보의 일반적 징후다.

그리스도인으로 살아가면서 이 교리를 바로 이해하고 바람직

---

1 Richard Sibbes, *The Complete Works of Richard Sibbes, D.D.*, 7 vols. (Edinburgh: James Nichol, 1863), 2:53.

하게 활용할 때 우리는 "하나님을 두려워하는 가운데서 거룩함을 온전히 이루어"(고후 7:1) 나갈 수 있다. 실제로, 우리가 하나님께 다가갈 수 있고 계속 하나님 가까이 머물 수 있는 것이 바로 이 하나님에 대한 두려움 덕분이다. 존 머레이는 하나님과 관련된 두려움의 유형을 조심스럽게, 상황에 따라 구별한다. "경건의 정수(精髓)인 하나님에 대한 두려움은…하나님의 진노에 대한 불안 때문에 생기는 공포에 있지 않다. 반대로 그런 두려움을 느껴야 할 이유가 존재하는데도 두려움을 느끼지 못한다는 것은 완악한 불경건의 증거다."[2]

경건한 두려움이란 심판에 대한 단순한 두려움을 넘어서는 것으로서, 머레이는 다음과 같이 지혜롭게 말한다.

> 심판에 대한 공포 그 자체가 우리의 내면에 하나님에 대한 사랑이나, 하나님의 진노를 사기 쉬운 죄에 대한 증오를 낳지는 않는다. 심지어 진노가 임한다 해도 죄에 대한 증오가 생기지는 않는다. 진노는 죄를 더 사랑하게 만들고 하나님과 더 불화하게 만든다. 징벌 그 자체에는 거듭나게 하거나 회심에 이르게 하는 힘이 없다. 하나님을 두려워하되 경건을 이루는 두려움은 하나님을 찬미하고 사랑하지 않을 수 없게 하는 두려움이다. 이는 경외·존경·존귀히 여김·예배를 이루는 두려움이요, 이 모든 것을 최고 수준으로 이행하는 데 바탕을 둔 두려움이다. 이는 하나님의 초월적 위엄과 거룩함에 대한 우리 인식의 반영이다. 이는

---

2   John Murray, *Principles of Conduct: Aspects of Biblical Conduct* (Grand Rapids: Eerdmans, 1971), 236-37.

이성을 가진 피조물이라면 누구에게나 있는 두려움이며, 이 두려움은 죄에 기원을 두지 않는다.³

우리가 하나님을 알지 못하고, 성경, 그중에서도 특히 시편이나 이사야, 욥기 같은 책에서 보여 주는 하나님의 속성을 묵상하지 않을 경우, 우리는 하나님에 대해 다소 무기력한 두려움을 품을 가능성이 있다. 우리가 하나님을 공경하지 않는 것은 하나님을 마땅히 알아야 할 만큼 알지 못하기 때문이다. 하나님을 참으로 안다는 것은 곧 하나님을 두려워하는 것이다.

영적 퇴보와 배교를 분석할 때는 그리스도인의 삶에서 하나님을 두려워하는 것이 얼마나 중요한지를 강조하는 것도 중요하지만, 그리스도인이라면 누구나 함양해야 할 경건한 두려움과 징벌에 대한 두려움을 구별하는 것도 중요하며, 신앙을 공언하는 일부 그리스도인들은 이 두 번째 두려움을 품을 만한 이유가 있을 때 이에 주의를 기울일 필요가 있다.

### 경건한 두려움

모든 그리스도인이 형제자매들 사이에서 받아들이고 증진시켜야 할 두려움은 영생이라는 목표를 가진 데서 생겨 나오는 경건한 두려움이다. 여기서 영생이란 유일하게 참되신 하나님과 예수 그리스도를 아는 것이다(요 17:3). 과거의 신학자들은 이를 종의 두려움과 대비되는 자녀로서의 두려움이라고 불렀다. 자

---

3  Murray, 237.

녀로서의 두려움은 우리가 하늘에 계신 아버지 곁에 머물 수 있도록 성령께서 위로부터 우리 마음에 부어 주시는 은혜다. 토머스 맨턴의 말에 따르면, 이런 유형의 두려움은 "하나님과 하나님의 위엄·영광·권능을 높이고, 하나님의 임재를 의식하고 계속 생각하는 데 있다. 그리고 이어서 하나님을 대적하여 죄를 짓거나 하나님 앞에서 잘못을 범하거나, 하나님이 보고 계시는데 무언가 부적절한 행동을 하기를 싫어하는 것을 말한다."[4] 우리가 하나님을 어떻게 생각하느냐는 하나님 앞에서 우리가 어떻게 행동하느냐에 영향을 끼친다. 하나님을 하찮게 생각하면 하나님을 기쁘시게 하는 일도 하찮게 생각할 것이다.

예레미야 32장에는 하나님이 자기 자녀에게 주시는 그런 두려움에 관한 놀라운 약속이 담겨 있다. 구약성경 최고의 약속이 될 "그들은 내 백성이 되겠고 나는 그들의 하나님이 될 것"(렘 32:38)이라는 말씀을 강조하신 후 하나님께서는 하나님을 영원히 두려워하는 마음을 주겠다고 약속하신다. "나를 경외함을 그들의 마음에 두어 나를 떠나지 않게 하고"(40절). 하나님이 자기 백성의 마음에 두시는 두려움에 관한 하나님의 약속은, 이들이 영적으로 퇴보하거나 배교하지 않도록 하려고 주어지는 것이라고 명시된다.

우리에게 주어진 성령은 메시아에게 주어진 바로 그 성령이기도 하다.

> 그의 위에 여호와의 영
> 곧 지혜와 총명의 영이요

---

4    Thomas Manton, *The Complete Works of Thomas Manton*, 22 vols. (London: James Nisbet & Co., 1872), 1:379.

> 모략과 재능의 영이요
> 지식과 여호와를 경외하는 영이 강림하시리니(사 11:2)

우리 주님은 하나님을 경외하는 마음을 가지고 계셨다. 주께서 순종하다가 겁내어 뒤로 물러서지 않으심은, 성령 충만한 분으로서 하나님을 경외하셨기 때문이다. 인간으로서 예수님은 기도하셨다. "심한 통곡과 눈물로" 하나님께 기도했고, "그의 경건하심으로 말미암아 들으심을 얻었"다(히 5:7). 하나님의 완전한 속성들을 알고 하나님과 그토록 친밀하게 교제하셨기에 예수께서는 하나님에 대해 경건한 두려움을 가질 수밖에 없었다. 십자가형에 대한 공포는 바로 하나님을 두려워하셨기 때문이었다. 예수께서는 공의와 거룩함이 어떤 것인지 알고 계셨고, 그것이 치는 매를 감당하셨다.

그리스도 안에 있는 영은 우리 안에 두려움을 일으키기도 하신다. 스티븐 차녹은 다음과 같이 희망조로 말한다. "성령께서는 그리스도의 인성에 대해 자신의 직분을 온전히 이행하신 것처럼, 우리의 분량에 따라 우리 안에서도 부족함 없이 역사하실 것이다. 모든 면에서 성령을 생각해 보라. 그러면 은혜를 보존하시는 이 역사가 그분의 일임이 드러날 것이다. 그리스도께서 대리자를 통해 하시는 일은 그리스도 자신의 행위로 해석될 수 있을 것이다."[5] 경건한 두려움의 가치를 친히 알고 계시는 그리스도께서는 자신의 인성을 따라 소유하시는 그 은혜를 우리에게 주신다.

---

5   Stephen Charnock, *The Complete Works of Stephen Charnock*, 5 vols. (Edinburgh: James Nichol, 1864-66; repr., Edinburgh: Banner of Truth, 1985), 5:252.

경건한 두려움에 어떤 가치가 있는지는 이 두려움이 그리스도에 대한 우리의 생각을 어떻게 조명해 주는지를 질문해 봄으로써 성경 전체에서 추적할 수 있다. 예를 들어 예수께서는 어떻게 그런 완전한 지식을 갖고 계셨는가? 왜냐하면 "여호와를 경외하는 것이 지식의 근본"이기 때문이다(잠 1:7). 솔로몬의 말처럼 인간의 건전한 본분이 "하나님을 경외하고 그의 명령들을 지"키는 것이라면(전 12:13), 우리는 예수님이 어째서 늘 아버지를 기쁘시게 하는 일을 행하실 수 있었는지 더 잘 인식할 수 있을 것이다(요 8:29). 토머스 왓슨은 하나님의 은혜를 주제넘게 기대하는 죄에 대해 말하면서 이렇게 조언한다. "주제넘는 기대를 조심하라. 두려움은 기도를 낳고, 기도는 능력을 낳고, 능력은 견고함을 낳는다."[6] 이렇게 두려움은 우리가 믿음 안에서 견인하는 것과 확실한 관계가 있다.

그리스도를 통한 구속이 필요한 그리스도인에게 경건한 두려움을 품으라고 성경에서 자주 명령하는 것은 바로 구원의 영광스러운 본질 때문이다. 마리아는 "긍휼하심이 두려워하는 자에게 대대로 이르는도다"(눅 1:50)라고 하나님을 찬양했고, 바울은 빌립보 교인들에게 "두렵고 떨림으로 너희 구원을 이루라"(빌 2:12)고 명령한다. 구원은 단순히 우리를 위해 성취되는 어떤 일이 아니라, 우리와 함께하시는 하나님의 현실이다. 우리는 하나님의 임재 안에 살며, 구약성경에서 이 임재가 두려움을 일으키는 것은 하나님의 구속 행위의 위대함 때문이다(출 15:16). 삼위일체 하나님의 속성을 아는 지식을 추구하는 믿음은 그 하나님의 위대하고 경외스

---

[6] Thomas Watson, *A Body of Practical Divinity* (London: Thomas Parkhurst, 1692), 223.

러운 이름에 대한 두려움을 낳는다.

하나님에 대한 건전한 두려움을 긍정적으로 언급하는 예는 무수히 많다. 이 사실을 알면 오늘날 교회에서 우리는 왜 하나님의 말씀에 그토록 뚜렷이 나타나는 이 강조점을 잃어버린 것 같을까 하는 의문이 생긴다. 아버지의 자녀로서 순례자요 나그네 신분으로 세상에 살고 있는 우리는 베드로의 말을 따라 두려움으로 처신해야 한다(벧전 1:17). 욥이 그랬듯 우리는 하나님께서 다음과 같이 말씀하시는 사람이 되는 것을 목표로 삼아야 한다. "네가 내 종 욥을 주의하여 보았느냐 그와 같이 온전하고 정직하여 하나님을 경외하며 악에서 떠난 자는 세상에 없느니라"(욥 1:8). 신약 시대 교회의 영광은 "그리하여 온 유대와 갈릴리와 사마리아 교회가 평안하여 든든히 서 가고 주를 경외함과 성령의 위로로 진행하여 수가 더 많아"졌다는 것이었다(행 9:31).

분명한 사실은, 하나님에 대한 두려움이 없으면 죄 된 행위라는 결과를 낳는 것처럼(창 20:10-11), 하나님에 대한 두려움은 의로운 행위에 이르는 수단이라는 것이다. "종들아 모든 일에 육신의 상전들에게 순종하되 사람을 기쁘게 하는 자와 같이 눈가림만 하지 말고 오직 주를 두려워하여 성실한 마음으로 하라"(골 3:22). 이 구절의 맥락에서 살펴보면 그리스도인 종들이 하나님에 대해 품는 두려움은 상전이 종들에게 성실한 순종을 기대할 수 있는 근거가 된다. 우리는 우리를 늘 지켜보시는 하나님의 무소부재하심 아래 살고 있다. 인간의 시선은 때때로 피할 수 있고 갖가지 책임을 회피할 수 있지만, 하나님의 시선은 절대 피할 수 없다. 타락한 아담과 하와는 하나님을 피해 숨으려 했으나 헛일이었고, 하나님께서 "네가 어디 있느냐"고 물으신 것은(창 3:9) 아담을 찾을 수 없어서가 아니라 아담이 거룩하신 하나님 앞에 직접 모습을 드러낼 필요가 있었기 때문이다. 죄를 저지른 후 아담이 느낀 두려움은 정당한 두려움이었다. "이르되 내가 동산에서 하나님의 소리를 듣고 내가 벗었으므로 두려워하여 숨었나이다"(10절). 그렇게 엄청난 죄를 짓고 나서 아무렇지도 않게 으쓱거리며 동산을 돌아다녔다면, 정죄당할 거리가 하나 더 늘어났을 것이다. 범죄 후 아담에게는 하나님의 심판을 두려워할 이유가 있었다.

우리의 길이 여호와의 눈앞에 있다는(잠 5:21) 현실로 돌아와서, 시편 기자가 "여호와는 그를 경외하는 자 곧 그의 인자하심을 바라는 자를 살피사"(시 33:18)라고 외치는 바로 그 순간 우리는 모든 것을 꿰뚫어 볼 뿐만 아니라 모든 것을 보호하기도 하는 하나님의 눈을 보아야 한다. 다윗을 생각해 보라. 여호와는 생각과 말과 길을 다 알고 살피시는 분이라고 하면서 다윗은 "내가 주의 영을 떠나 어디로 가며 주의 앞에서 어디로 피하리이까"(139:7)라고 반어적으로 묻는다. 이 구절을 읽을 때는 "그 어디에도 피할 곳은 없다!"고 외치도록 하자. 우리가 어디를 가든, 거기에는 하나님이 계신다. 이 구절의 맥락은, 우리가 헛되이 하나님에게서 도망치든, 혹은 다정한 아버지로서의 하나님의 "오른손에 붙들려"(10절) 그 돌보심과 인도 아래 잘 머물든, 하나님의 시선은 여전히 우리를 떠나지 않는다는 사실을 가리킨다. A. A. 앤더슨의 말처럼, 여기서 시편 기자는 여호와의 돌봄을 벗어나는 "곳은 이 세상에 없다는 것을 기뻐하는 듯하며", 한편으로 "하나님께 반역하거나, 어떤 잘못을 저질렀을 때 자신의 죄책을 감추려 하는 것은 절대적으로 어리석은" 짓임을 인정하는 것 같다. "그래서 시편 기자는 하나님과 함께 있을 때 안전하다고 느끼며, 자신의 생각과 행동 동기를 살펴 달라고 하나님께 주저 없이 청한다."[7] 확실히, 하나님에 대한 두려움에는 경외와 경배하는 마음 두 가지가 다 존재하며, 두 가지 모두 예배의 필수 요소로서 긴장감 없이 하나로 엮인다. 실제로, 제임스 휴스턴의 말처럼 "하나님에 대한 두려움, 혹은 공경에는 경외감, 심지어 거룩한 공포로서의 거리감…가까이 교통하는 느낌 두 가지"가 다 있다.[8] 예를 들어 시편 2편 11절은 우리가 "여호와를 경외함으로" 섬기는 것을 증언하는데, 여호와께서 제공하시는 복된 피난처와 구원은 우리가 여호와를 "즐거워"하는 한편 여호와를 진지하게, "떨며" 침착하게 대할 이유를 준다.

이렇게 하나님을 경건하게 두려워하는 데에는 대단한 역설이 존재한다. 이 두려움이 하나님께서 이 두려움을 표출하는 사람들, 진실로 자녀로서의 두려움을 드러내는 사람들을 친밀히 대하신다는 사실을 아주 강력히 가리킨다는 점에서 말이다. 우리의 아버지를 가장 엄숙하게 대하는 사람은 가장 신속하게 그 아버지에게 달려가 그분의 사랑을 가장 강력하게 체험하는 사람들이다. 이 사실에 비추어서 다음과 같은 구절들을 생각해 보라. "여호와의 친밀하심이 그를 경외하는 자들에게 있음이여"(시 25:14), "그를 경외하는 자에게는 부족함이 없도다"(34:9), "여호와께서는 자기를 경외하는 자를 긍휼히 여기시나니"(103:13), "여호와의 인자하심은 자기를 경외하는 자에게 영원부터 영원까지 이르며"(103:17; 5:7도 보라), "그의 구원이 그를 경외하는 자에게 가까우니"(85:9; 사 33:6; 행

---

7  A. A. Anderson, *The Book of Psalms*, vol. 2, *Psalms 73–150*, New Century Bible Commentary (Grand Rapids: Eerdmans, 1992), 907.

8  James M. Houston, *I Believe in the Creator* (Grand Rapids: Eerdmans, 1980), 188.

13:26도 보라), "여호와는 자기를 경외하는 자들과 그의 인자하심을 바라는 자들을 기뻐하시는도다"(시 147:11).

성경에서, 믿음을 고백하는 그리스도인들을 위협하는 말이 있는 것은 이들을 돕기 위해서지 해를 끼치기 위해서가 아니다. 그런데 우리는 이런 내용이 종 같은 비굴한 두려움을 일으킬까 봐 설교할 때나 가르칠 때 빼버릴 수 있다. 하지만 훌륭한 신학자들은 그런 궤변에 흔들리지 않았다. 옥타비우스 윈슬로우는 신적(神的) 위협에 대해 말하면서, 그런 경고가 주어질 때 이를 거룩하신 하나님에게서 오는 것으로 알고 마음으로 받아들이면 거룩함이라는 결과를 낳는다고 주장한다.[9] 존 오웬은 신적 위협이 종 같은 두려움을 일으킨다는 개념을 배격한다. 이는 "무익한" 상상이다. 오로지 "우리 자신의 영혼의 속박만이 우리가 하는 모든 일을 비굴하게 만들기" 때문이다.[10] 실제로 하나님의 위협과 약속은 굴종을 낳기는커녕 오히려 "우리가 누리는 자유의 주요한 부분"이다.[11]

하나님께서 회개하지 않는 죄인들에게 자신의 진노에 대해 말씀하실 때 우리는 하나님의 말씀을 믿는 사람들로서 "불순종의 아들들"(엡 5:6; 골 3:5-6도 보라)로 살기를 그만두어야 한다. 맨턴은 회개하지 않는 자들에 대한 하나님의 심판의 약속을 "강력한 동인(動因)"이라고 할 뿐만 아니라 "친절한 동인"이라고도 한다.[12] 맨턴은 벌을 내리겠다는 하나님의 위협이 자비의 행위인 이유를 몇 가

---

9   Octavius Winslow, *Personal Declension and Revival of Religion in the Soul* (Eugene, OR: Wipf and Stock, 2001), 147.

10  John Owen, *The Works of John Owen*, ed. W. H. Goold, 24 vols. (Edinburgh: T&T Clark, 1850-53), 3:614.

11  Owen, 3:614.

12  Manton, *Works*, 19:228.

지 제시한다. 죄는 하나님을 불쾌하게 하는 것이기에, 우리는 죄의 해악은 물론 죄의 결과도 알 필요가 있다. 그래야 죄를 벌하시는 데 나타난 하나님의 공의를 알고 이해할 수 있다. 하나님께서 죄를 벌하시는 것을 심각하게 받아들이지 않는 태도는 하나님 자체를 진지하게 받아들이지 않는 것이다. 에스겔 시대에 이스라엘의 집은 하나님이 정의롭지 않다고 비난했다. 정의가 결핍된 쪽은 오히려 이스라엘 사람들이었는데 말이다. 이들은 회개하라는 명령을 받았고, 회개하지 않으면 심판받으리라고 했다. 물론 하나님은 그런 심판 내리기를 기뻐하지 않으신다고 말씀하신다(겔 18:30-32). 더 나아가, 하나님을 사랑하는 사람들에게 하나님 없이 산다는 것은 생각만 해도 무서운 일이다. 맨턴은 "하나님을 사랑하는 사람은 하나님의 은총을 잃는 것을 두려워하지 않을 수 없다"고 말한다.[13] 의도적으로 죄를 짓는 사람들에게 하나님이 벌을 내리시는 것에 대한 두려움은 우리가 옳은 일을 행하는 데 도움이 된다. "굴러온 돌이 박힌 돌을 빼내는 것처럼, 하나님에 대한 두려움은 사람에 대한 두려움과 기분 좋은 정욕을 몰아낸다. 로마서 8장 13절에서는 '너희가 육신대로 살면 반드시 죽을 것'이라고 한다."[14] 이로써 맨턴은 한 가지 중요한 목회적 통찰에 이르게 된다.

> 이는 우리를 하나님에게서 몰아내는 그런 두려움을 낳는 게 아니라 오히려 우리를 하나님에게로 데려다준다. 고뇌와 당혹스러움과 절망적 괴로움에 빠지게 하는 게 아니

---

13  Manton, 19:229.
14  Manton, 19:229.

라…죄를 급히 피하고 주의하게 한다. 우리는 이를 위대한 재난(great evil)으로 여겨야 한다. 우리는 믿음과 회개로써 이 재난에서 벗어나서…그리스도께로 더욱 신속히 피하여, 복음의 은혜에서 피난처를 찾고, 그리스도를 통해 우리에게 주어진 구원에 대해 더 깊이 감사할 수 있어야 한다.[15]

이 같은 통찰은 징벌에 대한 단순한 두려움만으로는 충분치 않다고 존 머레이가 앞에서 한 말과도 일치한다. 즉, 징벌에 대한 경고는 믿음과 회개로써만이 아니라 그리스도 안에서 피난처를 찾음으로 하나님에게 다시 돌아갈 수 있다는 소망으로 우리를 각성시킬 수 있다.

이 가르침을 염두에 두면, 히브리서 10장 25-31절 같은 경고의 어법을 정당한 경고(가정이 아니라)이자, 가장 중요한 것, 즉 우리가 서로 사랑하고 선행을 격려하는 자리인 공동 예배를 포기하지 말라고 히브리서 기자가 믿음을 고백하는 그리스도인들에게 권고하려고 쓴 수단으로 이해할 수 있을 것이다. 믿음을 공언하는 그리스도인이 어떤 뚜렷하고 적법한 이유 없이 상당 기간 동안 의도적으로 공동 예배를 소홀히 하면, 그 사람은 그에 따라 하나님의 심판을 두려워할 이유가 있다. 그런 두려움이 없다면 불경한 것이다. 더 이상 공개적으로 예배드리지 않는 사람에게는 대개 그런 두려움이 없다. 히브리서 10장 25-31절에서는 고의적으로 죄를 짓는 사람들에게 준엄히 경고한다. 그런 사람들에게는 "다시 속죄

---

15  Manton, 19:229.

하는 제사가 없고 오직 무서운 마음으로 심판을 기다리는 것과 대적하는 자를 태울 맹렬한 불만 있으리라"고 한다(히 10:26-27). 히브리서 기자는 "살아 계신 하나님의 손에 빠져들어 가는 것이 무서울진저"라고 말한다(31절). 하지만 두려움을 품고 산다는 것은 하나님의 임재 안에서 경외심을 품고 하나님을 진지하게 받아들이는 것이라고 이해한다면, 벌 받을 것을 염려하면서 두려워하는 사람들로 여겨지는 일을 막을 수 있다.

    제리 브리지스는 하나님의 말씀은 "하나님에 대한 두려움이 없는 태도를 죄 된 행위와 종종 연결시킨다"고 옳게 말한다.[16] 그리스도를 안다고 고백하지만 삶이 변화되어 죄에 대해서는 죽고 그리스도를 위해서 사는 결과가 없는 사람들, 복음 진리를 다 앎에도 불구하고(26절) 자기 안에 죄가 그저 남아 있는 게 아니라 "짐짓 죄를 범"하여(예를 들어 공동 예배를 버리기, 히 10:25) 죄의 지배를 받는 사람들은 그리스도께서 십자가에서 대신 심판을 받아 주셨다고 주장할 수 없고, 오히려 "무서운 마음으로 심판을 기다리는" 지옥에 스스로를 가둔 채 살아간다(27절). 이는 모든 사람을 향한 현실적 경고이지만, 참신자들은 예를 들어 교회 출석의 중요성에 대해 듣고 그에 따라 반응하는 것으로 충분하다. 하지만 하나님에 대한 두려움 없이 사는 사람들, 하나님을 진지하게 여기지 못하는 사람들은 교회를 소홀히 하는 것을 아무렇지도 않게 여기고, 그리스도와 구원의 은혜를 불경스럽게 짓밟는 태도로 살아가면서(29절) "무서운 마음으로 심판을 기다리"고 있다(어쩌면 이에 대해 무지하거나 심지어 무관심하게). 경고는 원래 이런 사람들에게 죄를 자각시켜

---

16  Jerry Bridges, *The Joy of Fearing God* (Colorado Springs: WaterBrook Press, 2009), 21.

서 믿음으로써(새롭게 된 믿음이든 완전히 새로운 믿음이든) 정죄를 피하게 하고 영혼을 보존하게 하려는 것이다(37-39절).

　신앙을 공언하는 그리스도인들이 징벌을 두려워하는 데에는 여러 가지 이유가 있다. 예를 들어 (1) 열매를 맺지 못함(요 15:1-11), (2) 영적 교만(롬 11:11-24), (3) 불신앙(히 3-4장), (4) 영적 나태(계 3:14-22), (5) 그릇된 가르침을 묵인함(계 2:20-23), (6) 육체를 따라 살기(롬 8:13; 갈 5:21) 등이다. 이 모든 경고는 아무 의미가 없거나(혹은 그저 가정이거나), 누구도 멸망하기를 바라지 않고 오직 믿음과 회개를 통해 우리가 돌아오기를 원하시는 은혜로운 하나님의 입에서 나온 것이거나 둘 중 하나다. 어떤 사람들이 하나님의 영광을 위해 살지 않고 오히려 그 삶에서 멀어지게 만드는 어떤 행동에 몰두해 있는 것을 보고 하나님께서 이들에게 경고를 하는 것이 합당하다고 여기신다면, 우리가 누구관대 징벌에 대한 적절한 두려움의 가치를 부정하겠는가? 우리가 할 일은 그 경고를 받는 사람들에게 그래도 소망이 있음을 알려 주는 것뿐이다!

## 적용

영적 퇴보의 가장 뚜렷한 징후 한 가지는 하나님에 대한 경건한 두려움이 없다는 것인데, 이 두려움이 있어야 우리는 하나님 및 하나님 백성들과 친밀한 교제를 유지할 수 있다. 하나님을 진지하게 받아들이지 못할 때, 버려진 상태에서 우리는 또 다른 두려움이 전면으로 등장하는 것을 보게 된다. 바로 징벌에 대한 영속적 두려움이다. 안타깝게도, 경건한 두려움이 없는 사람들은 대개 경고를 들어도 별 동요가 없다. 하지만 위로받아야 할 사람들에게는 위로를 해 주어야 하는 것과 마찬가지로, 경고가 필요한 사람들에게는 계속 경고를 해야 한다. 해 아래 있는 모든 것에는 일정한 때가 있으며, 성실한 목회자나 그리스도인 친구가 되는 데 따르는 한 가지 어려움은 경고할 때가 언제이고 위로할 때가 언제인지, 꾸짖을 때가 언제이고 힘을 북돋아 줄 때가 언제인지 알아야 한다는 것이다.

여러분의 경우는 어떤가? 자기 자신을 볼 때 이따금 경고를 받아야 할 사람으로 보는가? 대다수 그리스도인이 아마 그렇게 생각할 것이다. 그러나 실제로 경고가 임하면 이들은 금세 불쾌해하며 격렬한 부인(否認)과 자기방어 자세로 고집스럽게 버틴다. 그러나 거리낌 없이 자기 죄를 고백하는 사람들에게 주께서 자비를 보이신다는 사실을 생각하면, 잠잠히 참을성 있게 경고의 말에 귀 기울이며 기도하는 마음으로 이를 곰곰이 따져 보아야 하지 않겠는가? 죄된 생각과 말과 행동이 그리스도의 은혜로 사함을 받고 변화될 수 있도록 내 마음을 살펴 달라고 주님께 청하라. 여러분이 주님을 두려워하는 마음으로 방심하지 않고 그리스도인다운 삶을 살 수 있게 도우려고 주님께서 다른 사람들을 사용하신다는 사실에 감사하라.

존 버니언의 묵상처럼 "두려움이라는 이 은혜는…다정하고 민감하고 떨리는 은혜로서, 우리 영혼이 경계를 늦추지 않게 해 준다. 알다시피, 적(敵) 때문에 계속 위험 상태에 있는 곳에서는 경계를 유지하는 것이 훌륭한 안전장치다."[17]

하나님을 두려워하지 않는 사람들의 마음속에 생겨나는 또 다른 두려움은 사람에 대한 두려움이다. 예수께서는 우리가 두 가지 범주 중 하나에 속한다고 보시고 다음과 같이 권고하신다. "몸은 죽여도 영혼은 능히 죽이지 못하는 자들을 두려워하지 말고 오직 몸과 영혼을 능히 지옥에 멸하실 수 있는 이를 두려워하라"(마 10:28). 기억하라, 내가 두려워하는 대상이 바로 내가 호의를 구하는 존재라는 것을. 앞서 하나님을 두려워하는 우리의 행동이라는 맥락에서 골로새서 3장 22절을 언급할 때 이 점을 아마 알아차렸을 것이다. 하지만 이 구절에서 또 한 가지 주목해야 할 것은, 우리가 사람에 대한 두려움으로 "사람을 기쁘게 하는 자"로 살거나, 아니면 하나님을 "두려워하여" 하나님을 기쁘게 하는 자로 살거나 둘 중 하나라는 것이다. 그리스도를 대변하는 것이 두렵다면, 이는 우리 모두가 겪는 어려움이니, 스스로에게 다음과 같이 질문해 보라. "여호와는 나의 빛이요 나의 구원이시니 내가 누구를 두려워하리요 여호와는 내 생명의 능력이시니 내가 누구를 무서워하리요"(시 27:1). 우리는 해로운 감정이입이라고 일컫는 죄를 지을 수 있다. 그리스도 안에 있는 어떤 형제나 자매가 하나님을 두려워하며 살지 않는 것이 분명해 보이는데, 그 사람이 나를 싫어할까 봐 이 문제에 대해 그 사람에게 정직하게 말해 주지 못하는 것이다.

또 한 가지 기억해야 할 것은, 어떤 사람이 불경한 사람임을 알려 주는 한 가지 징후는 하나님에 대한 두려움이 없다는 것이다. "그들의 눈 앞에 하나님을 두려워함이 없느니라"(롬 3:18). 존 머레이는 이 구절을 주석하면서, 하나님에 대한 두려움이 없는 것을 눈과 연결시킨 것이 중요하다고 설명한다.

눈은 시각 기관이다. 그런데 하나님에 대한 두려움이 우리 눈앞에 있다고 표현하는 것이 적절한 이유는, 하나님을 두려워한다는 것은 곧 하나님이 줄곧 우리의 생각과 판단의 중심에 계시고, 하나님을 의지하고 하나님에게 책임을 진다는 포괄적 의식을 특징으로 하는 삶을

---

17　John Bunyan, *The Fear of God* (London: Religious Tract Society, 1839), 166.

산다는 뜻이기 때문이다. 이런 두려움이 없다는 것은 곧 하나님이 우리의 생각과 계산의 중심에서 밀려날 뿐만 아니라 우리 판단의 전 지평(地坪)에서도 배제된다는 의미다. 우리 생각 속에 전혀 하나님이 안 계신다. 비유적으로 말하자면, 우리 눈앞에 하나님이 없는 것이다. 그리고 이는 철저한 불경이다.[18]

예수 그리스도의 얼굴에서 하나님을 눈으로 보기를 갈망하면서 날마다 믿음으로 하나님을 보는가? 그것이 경건이다.

우리는 "하나님을 경외하며 악에서 떠난" 욥을 닮아야 한다(욥 1:1). 하나님의 임재 가운데 사노라면 때로 많은 시련을 겪기도 하지만, 하나님께서 신실하고, 지혜롭고, 은혜롭고, 자비롭게 우리가 그 시련을 통과하게 해 주신다는 것을 알면 우리도 욥처럼 다음과 같이 말할 수 있게 된다.

내가 주께 대하여 귀로 듣기만 하였사오나
이제는 눈으로 주를 뵈옵나이다(욥 42:5)

우리는 "여호와는 자기를 경외하는 자들과 그의 인자하심을 바라는 자들을 기뻐하"신다(시 147:11)는 것을 알고 하나님에 대한 경건한 두려움을 우리 눈앞에 두고 살아갈 수 있다. 하나님에 대한 우리의 두려움이 하나님께서 우리에게서 취하시는 기쁨과 연결된다고 생각하면, 이 또한 우리가 하나님 두려워하기를 가르치고 널리 알리기를 부끄러워하지 말아야 할 또 하나의 이유가 된다. 간단히 말해, 주님에 대한 두려움이 얼마나 커져 가느냐에 따라 우리는 그만큼 더 그리스도의 형상을 닮게 된다. 그리스도는 하나님을 대면하여 보신 분이고, 하나님을 대면하여 본 분보다 더 하나님의 탁월함에 경탄한 이는 없기 때문이다(요 1:1, 18).

---

18  John Murray, *The Epistle to the Romans* (Grand Rapids: Eerdmans, 1997), 105.

### 더 깊은 묵상을 위한 질문

1 _ 하나님에 대한 두려움은 여러분의 그리스도인다운 삶에 어떻게 영향을 끼쳤는가?
2 _ 우리가 그리스도인다운 삶을 살 때 종으로서의 두려움보다 자녀로서의 두려움을 의식적으로 추구하는 것이 왜 그렇게 중요한가?
3 _ 사람들을 기쁘게 하려는 경향 때문에 하나님보다 사람을 두려워하게 되는 상황으로는 어떤 것들이 있는지 예를 들어 보라. 그런 성향은 어떻게 해결할 수 있는가?
4 _ 예레미야 32장 36-44절, 요한복음 15장 1-11절, 요한계시록 2장 18-29절을 읽고 묵상하라.

08

# '죽이기'가 죽다

하나님이 우리에게 하신 약속은 우리가 하나님께 한 약속에 비해 더 강력하고 효과적으로 죄를 죽일 수 있다.

_ 매튜 헨리[1]

## 누가 죽이는가?

건강한 그리스도인은 열심히 죄를 죽이려고 하는 데 비해, 영적 퇴보자는 성령으로써 육신과 싸우기를 중단했다. 위로부터 새 생명이 주어진 사람, 성령을 받고 그 은혜로 값없이 의롭다 여김을 받은 사람, 하나님의 자녀로 살아가는 사람만이 자기 안에 남아 있는 죄와 맞서서 조금이라도 좋은 결과를 얻기를 기대할 수 있다. 그런 사람들만이 죄를 처형하려고 애쓴다. 그러나 그렇게 하고자 하는 마음이 이따금 시들해지면 우리는 선한 싸움 싸우기를 멈추고 하나님의 전신 갑주 대신 수영복을 입고 마치 바닷

---

1  Matthew Henry, *An Exposition of the Several Epistles Contained in the New Testament* [. . .] (London: John Clark, 1721), 24.

가에서 휴식이라도 하는 양 죄와 더불어 한가로이 어슬렁거린다.

"너희가 육신대로 살면 반드시 죽을 것이로되 영으로써 몸의 행실을 죽이면 살리니"라고 로마서 8장 13절에서는 말한다. 이는 거룩함을 향해 나갈 때 모든 신자가 본분으로 여겨야 할 일이 무엇인지 알려 주는 유명한 성경 본문으로 입증되어 왔다. 본문을 이해하기는 어렵지 않지만, 본문의 명령에 순종하기는 그리스도인들이 직면하는 가장 까다로운 의무일지도 모른다. 죄 죽이기(처형하기)는 기독교의 성화(聖化) 논의의 중심에 있다.

이 본문에는 한 가지 조건에 근거를 둔 위협이 존재한다. "너희가 육신대로 살면 반드시 죽을 것이로되." 이 본문에는 약속도 있다. "살리니." 이 약속은 한 가지 본분을 잘 이행하는 것을 바탕으로 한다. "영으로써 몸의 행실을 죽이면." 행위자로는 그리스도인과 영이 있다. "영으로써 너희가." 여기서 "너희"는 더 이상 정죄 아래 있지 않고(롬 8:1) 그리스도의 영을 소유한 사람들(9절)을 가리킨다.

이 지점에서 우리는 참그리스도인이 이 조건을 충족시키지 못할 것이라고 걱정할지도 모른다. 그리스도인에게 선행이 필요하다는 말을 듣고 어떤 사람은 섣불리 묻는다. "선행이 얼마나 많이 필요합니까?" 이런 사람들은 "살기 위해서는 죽임이 얼마나 많이 필요합니까?"라고 묻지는 않을까 궁금하다. 이 질문에 답변하기 전, 존 오웬의 말을 빌리자면, 이 조건("~하면")은 "긴밀성이라는 확실한 사실"(certainty of coherence)을 말하는 것으로 이해할 수 있다.[2] 오웬의 이 말은, 구체적 수단은 확실히 어떤 특정한 결말을 낳

---

2   John Owen, *The Works of John Owen*, ed. W. H. Goold, 24 vols. (Edinburgh: T&T Clark, 1850-53), 6:6.

는다는 사실을 나타낸다. 참신자는 구원이라는 선물의 일부로서 많은 복을 받을 것이며, 그 복에는 칭의·양자 됨·성화·영화가 포함된다. 우리 구원의 목표는 몸과 영혼이 예수 그리스도를 닮는 것이다. "그러나 우리의 시민권은 하늘에 있는지라 거기로부터 구원하는 자 곧 주 예수 그리스도를 기다리노니 그는 만물을 자기에게 복종하게 하실 수 있는 자의 역사로 우리의 낮은 몸을 자기 영광의 몸의 형체와 같이 변하게 하시리라"(빌 3:20-21).

목표(영화)에 이르는 수단으로는, 거듭난 각 그리스도인 안에 있는 옛 사람 죽이기도 있다. 의롭다 여김받은 사람만이 성화될 수 있고, 성화된 사람만이 영화롭게 될 것이다. 토머스 왓슨의 말에 따르면, 성화란 "영혼 안에서 시작된 천국이다. 성화와 영광은 정도의 차이일 뿐이다. 성화는 씨앗 속에 들어 있는 영광이고, 영광은 꽃으로 피어난 성화다."[3] 이 둘은 확실한 상관관계가 있다. 그래서 오웬은 로마서 8장 13절에서 볼 수 있는 바울의 조건부 표현은 "참된 죽이기(mortification)와 영생 사이의 확실한 상관관계와 긴밀성"의 관점에서 이해해야 한다고 말한다. "이 수단을 쓰면 그 결과를 얻을 것이다. 죽이면, 살리라"는 것이다.[4] "만약"이라는 조건이 힘을 잃게 만들고 싶지는 않지만, 이 구절은 바울이 로마서에서 말한 모든 내용에 비추어서 이해해야 하며, 이는 약속에 대한 하나님의 신실하심 덕분에 우리가 그 조건을 충족시키게 되리라는 확신을 준다.

---

3  Thomas Watson, *A Body of Practical Divinity* [. . .] (London: Thomas Parkhurst, 1692), 216.
4  Owen, *Works*, 6:6.

### 일상의 의무

우리는 본성적으로 고통이 아니라 쾌락을 좋아하는 존재들이다. 그리스도인에게도 이 원리는 여전하다. 이 원리가 반드시 나쁘다고는 할 수 없다. 우리는 참으로 "영원한 즐거움"(시 16:11)을 갈망해야 하기 때문이다. 하지만 죄는 그릇된 쾌락(예를 들어 음란물 보기)에 달라붙거나, 선한 즐거움(예를 들어 음식 먹기)을 그릇된 쾌락(예를 들어 탐식)으로 바꿔 놓는다. 죄 된 욕망을 죽이기는 쉽거나 재미있지 않지만, 그래도 반드시 필요하다(골 3:1-10).

그리스도인은 영으로 사는 사람으로서, 죄를 짓지 않을 능력이 있다. 죄를 죽일 때 그리스도인은 죄의 뿌리를 꿰찌르면서 이 뿌리에서 자라 나오는 가지들이 시들기를 소망한다. 토머스 굿윈은 우리의 모든 죄 된 욕망은 "하나님보다 쾌락을 더 사랑"하는 데 뿌리를 두고 있다고 주장한다(딤후 3:4을 보라).[5] 굿윈은 '죽이기'는 "우리 마음이 하나님과의 더 깊은 교제와 더 많은 사랑으로 들어가게 함으로써" 죄의 쾌락에 무감각해지게 한다고 덧붙인다.[6] 그래서, 오웬의 말을 빌리자면, "최고의 신자들은 죄의 내주하는 힘을 죽이기를 인생의 모든 날 동안 해야 할 일로 삼아야 하며", 이는 그렇게 해야 삼위일체 하나님과 더 친밀한 교제로 들어가게 되기 때문이다.[7]

내재하는 죄는 우리가 뿌리를 꿰찌르고 타격을 가한다 해도 이

---

5  Thomas Goodwin, *The Works of Thomas Goodwin*, 12 vols. (Edinburgh: James Nichol, 1861-66; repr., Grand Rapids: Reformation Heritage Books, 2006), 3:503.

6  Goodwin, 3:503.

7  Owen, Works, 6:7.

생에서 절대 쉬지 않는다. 죄는 우리가 선을 가까이하지 못하게 하고 악한 것 쪽으로 기울어지게 만든다. 오웬은 "죄는 언제나 행동하고, 언제나 계획하고, 언제나 부추기고, 언제나 유혹한다…죄는 단 하루도 빠짐없이 좌절시키거나 좌절하고, 설득하거나 설득된다. 우리가 이 세상에 사는 동안은 늘 그럴 것"이라고 말한다.[8] 죄는 늘 분주하고 활력이 넘치기에, 만일 죄 죽이기를 포기하면 "크고, 저주받고, 가증스럽고, 영혼을 파괴하는 죄들을 낳을 것이다."[9] 그래서, 죄를 죽이지 못하는 사람은 필연적으로 영적으로 퇴보할 것이고, 죄 죽이는 습관을 아예 잊는 사람은 배교하게 될 것이다.

　죄를 죽이지 못하는 것은 성화의 목적들을 대적하는 것이다. 오웬은 "이 의무를 소홀히 하는 것은 바울 사도가 자신의 상태라고 단언하는 것과 완전히 반대되는 상태로 영혼을 던져 넣는 것"이라고 똑똑히 말한다.[10] 바울은 "우리의 겉사람은 낡아지나 우리의 속사람은 날로 새로워지도다"라고 말한다(고후 4:16). 영적 퇴보자가 죄를 죽이는 게 아니라 죄 죽이기를 죽일 때, 속사람은 멸망하고, 이에 따라 이 사람은 날마다 겉사람에 초점을 맞추어 애쓰게 된다. 오웬은 "죄 죽이기라는 이 본분에 태만함으로써 은혜는 시들고 정욕은 번성하며, 마음의 틀은 점점 더 \악해진다. 그리고 이것이 많은 사람에게 어떤 절망적이고 두려운 결과를 낳아 왔는지 주님은 아신다"고 덧붙인다.[11]

---

8　Owen, 6:11.
9　Owen, 6:12.
10　Owen, 6:13.
11　Owen, 6:13.

요한은 교회 안의 신자들, 특히 거짓 교사들을 경계해야 하는 신자들에게 보내는 편지에서 이렇게 경고한다. "너희는 스스로 삼가 우리가 일한 것을 잃지 말고 오직 온전한 상을 받으라 지나쳐 그리스도의 교훈 안에 거하지 아니하는 자는 다 하나님을 모시지 못하되 교훈 안에 거하는 그 사람은 아버지와 아들을 모시느니라"(요이 8-9절). 요한은 이 수신인들에게 경계를 늦추지 말라고 훈계해야 했다. 그래야 사도들이 그토록 열심히 애쓰며 이 신자들을 섬긴 결과를 잃지 않을 테니 말이다.

많은 그리스도인이 '죄 죽이기'에 관한 오웬의 저작이 철저하고 정확하고 날카롭다고 찬탄을 담아 이야기해 왔다. 하지만 오웬은 그 시대의 "신앙 고백자들이 죄 죽임에 당연히 예상되는 훌륭하고 뚜렷한 열매를 맺기는커녕 잎사귀조차 내지 못한다…선하신 주께서 우리의 병을 고쳐 주시려고 죄 죽임의 영을 보내 주시며, 그렇지 않으면 우리는 한심한 상태에 빠지고 만다!"고 훈계한다.[12] 죄 죽이기에 관한 오웬의 저작을 인용하는 것과 실제로 죄를 처형하는 것은 별개의 일이다. 하지만 이는 모든 그리스도인의 목표가 되어야 하며, 이는 이런 인용구와 주제를 익히 아는 것보다 어려운 일이다.

### 나는 성령을 믿는다

우리는 성령을 더 많이 부어 달라고 아버지께 구하지만, 이때 우리는 그 간구가 무엇을 뜻하는지 잘 모를 수 있다. 예

---

12 Owen, 6:14-15.

를 들어 갈라디아서 5장 22-23절에서 말하는 성령의 열매에는 '오래 참음'이 있다. 그렇다면, 성령 충만하게 해 달라고 기도할 때 우리는 성령의 사역으로 '오래 참음'이라는 이 은혜가 커질 수 있는 상황에서는 하나님께서 섭리적 사랑으로 우리의 '오래 참음'을 시험하실 것 또한 예상해야 하지 않는가? 우리는 모두 성령 충만하게 되기를 바라지만, 주께서 지혜로써 명하사 그런 일이 일어나게 하시는 상황을 우리는 정말로 원하는가?

성령의 역사는 죽음(죽이기)과 생명(생기를 얻기)을 목표로 한다. 옛 사람은 죽고 새 사람을 입는 것이다. 우리가 죄 된 행위를 하는 것은 우리 안에 여전히 죄의 습관이 존재하기 때문이다. 마찬가지로, 우리가 믿음의 행위를 하는 것은 성령께서 심어 주신 믿음의 습관을 지니기 때문이다. 성령은 죄의 습관을 약화하고 죽이기 위해 일하시며, 물론 이는 우리 자신의 의지와 별개가 아니다. 더 나은 표현이 없어서 이런 용어를 쓸 수밖에 없지만, 성화는 일하시는 분이 마치 하나님뿐인 양 단일 작용적(monergistic)이지 않다(빌 2:12-13을 보라). 여기에는 우리가 강조해야 할 협력작용(synergy)이 관련되어 있으며, 이는 영적 퇴보자들이 자신의 태만에 책임이 있는 이유를 설명해 준다.

오웬은 우리의 '죽이기'가 성령의 역사와 별개로 일어날 수는 없지만 이는 "여전히 우리의 순종 행위"라고 주장한다. 또한 오웬은 성령이 "우리 안에서 그리고 우리 위에 역사하시되, 우리가 그런 역사의 대상이 되기에 합당한 만큼, 즉 우리의 자유와 자발적 순종을 보존할 수 있도록 역사하신다. 성령은 우리의 생각·의지·양심·감정을 바탕으로, 이런 것들의 성질에 합하도록 우리 안에서 우리와 더불어 일하시지, 우리를 거슬러서, 혹은 우리 없이 일하시지 않는다. 그래서 성령의 도움은 그 일이 수월해지도록 힘을 북돋아 주는 것이지, 일 자체를 태만하게 해도 되는 근거가 아니다"라고 덧붙인다.¹³ 마찬가지로, 스티븐 차녹은 '죽이기'를 인간이 기꺼이 행위자가 되는 일, 그러나 분명히 인간 자신의 능력으로 하는 일은 아닌 것으로 본다. "우리는 싸움에 참여해야 한다. 하지만 성령의 능력만이 우리가 승리할 수 있게 해 준다. 의무는 우리 것이지만, 승리는 하나님에게서 온다. 모든 신자는 '행동 원리'(principium activum)이고, 성령은 '실효 원리'(principium effectivum)이다. 우리는 죄를 스스로 지을 수는 있지만, 혼자서 죄를 이겨 내지는 못한다. 우리는 죄의 종이 되는 법은 알지만, 스스로 죄의 정복자가 될 능력은 없다. 하나님이 처음에 우리를 자유로운 존재로 창조하셨으므로, 하나님만이 우리가 잃어버린 그 자유를 우리에게 되찾아 주실 수 있다. 하나님은 성령으로써 그 일을 하시며, 그 영은 자유의 영이다."¹⁴ 우리는 '행동 원리'(active principle)(작인)이고, 성령은 '실효 원리'(effective principle)(작인)로서 우리 안에서 기본적으로, 그리고 은혜롭게 거룩함을 이루신다. 성령은 우리에게 순종할 자유와 죄를 죽일 힘을 주신다. 이 책 2장에서 조나단 에드워즈가 성화에 대해 하는 말을 되풀이해도 좋을 것이다. "하나님만이 진정한 조성자(author)요 원천이시다. 우리는 그저 순전한 행동자들일 뿐이다. 우리에게는 전적으로 수동적이고 전적으로 능동적인 상이(相異)한 측면이 있다."¹⁵

---

13 Owen, 6:20.

14 Stephen Charnock, *The Complete Works of Stephen Charnock*, 5 vols. (Edinburgh: James Nichol, 1864-66; repr., Edinburgh: Banner of Truth, 1985), 5:216.

15 Jonathan Edwards, *The Works of President Edwards*, 4 vols. (New York:

굿윈은 성령을 가리켜 '자발적 동인'(voluntary agent)이라고 하면서, 성화된 사람의 삶에서 이뤄지는 성령의 강력한 역사에 대해 도발적인 주장을 한다. 즉 "상존 은혜(habitual grace)를 더 많이 받는 사람이 더 많은 도움과 활력을 얻는다"는 것이다(마 25:29를 보라). 체화된 은혜의 습관은 순종의 행위를 낳고, 더 많이 받아서 체화할수록 우리는 더 많이 행동한다. 하나님은 "우리 안에서 이루신 자신의 일을 더 많은 것으로 마무리하기를 기뻐하신다."[16] 간단히 말해, 순종의 행위는 더 많은 순종의 행위로 이어진다. 의로움은 의로움을 낳는다. 순종하는 사람은 성령을 소멸하거나 근심시키지 않고, 오히려 의의 열매를 더 많이 맺는다. 굿윈의 말처럼 "모든 은혜의 행위는 성령의 축복을 통해 습관을 더 거룩하게 하고 증대시킨다…신자들이 어떤 본분을 행할 때, 이는 심령을 내적으로 더 거룩하게 하며, 사실상 행위와 거룩함은 서로 떨어질 수 없다. 바른 원리의 바탕에서 성령의 도움으로 더 많이 행할수록 그 사람은 더 많이 자란다. 그리하여 결국 모든 것이 하나로 수렴된다. 거룩함을 가장 많이 실행한 사람이 결국 상존 은혜를 가장 많이 갖게 되는 것이다."[17] 차녹은 "죄가 많이 죽을수록 그 영혼은 더 많이 산다"고 말한다.[18] 혹은 오웬이 단언하는 것처럼 "'죽이기'는 하나님의 모든 은혜를 간결하게 정리해서, 이 은혜들이 우리 마음에서 자라날 공간을 만들어 낸다."[19] 죄를 많이 죽이면 죽일수록 우

---

Leavitt & Allen, 1856), 2:580.
16  Goodwin, *Works*, 3:493.
17  Goodwin, 3:493-94.
18  Charnock, *Works*, 5:216.
19  Owen, *Works*, 6:23.

리는 하나님에 대해 더 많이 살아 있게 될 것이다.

## 성령을 근심하게 하다

영적 퇴보자들이 육신과 맞서 싸우기를 그만두고 고작 깨닫는 것은, 한때 하나님과 더불어 누렸던 양심의 평화를 잃는다는 것이다. 양심의 평화를 잃으면 이와 더불어 경건한 활력도 결핍된다. 우리의 힘은 성령의 역사에서 오는데, 능동적으로 죄를 죽이지 않으면 우리는 하나님과 더불어 즐거움과 평안을 누리며 하나님과 교제한다는 인식을 잃을 뿐만 아니라, 성령을 근심하게 만들기도 한다. 성령을 근심하게 하는 일은 우리가 죄에게 합당치 않은 활력을 부여할 때 일어난다. 이는 하나님께 대한 끔찍한 범죄로, 하나님은 우리가 그리스도를 닮을 수 있게 하시려고 그리스도의 영을 은혜로이 우리에게 주신다. 그런데 영적 퇴보자들은 성령 충만하고 성령께 의지하는 삶을 사는 게 아니라, 오히려 성령을 근심하게 하는 삶을 산다.

엄격히 말해 성령은 "근심하게 되실" 수 없다. 성령에게 마치 정념이 있는 양, 우리가 성령을 대적하는 행동 때문에 고통을 느끼거나 우리를 대하는 입장이 달라질 수 있는 것은 아니다. 실제로 하나님에게는 정념이 없다. 하지만 이는 외적인 의지의 행위로서 하나님이 사랑이나 긍휼 혹은 진노를 표현하실 수 없다는 말이 아니라, 불변하시는 하나님은 어떤 외적인 작인(作因)에 영향을 받아 변하시는 분이 아님을 가리킨다. 성경에 쓰인 표현은 하나님의 다양한 정념에 대해 은유적으로 말하며, 신적인 일을 이해하지 못하는 우리의 연약함을 고려해서 양보적으로 말한다. 옥타비우스 윈슬로우는 예를 들어 '슬픔'이나 '진노' 같은 표현은 "죄에 대한 하나님의 극도의 증오, 그리고 한 영혼 안에서 이뤄지는 영원하신 성령의 가장 은혜로운 사역과 영향력을 무시하거나 경시하는 태도에 대한 거룩한 예민함을 나타낸다"고 증언한다.[20] 성령은 인격체이며, 우리는 그 성령과 교제를 나눠야 한다. 또한 성령은 그리스도를 통해 우리를 아버지께로 인도하시는 분이다. 성령을 경시할 때, 윈슬로우의 말을 빌리자면, "성령의 영향력을 대적하고, 그 온유하고 사랑 넘치고 다정한 속성을 경시"할 때 우리는 "성령의 임재와 영향과 축복을 우리 영혼에서 거두어 가게(어떤 경우에는 일시적으로, 또 어떤 경우에는 영원히)" 만들 수 있다.[21]

믿음으로써 성결하게 된 거룩한 백성으로서 우리는 옛 사람을 벗고 새 사람을 입어야 한다. 예를 들어 우리는 "거짓을 버"려야 한다(엡 4:25). "더러운 말"은 입 밖에도 내지 말아야 하고(29절), "하나님의 성령을 근심하게 하지" 말아야 한다(30절). 성령을 근심하게 하기는 하나님 백성들 사이의 서글픈 역사이다.

하나님의 은혜는 하나님께 반항하는 배은망덕한 백성에게 처음부터 퇴짜를 맞아 왔다. 실제로 이사야는 하나님의 백성이 "주의 성령을 근심하게 하였"다고 말한다(사 63:10; 시 78:40도 보라). 성령은 거룩한 분이신데도 거부당해 온 독특한 존재이시다. 성령에 대한 그런 집단적 반역은 신약 시대에도 계속된다. 스데반은 믿지 않는 유대인들을 가리켜 금송아지를 우상 숭배한 이스라엘 백성처럼(출 33:3-5) "목이 곧"은 백성이라고 비난한다(행 7:51). 계속해

---

20　Octavius Winslow, *Personal Declension and Revival of Religion in the Soul* (Eugene, OR: Wipf and Stock, 2001), 191.

21　Winslow, 191.

서 스데반은 "너희도…항상 성령을 거스르"(행 7:51)면서, 구속 역사를 통해 하나님 백성 사이에서 이어져 온 성령 대적의 달갑지 않은 패턴을 입증한다고 선언한다. 그러므로 바울이 갈라디아 교인들이나 고린도 교인들에 비해 대체적으로 흠잡을 게 없는 데살로니가 교인들을 향해 성령을 소멸하지 말라고(살전 5:19), 마치 이들이 불을 끄고 있는 것처럼 경고하는 것도 이상한 일이 아니다. 불을 끈다는 이 선명한 이미지는 우리의 죄가 우리 삶에서 이뤄지는 성령의 역사를 제한하는 광경을 표현한다.

그래서 어떤 면에서, 믿음을 고백하는 사람들의 죄는 이교도들의 죄보다 더 위중하다. 차녹은 늘 그렇듯이 이 점을 다음과 같이 선명하게 주장한다.

> 다른 사람들은 자연법칙에 반하여 죄를 짓는데, 여러분은 영적 원리에 반하여 죄를 짓는다. 다른 사람들은 일반 개념의 습관에 반하여 죄를 짓는데, 여러분은 신적 은혜의 습관에 반하여 죄를 짓는다. 자연인은 자기 양심으로 하나님의 빛을 대적하여 죄를 짓는데, 새로워진 사람은 자기 마음으로 하나님의 생명을 대적하여 죄를 짓는다. 다른 사람들은 십자가에 못 박히시고 무덤에서 부활하신 그리스도를 대적하여 죄를 짓는데, 새로워진 사람은 자기 마음에서 새롭게 형성되시고 부활하신 그리스도를 대적하여 죄를 짓는다. 다른 사람들은 말로써 하나님의 법에 대적하는 죄를 짓는데, 새로워진 사람은 말뿐만 아니라 자기 마음에 기록된 법에 대적하는 죄를 짓는다. 그런 행동은 성령의 사역에 오물을 뿌리고, 그토록 고귀한 일을 거스르고,

성령의 전에 도둑을 들이며, 자신을 더 잘 가르쳐 준 성령을 근심케 한다. 여러분이 죄를 지을 때마다 이는 더 많은 슬픔을 대가로 치르게 한다. 신자의 죄는 더 많이 비통하기 때문이다. 또한 그 죄에 대해 여러분은 더 많이 슬퍼해야 한다. 신자의 죄는 성령을 근심케 하기 때문이다. 죄를 슬퍼하는 것은 새 피조물에게 있는 지속적 은혜이며, 일부 사람들이 반대로 무엇을 생각하든 하나님 영의 형상의 일부분이다.[22]

우리가 받는 영적 축복에는 큰 책임이 따른다. 하나님의 자녀라 불리는 사람들에게는 죄와의 싸움이 예상되며, 하나님은 이 싸움에서 이들에게 더 큰 기대를 품으신다. 우리가 받은 구원의 유익들을 생각하면, 우리가 성결의 영을 대적하여 짓는 죄는 훨씬 더 통탄스럽다. 그래서 그리스도인들에게 있는 미온적 태도는 그리스도께서 보시기에 몹시 못마땅한 죄다. 그렇게 많이 받은 사람이 어떻게 무관심으로 반응할 수 있다는 말인가?

하나님은 우리 구원을 이루려고 자신의 유일한 아들을 우리에게 주신 것(롬 8:32)만이 아니라 우리 마음에 그 구원을 적용하고 삼위일체 하나님과 은혜로이 생생한 교제를 나눌 수 있도록 성령을 주심으로써도 우리에 대한 사랑을 보여 주셨다. 신앙을 공언하는 신자들이 기억해야 할 것은, 우리가 고의적으로, 그리고 습관적으로 죄에 몰두할 때 성령을 욕보이는 것이라면, 거룩함으로 행할 때는 성령을 높이는 것이라는 사실이다. 하나님을 기쁘시게 하

---

22  Charnock, *Works*, 3:136.

는 일이 하나님의 자녀들에게 지금보다 더 큰 지배력을 가져야 한다. 성령을 근심케 할 때 우리는 그리스도를 근심케 한다. 그리스도에게는 타격을 입히고 그분의 대적 마귀에게는 만족감을 안긴다. 그러나 마귀가 아니라 그리스도께서 만족하셔야 한다. 얼마나 성령으로써 죄를 죽이느냐에 따라 우리는 하나님을 영화롭게 하고 마귀에게 상처를 입힌다. 얼마나 죄 죽이기를 포기하고 죄의 기만성으로 마음이 완악해지느냐에 따라 우리는 마귀를 영화롭게 하고 그리스도에게 상처를 입힌다.

## 적용

하나님의 은혜로 값없이 의롭다 하심을 얻고 양자의 영을 받은 사람은 죄에 맞서 싸우는 것 말고 다른 선택안이 없다. 하나님은 자신이 보시기에 거룩하고 흠 없는 사람들이 되게 하시려고 우리를 택하셨으며(엡 1:4), 이는 바로 그리스도를 닮으라는 부름을 뜻한다. 하나님의 약속은 실패하지 않는다. 우리는 성령의 사역을 통해 그리스도처럼 될 것이다(롬 8:9, 29). 하지만 이 목표를 이루는 수단에는 우리의 죄 된 본성을 죽이기도 포함된다.

    육신의 행위를 왜 죽여야 할까? 하나님께서 의로움을 기뻐하시고 악함은 즐거워하지 않으시기 때문이다. 굿윈은 *The Heart of Christ in Heaven towards Sinners on Earth*(땅의 죄인들을 향한 하늘의 그리스도의 마음)이라는, 지금까지 그리스도에 대해 쓰인 책 중 가장 마음을 따뜻하게 하는 책을 우리에게 남겨 주었다. 이 책은 자기 죄의 무게를 절감하고, 그리스도께서 어떻게 우리의 반복되는 범죄에도 불구하고 우리를 사랑하실 수 있는지 의아해하는 많은 영혼에게 진통제가 되어 주었다. 하지만 굿윈의 주장은 무엇보다도 죄를 죽이고(즉, 죽이기) 하나님께 순종하도록(즉, 생기를 얻기) 가장 큰 동기를 부여해 준다는 사실을 우리는 놓치지 말아야 한다. 즉, "그리스도의 마음이 설령 우리와 함께 고통받지 않더라도(그리스도의 마음이 얼마나 우리와 더불어 고통받을 수 있는지 우리는 알지 못하지만), 우리가 죄에 빠져 있거나 순종적이지 않을수록, 우리를 덜 기뻐하신다는 점을 생각하게 만드는 것이다. 죄를 지음으로써 우리가 그리스도의 마음에 어떤 타격을 입히는지 우리는 잘 모른다. 다만 그리스도께서 나를 덜 기뻐하신다면, 이 사실이 나를 움직여서 [순종하게] 해야 한다."[23] 그리스도를 향한 사랑이 그리스도를 대적하여 범죄하지 못하도록 우리를 막아 주어야 하지 않겠는가?

    요한복음 14장 21절을 읽는 동안에도, 이 만족의 사랑이 우리를 분발시켜

---

23  Goodwin, *Works*, 4:150.

서 거룩함을 위해 힘쓰게 한다. "나의 계명을 지키는 자라야 나를 사랑하는 자니 나를 사랑하는 자는 내 아버지께 사랑을 받을 것이요 나도 그를 사랑하여 그에게 나를 나타내리라." 우리는 세상의 터가 놓일 때부터 하나님께서 우리를 향해 무조건적 자비(호의)의 사랑을 베푸셨다고 단언하는 한편, 피조물에게 얼마나 사랑스러움이 있느냐에 따라 하나님이 이들을 기뻐하신다는 사실 또한 단언할 수 있다.[24] 왓슨도 엄격히 주장한다. "우리가 은혜 안에서 더 많이 자랄수록, 하나님은 우리를 더 많이 사랑하실 것이다. 우리는 바로 그것을 위해 기도하지 않는가? 더 많이 성장할수록 하나님은 우리를 더 많이 사랑하실 것이다."[25]

이것은 받아들이기 어려운 말이라 여겨질 수도 있지만, 그리스도인들 중에는 다른 이에 비해 더 거룩한 사람이 분명히 있다. 거룩함이라는 면에서 우리는 성령 없이는 죄를 죽일 수 없지만, 자기 안에 있는 은혜의 습관에 따라 여전히 우리는 바로 그 일을 행해야 할 책임이 있다. 죄 죽이기는 그리스도인이 그 습관을 가지고 있느냐를 바탕으로 일어난다. 행동은 우리 몫이고, 행할 수 있는 능력은 위로부터 온다. 죄를 죽이지 못할 때 우리는 하나님을 탓할 수 없다. 영적 퇴보란 바로 죄를 죽이지 못하는 것이다. 죄를 죽이는 것은 우리가 할 일이지 하나님의 일이 아니다.

죄 죽이기를 진지하게 여기지 않는 사람은 죄를 하찮게 보는 것이다. 올바른 회개 없이 날마다 죄를 들이마시면서 우리는 주제넘게도 하나님의 은혜를 당연시한다. 오웬은 음탕하게 사는 사람들만큼 "그릇되고 부패한 마음을 확실히 증거하는 것은 세상에" 없다고 단언한다.[26] 오웬은 또 이렇게 덧붙인다. "그리스도의 피가 주어진 것은 우리를 깨끗하게 하기 위해서이고(요일 1:7, 딛 2:14), 그리스도께서 높임받은 것은 우리가 회개하도록 하기 위함이며(행 5:31), 은혜의 교리는 모든 불경함을 부인하라고 가르치는 데(딛 2:11, 12), 죄

---

24 하나님의 자비의 사랑과 만족의 사랑이 구별된다는 사실을 다루는 탁월한 책들이 많지만, 차녹의 책은 이 사실을 아주 선명하게 보여 준다. *Works*, 3:344-45; 5:222를 보라.
25 Watson, *Body of Practical Divinity*, 216.
26 Owen, *Works*, 6:15.

를 용납하는 데 이를 사용하는 것은 결국 뼈를 부수는 결과를 초래할 반역이다. 우리가 살고 있는 시대에 배교를 범한 대다수 신앙 고백자는 바로 이 문에 이르러 우리를 떠나갔다.[27]

우리는 장차 임할 진노에서 구원받았다. 단순히 하나님의 진노에서 구원받기만 한 것이 아니라, 하나님과의 교제로 들어갔다. 우리의 죄 죽이기는 죄의 해악 및 그것이 우리 삶에(그리고 다른 사람들의 삶에) 끼치는 영향에 대한 공포뿐만 아니라 삼위일체 하나님과 친밀한 교제를 나누고자 하는 우리의 바람에서 빚어지는 결과여야 한다.

### 더 깊은 묵상을 위한 질문

1 _ 그리스도인의 삶은 능동적이라고 표현하는 게 더 나은가, 수동적이라고 표현하는 게 더 나은가? 거룩한 전쟁 개념은 그리스도인의 삶을 이해하는 데 어떻게 도움을 주는가?

2 _ 그리스도인들은 성령께서 우리 삶에서 일하시는 방식을 가끔 어떻게 오해하는가?

3 _ 그리스도인들은 성령을 근심케 하는 것에 대해 생각하는가? 생각하지 않는다면 그 이유는 무엇인가?

4 _ 로마서 8장 1-3절, 골로새서 3장 1-17절을 읽고 묵상하라.

---

27  Owen, 6:15.

## 09  기도를 소홀히 하다

> 대다수 타락의 원인은 무엇인가? 일반적인 통례로, 주된 원인 한 가지는 개인 기도를 소홀히 하는 것이라고 생각한다. 혼자 있을 때 넘어지는 사람은 오래 지나지 않아 공개적으로도 넘어진다고 확신해도 좋다. 이들은 세상 사람들 눈앞에서 공공연히 타락하기 오래전에 이미 무릎으로 타락한 사람들이다.
>
> _ J. C. 라일[1]

### 개인 기도와 공동 기도

주님과 동행하는 그리스도인에게도 기도는 어려울 때가 많다. 마틴 로이드 존스가 잘 지적했다시피, "그리스도인으로 살아가면서 우리가 행하는 모든 일은 기도보다는 다 쉽다."[2] 육신, 마귀, 세상은 많은 이를 가로막아 하나님과 교제하지 못하게

---

1  J. C. Ryle, *A Call to Prayer* (Carlisle, PA: Banner of Truth, 2002), 16.
2  D. Martyn Lloyd Jones, *Studies in the Sermon on the Mount* (Nottingham, England: Inter-Varsity Press, 1976), 362.

하는 강력한 원수들이다. 토머스 브룩스는 "다윗의 마음은 그가 연주하는 수금만큼 조율이 안 될 때가 종종 있었다"고 하는데, 그래도 기도야말로 다윗의 마음이 다시 하나님과 조화되게 해 주었다.[3]

살면서 우리 모든 이는 자기가 정말로 하고 싶은 일들을 한다. 우리에게는 다양한 활동들을 할 수 있는 놀라울 만큼의 에너지가 있다. 어떤 부모는 도시 이편에서 저편까지 운전을 해서 자녀들을 운동 시설이나 음악 학원에 데려다준다. 어떤 사람은 단 하루도 빼먹지 않고 운동을 한다. 어떤 사람은 마치 종교 활동을 하듯 매주 혹은 매일 시간을 내서 좋아하는 케이블 방송 프로그램을 본다. 그래서 신앙이 퇴보 중인 그리스도인의 경우를 보면, 그리스도인의 삶에서 가장 어려운 영적 실천 항목으로 손꼽히는 것, 즉 기도가 피해를 입게 되리라고 예상할 수 있다.

옥타비우스 윈슬로우는 "어떤 사람의 신앙이 내리막길을 가고 있을 때의 한 가지 뚜렷한 특징"을 고른다면, "기도하는 자세의 쇠퇴를 그 특징"으로 꼽을 수 있을 거라고 한다.[4] 여기서 한 걸음 더 나아가, 이렇게 기도를 소홀히 하는 태도는 삼위일체 하나님과의 개인적 교제와 기도뿐만 아니라 공적인 교제와 기도 생활과도 연관된다고 말할 수 있다.

기도를 포기하는 사람은 숨을 못 쉬고 버둥거리는 사람과 비슷하다. 산소가 충분하지 않으면 결국 결과는 확실하며, 때로는

---

3   Thomas Brooks, *Precious Remedies against Satan's Devices* [. . .] (Philadelphia: Jonathan Pounder, 1810), 316.

4   Octavius Winslow, *Personal Declension and Revival of Religion in the Soul* (Eugene, OR: Wipf and Stock, 2001), 112.

치명적이다. 활력 넘치는 기도 생활을 하면 그 영혼이 하나님을 더 의지하고 사랑하게 되며, 하나님과 더불어 영혼을 풍요롭게 하는 교제를 나누게 된다. 이것이 언제나 우리의 목표여야 한다. 이런 일은 개인 차원에서도 일어나고 공동체 차원에서도 일어난다.

성경의 증거를 보면, 개인 기도와 공동으로 드리는 기도가 영적 생명력의 증거라는 현실을 피할 수 없다. 예수께서는 자신을 따르는 이들이라면 당연히 은밀하게 기도할 것이라고 말씀하신다. "너는 기도할 때에 네 골방에 들어가 문을 닫고 은밀한 중에 계신 네 아버지께 기도하라 은밀한 중에 보시는 네 아버지께서 갚으시리라"(마 6:6). 초기 그리스도인들도 마찬가지로 공동 기도에 전념했다. "여자들과 예수의 어머니 마리아와 예수의 아우들과 더불어…오로지 기도에 힘쓰더라"(행 1:14). "그들이 사도의 가르침을 받아 서로 교제하고 떡을 떼며 오로지 기도하기를 힘쓰니라"(행 2:42). "깨닫고 마가라 하는 요한의 어머니 마리아의 집에 가니 여러 사람이 거기에 모여 기도하고 있더라"(12:12). 앞 장에서도 비슷한 말을 했지만, 기도의 이 두 측면은 하나님께 대한 올바른 두려움을 유지하는 데 없어서는 안 된다. 기도로 하나님께 다가가는 자세는 하나님에게 등을 돌리는 일에 저항한다. 우리는 하늘에 계신 우리 아버지로서의 하나님, 자기를 찾는 이들에게 사랑으로 상주시는 분에게 다정하게 다가간다(히 11:6).

하나님과의 교제, 흔히 기도로 이뤄지는 이 교제는 마귀에 맞서기 위해서도 반드시 유지되어야 한다. 브룩스가 단언하는 것처럼 "많은 시간 하나님과 교제하는 영혼도 시험을 받을 수 있지만, 쉽게 정복당하지는 않을 것이다. 그런 영혼은 죽기까지 그 시험에

맞서 싸울 것이다."⁵

## 기도의 어려움

영적 퇴보자들이 왜 기도를 소홀히 하는가?라는 질문은 기도의 유익을 알아봄으로써 일부 답변이 되겠지만, 그런 유익이 손에 쥐어지는데도 우리가 기도에 여전히 어려움을 겪는 까닭은 은혜 상태에서도 우리에게 남아 있는 연약함 때문이다.

초기 교회의 신학자들은 기도를 하나님과의 대화로 보았으며, 이 대화를 통해 우리가 눈에 보이지 않는 현실을 깊이 생각해 보게 된다고 했다. 하나님의 자녀로서 우리는 기도란 하늘에 계신 우리 아버지와 친밀하게 대화하는 것이라고 생각한다. 윈슬로우는 이것을 "인간 영혼 속에 있는 영적 생명이 그 생명을 지으신 분과 소통하는 것"이라고 멋지게 표현한다. "이는 신적 생명을 그 생명의 출처인 하나님의 가슴 속으로 다시 불어 넣어 드리는 것이다. 이는 하나님과의 거룩하고 영적이고 겸손한 대화다."⁶ 이런 현실을 날마다 체험할 때 우리는 살아 계신 하나님과 더 가까워진다. 하나님의 생명을 하나님에게서 새로이 받게 될 것을 알고 우리가 그 생명을 하나님에게 다시 불어넣어 드리고 있기 때문이다.

스티븐 차녹은 기도란 "우리가 원하는 모든 것에 대한 일반적 수단이지만, 이 수단이 다른 어떤 것보다 강조되어야 하는 이유는 그 보편적인 영향력 때문이기도 하고 우리가 대체적으로 이 수단

---

5   Brooks, *Precious Remedies against Satan's Devices*, 314.
6   Winslow, *Personal Declension*, 112-13.

을 통탄스러울 만큼 소홀히 하거나 적게 이행하기 때문"이라고 말한다.[7] 달리 말해, 우리가 기도의 중요성을 알아야 하는 것은 기도의 힘 때문만이 아니라 기도하지 못하는 우리의 연약함이 "기도를 대체적으로 통탄스러울 만큼 소홀히" 여기게 만들기 때문이다. 그래서 존 버니언은 이렇게 증언한다.

> 내 경험을 말할 수밖에 없는데, 하나님께 기도하는 것이 마땅하되 그게 얼마나 어려운지 털어놓으면 가련하고 눈멀고 육적인 이들은 나를 이상한 사람으로 생각하고도 남을 것이다. 내 마음에 대해 말하자면, 기도하러 갈 때 나는 하나님께 나가기가 너무도 내키지 않고, 하나님과 함께 있을 때도 그분 옆에 머물기가 너무도 싫어서 다음과 같이 기도해야 할 때가 많다. 먼저, 내 마음을 받아 주셔서 그리스도 안에서 하나님께 그 마음을 고정시켜 주시고, 그런 다음 그 마음이 계속 그 상태에 있을 수 있도록 지켜 주시기를 간구하는 것이다. 사실 나는 심히 분별이 없어서 무엇을 기도해야 하는지도 알지 못하고, 심히 무지해서 어떻게 기도해야 하는지도 모를 때가 많다. 오직(하나님의 은혜 찬양) 성령께서 우리의 연약함을 도우신다(롬 8:26).[8]

버니언은 기도하려고 애쓸 뿐만 아니라 기도를 더 잘하고 싶어

---

7   Stephen Charnock, *The Complete Works of Stephen Charnock*, 5 vols. (Edinburgh: James Nichol, 1864-66; repr., Edinburgh: Banner of Truth, 1985), 4:101.

8   John Bunyan, *The Works of That Eminent Servant of Christ, John Bunyan* [. . .], 3 vols. (New Haven, CT: Nathan Whiting, 1830), 2:547.

하는 전형적 신자로서 자기 마음을 털어놓는다. 기도하기 싫어하는 우리의 이런 성향과 맥을 같이하여 알렉산더 화이트는 다음과 같이 말한다. "기도만큼 우리가 많은 교훈을 얻어야 할 영역은 없다…기도만큼 우리가 그토록 무력한 영역은 없다. 우리 인생의 모든 날에서 우리가 그토록 서툰 영역도 기도 말고는 달리 없다. 우리는 태생적으로, 체질적으로, 습관적으로, 그리고 사실 유전적으로 기도를 싫어한다."[9] 기도의 어려움에 관해서는 만대의 신학자, 목회자, 그리스도인들에게서 더 많은 증언을 인용할 수 있다. 참 신자라면 누구나 이 난제에 공감할 것이다.

성경을 펼치면 하나님께서 우리에게 말씀하시지만, 성경을 "덮으면" 우리가 하나님께 말씀드려야 한다.[10] 실제로 성경을 펼쳐 보면, 뜨거운 기도의 필요성과 그런 기도에 따르는 축복을 증언한다. 기독교 신자들은 성령과 더불어 성경을 읽고 성령이 선포하고 전하는 성경 말씀을 통해 기도를 끊임없이 일깨움을 받고 권면과 권고를 받을 필요가 있다. 우리는 눈에 보이지 않는 하나님과 자연스럽게 대화하고자 하는 성향을 타고나지 않았다. 하지만 그리스도 안에서, 우리 영혼에 그리스도의 영혼을 소유한 우리는 성령께서 가르치신 대로 하나님께 부르짖는다(갈 4:6). 기도를 소홀히 하는 것이 영적 퇴보자의 한 가지 특징이라는 사실은 그래서 놀랍지 않다. 결론적으로 우리는 "기도를 버리려는" 우리의 성향을 열렬히 인정하고 이에 맞서야 한다.

---

9 Alexander Whyte, *Lord, Teach Us to Pray: Sermons on Prayer* (Vancouver: Regent College Publishing, 1998), 257.

10 윈슬로우는 한 회심한 이교도가 이런 의미의 말을 했다고 한다. *Personal Declension*, 113을 보라.

## 기도 버리기를 치료하는 방법

하나님에게 기도를 얼마나 자주, 얼마나 길게 해야 하느냐에 대해서는 정해진 규칙이 없는 것 같다. 우리는 "쉬지 말고 기도"해야 하고(살전 5:17), "항상 성령 안에서 기도"해야 하며(엡 6:18), 필요할 경우에는 불시에 기도해야 한다(민 12:13; 느 2:4-5). 다니엘은 기도 시간을 따로 정해 두었던 것으로 보인다(단 6:10). 우리 주께서는 "물러가사 한적한 곳에서 기도"하셨다(눅 5:16). 매일 몇 시간 기도해야 한다거나 어떤 특정한 시간에 기도해야 한다는 명시적 명령은 없지만, 어쨌든 우리는 기도해야 한다. 윌리엄 베이츠는 다음과 같은 비유의 말을 한다. "어미 새가 장시간 둥지를 떠나 있으면, 알은 차갑게 식어 부화하기 어렵게 된다. 반대로 꾸준히 알을 품어 주면 알은 새가 된다. 마찬가지로 우리가 장시간 신앙적 의무를 떠나 있으면 우리는 애정이 식어서 점점 차가워진다. 그리하여 우리 영혼에 거룩함과 위로를 낳기에 적합하지 않은 상태가 된다."[11] 이는 확실히 기도에도 해당하는 말이다.

주님은 기도가 하나의 도전이라는 것을 아신다. 그것이 바로 여러 가지 상이한 동기로(예를 들어 개인적 필요, 확신을 위한 도움, 영혼 구원, 그리스도의 영광 등) 기도해야 하는 이유이다. 그렇다면 영적 퇴보자들은 왜 기도를 소홀히 할까? 대개 하나님 없이도 아무 일 없이 잘 살아나가고 있다고 생각하기 때문이다. 하나님이 우리에게 기도를 위해 동기 부여를 해 주시는 한 가지 방식은, 기도의 결과로 복을 주시겠다, 더 나아가 상급을 주시겠다고 약속하는 것이다. 공

---

11 William Bates, *The Whole Works of the Rev. William Bates*, 4 vols, (London: For James Black, 1815), 3:125.

로를 인정해서가 아니라 은혜로써 말이다. 기도할 수 있는 은혜를 주시는 하나님은 갖가지 선물로써 은혜로이 관을 씌워 주신다.

하늘에 계신 우리 아버지는 자기 자녀에게 좋은 선물 주는 방식을 알고 계신다. "온갖 좋은 은사와 온전한 선물이 다 위로부터 빛들의 아버지께로부터 내려오나니 그는 변함도 없으시고 회전하는 그림자도 없으시니라"(약 1:17). 우리에게는 그리스도를 통해 성령으로써 너그러우신 아버지께 다가갈 수 있는 길이 있다. 하지만 틀에 박힌 삶을 살다 보면 기도가 힘들어질 때가 너무 많다. 처음부터 기도를 아예 포기하지는 않는다. 하지만 기도를 등한히 여겨도 점점 아무렇지 않게 되고, 그러다가 하나님을 거의 완전히 무시하면서 여기저기서(예를 들어 가족들과 함께하는 저녁 식탁에서) 한 마디씩 기도하면서 자기 양심을 무마시킨다. 우리가 자주 기도하기를 포기하는 것은 자신의 외적 상황에서 아무런 변화도 확인하지 못할 때가 많기 때문이다. "우리에게 일용할 양식을 주시옵고"(마 6:11)라고 날마다 간구하라고 성경에서는 명령하지만, 물질적으로 아무런 부족함이 없어 보이는 까닭에 굳이 하나님께 구해야 한다는 부담이 없다.

하나님은 자기 자녀에게 상급을 약속하신다. 보통 '주기도문'이라고 하는 기도에서 예수께서는 "은밀한 중에 보시는 네 아버지께서 갚으시리라"고 약속하신다(마 6:6). 불신앙은 우리가 기도하지 못하도록 가로막는다. 그리고 이와 더불어 우리는 너무 좋은 나머지 하나님께 구하지 않을 수 없는 것을 상급으로 주신다는 하나님의 약속을 믿지 못하게 된다. 우리는 하나님의 약속보다는 차라리 세상에서 우리 눈에 보이는 것을 추구하려고 한다. 갖지 못하는 이유는 구하지 않기 때문이며, 구하지 않는 이유는 하나님과 하나님의 약속에 대한 믿음이 없기 때문이다(21:22).

믿음, 즉 하나님이 존재하신다고 믿음으로써 우리는 하나님께서 자기를 찾는 사람들에게 상급을 주신다는 것을 알고 있다(히 11:6). 하지만 믿음이 없으면 곧 기도가 부족하게 되고, 이어서 이는 하나님에게서 오는 좋은 것을 받지 못하게 되는 상태로 이어진다. 이 모든 일은 우리가 그토록 은혜로운 약속들이 요구하는 대로 자주, 그리고 뜨겁게 구하지 못하기 때문이다. 예수님은 자신에게 주어질 상급과 그런 상급의 근거가 되는 약속들에 대해 무지하지 않으셨다. 한번은 약속된 것을 명시적으로 구하기도 하신다. "아버지여 창세 전에 내가 아버지와 함께 가졌던 영화로써 지금도 아버지와 함께 나를 영화롭게 하옵소서"(요 17:5).

우리가 은밀히 행한 것에 대해 주께서 어떻게 상급을 주실지 우리는 늘 정확히 알지는 못한다. 하지만 하나님은 때로 말로 설명할 수 없는 방식으로 우리 기도에 응답하시는 것이 확실하다. 우리는 놀랄 만한 응답을 받고 나서 왜 좀 더 자주 구하지 않았을까 종종 자문하기도 한다. 하나님을 믿는 믿음은 부족하지 않은데, (안타깝게도) 하나님에게서 무언가를 받고자 하는 마음이 부족한 경우도 있다. 때로 하나님은 우리가 구하는 것을 안 주심으로써 상급을 주시기도 하는데, 그 이유는 우리가 그릇된 동기로 구하기 때문이다(약 4:3). 하나님께서 응답해 주시되 우리가 살아 있는 동안이 아니라 그 후에야 응답해 주시는 기도도 있다. 사도행전 7장 59-60절에 기록된 스데반의 기도를 생각해 보라. 이 기도가 다소 사람 사울의 회심이라는 결과를 낳았을 가능성이 있다. 믿기지 않겠지만, 하나님의 영광을 보고 싶다고 했던 모세의 바람(출 33:18)은 변화산에서 영광스럽게 응답되었다(마 17:1-3). 하나님은 "우리가 구하거나 생각하는 모든 것에 더 넘치도록 능히 하실"(엡 3:20) 분이시다.

하지만 영적 퇴보자들은 대체로 외적 손실을 그다지 많이 겪지 않는 사람들이다. 이들에게는 월급 주는 직장도 있고 사랑하는 가족도 있으며 염려해 주는 친구도 있다. 이들은 취미 생활을 즐기며 안정되게 산다. 하지만 이들은 자신의 영적 안정이 무너지고 있다는 사실, 혹은 하나님으로부터 '달갑지 않은 일깨움'을 받는 중이라는 사실을 알지 못한다. 하나님에게서 상급을 받고자 하는 마음이, 기도하지 않는 태도에 대한 적극적 치료법일 수 있다. 그런데 이 방법이 효과가 없을 때는 '부정적' 치료법이 요구된다.

하나님의 자녀로서 우리는 그에 따라 대접받는다. 하나님은 자기 자녀에게 늘 복을 주시지만, 때로 그 복은 연단의 형태로 오기도 한다. 그리고 하나님은 사랑으로 연단시키시므로 "주의 징계하심을 경히 여기지 말"아야 한다(히 12:5-6). 우리가 하나님을 떠나 떠돌면서 하나님과의 '친밀한 대화'를 중단할 때, 하나님께서 우리 삶에 다양한 시련이나 고난을 안겨 주시는 것은 우리를 자기 자녀로 대하시기 때문이다(7절). 우리를 징계하지 않는다면 하나님은 애정 깊은 아버지가 아닐 것이고, 우리는 "사생자"일 것이다(8절). 감사하게도 하나님의 징계는 효과가 있어서 "그로 말미암아 연단 받은 자들은 의와 평강의 열매를 맺"는다(11절). 브룩스는 하나님은 "까다롭게 쳐다보고, 가차 없이 꾸짖고, 모질게 치실 수 있는 분이며, 그렇게 할 때에도 우리를 끔찍이 사랑하시는 분"이라고 지적한다.[12]

---

12   Brooks, *Precious Remedies against Satan's Devices*, 193.

하나님의 연단의 요점은 무엇인가? 우리가 고의적으로 특정한 죄를 짓는 것을 중단시키는 등 몇 가지 효용이 있을 수 있다. 그러나 궁극적으로 연단은 우리가 사랑 많은 아버지와의 친밀한 교제를 회복할 수 있도록 우리를 인도한다. 기도하지 않는 영적 퇴보자들은 하나님의 손에서 오는 좋은 것을 구하지 못하며, 그래서 때로는 바로 그 하나님의 손에서 "언짢은" 것을 경험해야 한다. 이런 식으로 이들은 하나님과 동떨어진 삶은 공허함뿐이라는 것을 깨닫게 되어 있다. 시편을 엉성하게라도 아는 사람이라면, 다윗이 시련당할 때, 심지어 징계받는 동안에도 얼마나 자주 여호와께 가지 않을 수 없었는지를 알 것이다(예를 들어 시 38편을 보라).

잘 알려진 책 『인간의 영혼 안에 있는 하나님의 생명』을 쓴 헨리 스쿠걸은 "일찍 겪는 고통의 필요성과 유익"(The Necessity and Advantage of Early Afflictions)이라는 제목의 설교문을 남겼다. 이 설교가 목회자들에게 유익한 걸작인 한 가지 이유는, 그리스도인의 삶에서 고난이 어떤 가치가 있는지 저자가 직접적으로 잘 알기 때문이다. 스쿠걸은 하나님께서 우리의 행복을 위해 어떤 일들을 정하시고, 이 목적을 이루기 위해 최선의 수단을 사용하신다는 점에 주목한다. 우리가 영적으로 방황하거나 영적 퇴보의 길을 걷기 시작할 때, 하나님은 "비교적 온건하고 부드러운 방법"으로 우리를 회복시키고자 하신다. "하나님은 자비와 선함 같은 애정을 다 보여 주셔서…우리가 감사하도록 하신다. 사랑의 줄로 우리를 끌어당기신다."[13] 그러나 우리가 계속 영적 퇴보의 길을 가면서 우리를 향한 하나님의 선함을 오용하여 하나님의 은혜를 핑계 삼아 방종

---

13  Henry Scougal, *Works of the Rev. Henry Scougal* (Glasgow: William Collins, 1830), 170.

하게 행동하면, "그때는 하나님의 공의뿐만 아니라 우리를 향한 사랑까지, 죄에 대한 증오뿐만 아니라 우리를 향한 애정까지 합세하여 하나님으로 그 방법을 바꾸시게 만들며, 손에 회초리를 들고 가혹함이 어디까지 이를 수 있는지 보여 주시게 만든다."[14] 그 회초리가 우리를 칠 때 우리는 대개 기도로 하나님 앞에 엎드리고 하나님께로 돌아간다. 우리의 개인적 체험이 이런 현실을 서글프게 증언하지 않는가? 우리는 사랑으로 속박되어야 하지만, 때로 하나님이 고통으로 우리를 제어해야 하실 때가 있다. 그러나 그 고통조차도 사랑과 별개가 아니다.

## 공동 기도

기도는 어렵다. 그래서 서로 기도를 권유할 사람들이 있어야 한다. 우리는 그리스도의 피를 통해 성소로 들어갈 수 있기에 완전한 확신을 가지고 하나님께 가까이 나아갈 수 있다. 왜냐하면 우리는 깨끗하게 되었기 때문이다(히 10:19-22). 이 진리를 단언한 후 히브리서 기자는 "서로 돌아보아 사랑과 선행을 격려"하라고, 듣는 이들에게 권고한다(24절). 우리가 함께 모이기를 소홀히 하면 이런 일을 할 수 없다(25절). 영적 퇴보자들은 하나님을 떠나서 떠돈다. 그리고 이는 이들이 하나님의 백성과 함께하지 않고 그 무리에서 빠져나오는 행동으로 입증된다.

목회자로서 나는 나 자신을 포함해 많은 그리스도인이 영적으로 큰 의미가 없는 일을 행하면서 쾌감을 느끼는 모습에 놀라움을

---

14  Scougal, 170.

금치 못한다. 그런 활동들은 그 자체로는 나쁠 것이 없을 수도 있다. 하지만 그런 일에 열정을 품고 우선순위로 삼는 것은 대개 부적절하다. 특히 그런 일들이 공동 기도를 가로막거나 하나님 나라를 먼저 구하지 못하게 하는 경우에는 더욱 그렇다(마 6:33). 동료 그리스도인들과 일주일에 한 번(심지어 한 달에 한 번) 함께 모이기가 왜 그렇게 어려울까?

최근 몇 년 사이 복음과 "은혜 중심"의 이런저런 주제들에 관한 책이 급격히 늘어났다. 우리가 정말로 하나님의 복음의 아름다움을 되찾았다면, 공동 기도의 아름다움도 되찾을 수 있기를 기대해야 하지 않을까? 공동 기도 때 우리는 자신의 삶과 다른 이들의 삶에서 그런 복음의 은혜가 있기를 부르짖으며, 여기서 다른 이들이란 그리스도를 모른 채 살아가는 사람들도 포함된다. 그렇다면 오늘날 서구 교회에서 공동 기도는 왜 방치되고 있는가?

부분적으로 이는 목회자의 잘못일 수 있다. 목회자가 기도의 중요성을 깨닫지 못하고, 이것이 그 사람의 목회를 통해 드러난다. 혹은 기도 모임이 조금 진부할 수도 있고, 자기 마음을 다른 사람에게 열어 보이는 데 대한 두려움이 있을 수도 있다(고후 6:11을 보라). 우리는 가벼운 감기에서부터 암에 이르기까지 건강 문제는 거리낌 없이 공동 기도 제목으로 내놓지만, 속 썩이는 자녀 문제나 끊임없이 빠져드는 특정한 죄 문제 앞에서는 서로의 격려를 구하지 못한다. 건강 문제를 기도 제목으로 삼는 게 잘못이라는 말이 아니라, 자녀 문제나 죄 문제를 털어놓고 함께 기도하지 못하는 것이 잘못이라는 말이다. 물론 그런 문제로 기도를 요청할 때는 지혜를 발휘해야 한다. 하지만 우리는 서로에 대해 너무 조심스러워하며, 그래서 결국(어쩌면 무의식적으로) 함께 기도하는 데서

별 의미를 찾지 못하게 된다. 때로 우리는 일종의 극단적 칼뱅주의(hyperCalvinism)나, 더 심하게는 운명론으로 빠져들 수도 있다. 하나님은 자기 목적을 이루실 것이고, 내가 구하든 구하지 않든 그렇게 하시리라는 것이다.

그러나 이런 이유들이 어느 정도는 참일 수 있으나, 우리가 함께 기도하지 않는 진짜 이유는, 개인 기도에서 하나님의 거룩함과 지혜와 선함을 능력 있게 체험하지 못했기 때문이다. 개인적으로 하나님과 교제하면서 하나님의 선함을 어떤 식으로도 실제 체험하지 못한 사람들이 아마 많을 것이다. 이는 곧 이들이 다른 사람들과 어울려서 기도해야겠다는 동기 부여를 받지 못한다는 의미다. 공동의 문제는 전형적으로 개인의 삶에서 시작한다. 그러나 때로는 공동 기도를 권유받고 이를 통해서 개인 기도 생활이 "활기를" 띠기도 한다. 공동 기도와 개인 기도는 서로에게 자양분이 된다.

삼위일체 하나님과의 교제를 즐거워하는 사람들은 다른 이들도 이 기쁨을 누릴 수 있기를 바라야 하며, 그래서 형제자매를 만나 함께 기도해야 한다. 한 몸으로서 우리는 연합할 때와 많은 수(數)가 모일 때 번영한다(마 18:20; 행 1:14). 우리는 함께 모여 서로를 위해 기도함으로써만이 아니라 자기 삶 가운데 나타난 하나님의 선함에 대해 이야기함으로써도 서로를 격려할 수 있다.

달리기 운동을 하다 보면 달리러 나가고 싶지 않을 때가 종종 있다. 그러나 어느 정도 시간이 지나면 달리기가 점점 수월해지고, 운동을 마치고 나서 충족감을 느낀다. 기도도 이와 매우 흡사하다. 윈슬로우는 기도란 그저 "이행해야 할 엄숙한 의무가 아니라, 즐겁게 누려야 할 소중한 특권이기도 하다. 의무가 특권으로 보이기 시작할 때, 그 신자는 행복하다"라고 말한다.[15] 주님과의 만남을 마치고 무릎을 펴고 일어난다는 것은 얼마나 큰 축복인가! 이때 우리가 받는 확신은 금보다 더 귀하다.

우리의 영적 퇴보를 막으려고 하나님은 성경에서 함께 기도하라고 권면하신다. 자녀와 함께 기도할 때 아이가 하나님을 아버지라고 부르는 소리를 들으면 어른인 우리 영혼에 위로가 된다. 가장들이 모여 기도할 때 한 아버지가 자신의 가정에 더 충실하게 해 달라고 간구하는 소리를 들으면 많은 이가 가정의 리더로서 어려움을 겪을 때 힘을 얻게 된다. 우리가 기도할 때, 하나님의 나라가 진전된다. 공동 기도가 초기 그리스도인들의 경건의 인증 마크였다는 것은 이상한 일이 아니다(행 2:42).

사탄은 은밀하게 하는 기도를 싫어하지만, 공동 기도는 아마 훨씬 더 싫어할 것이다. 병사 한 명이 싸워도 적에게 피해를 입힐 수 있지만, 여럿이 함께 싸우면 힘이 생긴다. 마귀가 그리스도인들이 함께 기도하는 것을 눈 뜨고 보지 못하는 것은 이 기도가 하나님의 나라를 진전시킬(그리고 마귀의 나라를 멸망시킬) 뿐만 아니라, 이들이 하나님에게서 등을 돌리지 못하게 하기 때문이다. 안타깝게도 교회들이 여러 가지 일들(예를 들어 어린이 프로그램 같은)로 분주해서 공동 기도 생활을 견실히 해 나가지 못하는 탓에 사탄이 몇몇 싸움에서 이기고 있는 듯하다.

---

15  Winslow, *Personal Declension*, 116.

## 적용

조나단 에드워즈는 "기도의 의무를 다하지 않는 외식자들"(Hypocrites Deficient in the Duty of Prayer)이라는 설교에서, 외식자들이 잠시 잠깐은 기도로 하나님을 찾을 수 있지만 결국은 이를 지속해 나가지 못한다는 점을 강조한다. 은밀한 기도를 게을리하는 사이에 이들은 배교로 빠져들 수 있다. 그런 중에도 교회에서는 착실한 모습을 보여 주기에 사람들은 이를 알아차리지 못한다. 적용 부분에서 에드워즈는 신앙을 공언하는 그리스도인들 중 기도를 전혀 하지 못하는 이들은 소망을 잃을 수 있다고 주장한다.[16] 기도를 완전히 포기하는 것은 영적 퇴보뿐만 아니라 어쩌면 배교의 징후일 수도 있다.

에드워즈는 영적 퇴보자들에게는 자기를 위한 규칙이 따로 있고 다른 사람들을 위한 규칙이 따로 있다는 점에 주목한다. 우리가 불순종하는 다양한 방식을 보면, "이들은 자기 자신에게는 큰 관용을 베풀고 타인에게는 그렇지 못하다"고 에드워즈는 말한다.[17] 그러나 설령 이 땅의 친구들을 사랑하고 이들과 자주 이야기한다 해도 다른 무엇보다도 하나님과 그리스도를 사랑하지 않는다면, 이들은 주님을 시험하는 것이다. 에드워즈는 "부재(不在)를 싫어하는 것이 사랑의 속성"이며, 그래서 기도를 소홀히 하고 하나님과의 교제를 소홀히 하는 것은 "하나님께 대한 최고의 사랑과 모순되어 보인다"고 덧붙인다.[18] 바울은 우리에게 분명히 선포한다. "만일 누구든지 주를 사랑하지 아니하면 저주를 받을지어다(고전 16:22).

어떤 사람을 무시하면서 그 사람을 사랑한다고 주장한다면 이는 사랑의 속성과 일치하지 않는다. 사랑은 함께 묶는 반면, 증오는 분리시킨다. 참사랑은 당사자들 간의 연합과 만족과 선의(善意)로 이어진다. 하나님을 사랑한다 하면

---

16 Jonathan Edwards, *The Works of President Edwards*, 4 vols. (New York: Leavitt & Allen, 1856), 4:479.
17 Edwards, 4:480.
18 Edwards, 4:481.

서 하나님께서 바라시고 능력 주시는 대로 하나님과 대화하기를 싫어한다면, 그 사람은 영적 퇴보자 아니면 위선자다. 강경한 발언이지만, 성경은 참 회심자들이 삼위일체 하나님과 교제하는 일에 무관심한 것을 허용하지 않는다. 아버지의 사랑, 주 예수 그리스도의 은혜, 성령과의 교제는 그리스도인에게 선택의 문제가 아니라 바로 우리 생명의 원동력이다. 우리는 삼위일체 하나님께 연합되어 있으며, 이는 곧 달콤한 교제 외의 그 어떤 의미도 아니다. 그래서 다음과 같은 찬송가 가사도 있다.

> 이 땅의 교회는
> 삼위일체 하나님과 연합하고
> 안식 얻은 이들과
> 신비롭고 달콤한 교제 나누네
> 복되고 거룩한 이들이여
> 주여 우리에게 은혜를 주사
> 우리도 온유하고 겸손하게 하셔서
> 주와 함께 높은 곳에 거하게 하소서.[19]

기도 부족에 대한 해법은 기도하는 것이다. 혼자만이 아니라 공동으로도 말이다. 공동 기도를 새로이 하면 개인 기도가 활성화될 수도 있다. 더 나아가, 기도할 수 있는 통상적 기회들을 잘 활용하라. 식사 전에 기도하고, 잠자리에 들 때 기도하고, 아침에 눈 뜨면 기도하라. 그래야 가능한 한 자주 하나님과의 교제를 유지할 수 있다. 그 기도가 비교적 짧고 즉흥적이어도 좋다. 영적 퇴보자들을 위한 하나님의 은혜로, 아마 그런 기도는 더 활력 있고, 지속성 있고, 생생한 개인 기도로 이어질 것이다. 그리고 약속하신 대로 하나님이 우리 기도에 응답하심에 따라 우리는 은혜로써 깨닫게 될 것이다. 우리는 하나님을 소홀히 할 여유가 없다는 것을.

---

19 Samuel J. Stone, "The Church's One Foundation" (1866)(찬송가 600장 "교회의 참된 터는").

### 더 깊은 묵상을 위한 질문

1 _ 교회 생활과 자기 개인의 삶에서 가장 소홀히 여겨지는 것이 무엇인가? 개인 기도인가, 공동 기도인가? 이를 소홀히 하는 이유가 뭐라고 생각하는가?
2 _ 개인 기도이든, 공동 기도이든 기도 생활을 계속해 나가는 데 가장 큰 격려가 된 것은 무엇인가?
3 _ 자기 삶에 기도가 없다고 여겨질 때는 어떻게 해야 하는가?
4 _ 다니엘 9장 1-19절, 마태복음 6장 1-15절을 읽고 묵상하라.

# 10 성경을 소홀히 여기다

> 성경을 읽다가 우리 영혼을 일깨우고, 소성시키고, 위로하고, 애정을 주고, 끌어들이는 은혜로운 말씀을 만나 깜짝 놀랄 때가 얼마나 많은지! 우리가 영향받기 쉬운 그 무한히 다양한 내면의 상태와 외부의 사건들 가운데서 죄가 타격을 입고, 은혜가 장려되고, 믿음이 활성화되며, 사랑이 불타오르는 경우를 우리는 얼마나 자주 보는지!
>
> _ 존 오웬[1]

### 행복한 사람

삶의 모든 영역에서 우리가 날마다 얼마나 많은 정보를 접하는지 생각해 보라. 우리들 대다수는 아마 소셜미디어 사용자들일 것이고, 어쩌면 강박적으로 끝없이 스크롤링을 되풀이하는 삶에서 벗어나고 싶어 하는 소셜미디어 중독자들일 수도 있

---

1  John Owen, *The Works of John Owen*, ed. W. H. Goold, 24 vols. (Edinburgh: T&T Clark, 1850-53), 4:192.

다. 그뿐만 아니라 우리는 사람들과 대화하거나, 책을 읽거나, 텔레비전을 시청하거나, 음악을 듣는다. 운전할 때도 우리는 정보를 받아들인다. 정보 흡수 방식의 목록은 끝없이 이어진다. 또한 우리가 사는 세상은 뉴스나 거짓 광고를 통해 거짓말이 범람한다. 게다가 때로 우리는 불친절하거나 거친 말을 듣기도 한다. 타인들이 나의 최선의 이익을 고려해 주지 않는 세상, 그토록 많은 거짓이 횡행하는 세상을 우리는 어떤 소망을 가지고 헤쳐 나가야 할까?

집에서 개인적으로 자유로이 하나님의 말씀을 읽을 수 있는 특권을 누리지 못하는 그리스도인이 많고, 그런 특권을 당연시하는 이들도 많다. 박해받고 속박받는 지역의 그리스도인들은 성경책은 물론 하나님 말씀의 한 부분이라도 지니고 있다가 혹시라도 발각되지 않도록 극도로 조심해야 한다. 지금 이 책을 읽고 있는 사람이라면 자기 집에 다수의 기독교 서적과 성경책 몇 권쯤은 분명 가지고 있을 것이다. 그리스도인이라고 해서 누구나 다 그런 특권으로 복을 받지는 못한다. 그리고 그런 특권에는 책임이 따른다. 오늘날 교회는 애처로울 정도로 성경 지식이 없다. 이는 성경을 갓 배우기 시작한 신참 그리스도인이 아니라, "경험 많은" 그리스도인·목회자·신학교수를 가리키는 말이다. 이들은 하나님의 말씀에 대해 별로 아는 게 없고 그 말씀에 병행하는 지혜도 빈약해서, 이들이 알고 있는 진리는 이들의 삶을 거의 변화시키지 못한다.

개인적이고 실제적인 경건 면에서 하나님의 말씀 읽기와 기도는 주님과의 착실한 동행을 유지하기 위해 그 사람이 행할 수 있는 가장 중요한 일 두 가지로 두드러진다. J. C. 라일은 성경의 가치에 관해 다음과 같이 말했다. "성경책을 가진 사람은 행복하다! 성경책을 읽는 사람은 더 행복하다! 성경책을 읽을 뿐만 아니라 그 말씀에 순종하고 성경책을 자기 신앙과 실천의 준칙으로 삼는 사람은 가장 행복하다!"[2]

신앙이 퇴보하는 사람들은 대개 성경 읽기를 포기한다. 이들은 이따금 마지못해 성경을 읽는 척하기도 하고 양심을 달래려고 여기저기 조금 읽기도 하지만, 이들에게는 성경에 대한 진정한 갈급함이나 하나님의 말씀을 통해 하나님과 교제하는 기쁨이 없다. 이들에게는 하나님을 알고자 하는 갈망이 없으며, 이 문제를 해결하려 하기보다는 그냥 포기해 버린다.

아주 훌륭한 그리스도인이 되기 위해 J. R. R. 톨킨이나 윌리엄 셰익스피어를 읽을 필요는 없다. 하지만 하나님의 말씀에 무지하면 건강한 그리스도인의 삶을 살기를 기대할 수 없다. 신앙생활이 제한되는 나라에서는, 박해받는 환경 때문에 오히려 신자들이 쪽성경(때로는 아주 짧은)만 가지고도 하나님에게 늘 가까이 있을 수 있다. 성경은 우리가 최우선 순위로 읽는 책이어야 한다. 여기저기 '핵심 구절' 몇 가지만이 아니라 성경 내용을 통달하는 것을 목표로 삼아야 한다. 나는 PCA(Presbyterian Church in America) 교단에서 십오 년째 목회자 후보생들을 심사해 왔는데, 말씀을 가르치는 교사가 되고자 하는 후보생들 사이에서 가장 취약한 영역이 바로 성경 지식이다.

토머스 굿윈은 당대의 일급 신학자로, 폭넓은 독서를 했다. 그런데 굿윈의 아들은 자기 아버지에 대해 이렇게 말했다. "하지만

---

2    J. C. Ryle, *Practical Religion: Being Plain Papers on the Daily Duties, Experience, Dangers, and Privileges of Professing Christians* (London: Charles Murray, 1900), 97.

성경이야말로 아버지가 가장 많이 공부한 책이었다."³ 우리의 자녀들도 똑같은 말을 할까? 우리는 무엇을 가장 많이 연구하는가? 이는 모든 그리스도인이 자문해야 할 질문이다. 영적 퇴보자들은 이 질문에 "성경은 아니다"라고 대답할 것이 거의 확실하지만, 어쩌면 이들은 시간을 들여 이 질문을 생각해 보지도 않을 것이다. 하지만 이들이 하나님의 말씀을 등한시하는 태도는 이들의 영적 상태를 설명하는 데 크게 도움이 된다.

## 말씀에 무지하지 말라

성경의 중요성과 가치에 관해 하나님의 말씀에서 찾아볼 수 있는 증거는 차고 넘친다. 예를 들어 사두개파 사람들이 부활에 관해 물었을 때 우리 주께서는 "너희가 성경도, 하나님의 능력도 알지 못하는 고로 오해하였도다"(마 22:29)라고 대답하셨다. 주께서는 이들이 성경을 알기를 기대하셨다. 물론 단순한 성경 읽기는 오해나 왜곡이 있을 경우 위험할 수 있다. 하나님의 백성은 하나님이 무엇을 말씀하시는가 하는 것뿐만 아니라 무슨

---

3  Thomas Goodwin, *The Works of Thomas Goodwin*, 12 vols. (Edinburgh: James Nichol, 1861-66; repr., Grand Rapids: Reformation Heritage Books, 2006), 2:lxxiv. 존 오웬은 설교자를 포함해 신학자들이 저지르는 가장 "통탄할 만한 잘못"은 "성경 자체를 곧바로, 직접 연구하지 않고, 주석가·비평가·고전학자·주해자 등의 연구에 도움을 받으려 한다는 것이다…이런 사람들의 연구를 활용하고 공부하는 것을 정죄하자는 것이 아니다. 오히려 더 부지런히 이를 공부했으면 한다. 그러나 내가 착각한 것이라면 용서해 주기를 바라는 마음으로 하는 말인데…오랜 세월 나 자신의 우둔한 경험에 비추어 볼 때, 하나님의 일을 진지하게 연구하는 많은 이가 스스로 꼼꼼히 성경을 탐색하기보다는 성경에 대한 다른 사람들의 견해를 묻는 것을 주업으로 삼는다"고 말한다. Owen, *Works*, 4:213.

의미로 그 말씀을 하시는지에도 관심을 가져야 한다. 그리스도의 은혜와 그분을 아는 지식에서 자라 가는 일은 단순히 개인적으로 성경을 읽기만 해서는 일어나지 않는다. 이는 교회 안의 다른 신자들이라는 더 넓은 맥락에서 이뤄지는 일이며, 특히 임직받은 목회자는 양떼를 먹이기 위해 그리스도께서 친히 주신 선물이다. 그 외에 스터디 바이블, 주석서, 경건 서적, 신앙 고백서, 요리문답서 같은 다른 도구들도 도움이 될 수 있다. 이런 도구들은 그리스도인이 하나님의 말씀을 아는 지식에서 자라 갈 수 있도록 도움을 준다.

착각하지 말아야 할 점은, 하나님의 말씀 읽기가 개인적으로나 공동체에서 우리 삶의 최우선 순위가 되어야 한다는 것이다. 공동 예배에서 말씀이 우선순위가 되지 않으면, 지도자들은 그 구성원들이 개인적으로나 가정에서 말씀을 별로 존중하지 않을 것을 예상해야 한다. 이 세상에서 담대함으로 충성스럽게 살아가기 위해 우리에게는 하나님의 말씀이 필요하다. 주께서는 여호수아에게 강하고 담대하라고 세 번 말씀하시면서(수 1:5-9), "이 율법책을 네 입에서 떠나지 말게 하며 주야로 그것을 묵상하여 그 안에 기록된 대로 다 지켜 행하라 그리하면 네 길이 평탄하게 될 것이며 네가 형통하리라"(8절)고 일깨워 주셨다. 여기에는 한 가지 명령과 한 가지 약속이 있다. 여호수아가 하나님의 말씀을 묵상하고 이에 순종하면, 그는 형통할 것이다. 이 약속은 어떤 의미에서 여호수아뿐만 아니라 그리스도인으로서 우리 모두에게도 해당한다.

이스라엘의 왕들은 왕위에 오를 때 하나님의 율법(아마도 신 1-30장)을 옮겨 적어서 사본을 만들라는 명령을 받았다(신 3:19를 보라). 이 율법서는 레위 제사장들에게 승인을 받아야 했다. 그런 다음 이 율법은 왕이 늘 옆에 두어야 했을 것이며, 왕은 이를 "평생에 자기 옆에 두고 읽어 그의 하나님 여호와 경외하기를 배우며 이 율법의 모든 말과 이 규례를 지켜 행할 것이라 그리하면 그의 마음이 그의 형제 위에 교만하지 아니하고 이 명령에서 떠나 좌로나 우로나 치우치지 아니하리니 이스라엘 중에서 그와 그의 자손이 왕위에 있는 날이 장구하리라"고 했다(17:19-20). 하나님의 말씀 읽기는 이 말씀을 준수하는 행동으로 이어져야 했으며, 그러면 위로부터 복을 받을 터였다. 신명기 6장에서 이미 우리는 하나님 말씀의 중요성이 어떻게 왕 같은 개인만이 아니라 가정들에도 적실성을 갖는지 보게 된다(6:7-9).

제사장들은 하나님 말씀의 사람들이어야 했다. 에스라가 아마 가장 좋은 사례일 것이다. "에스라가 여호와의 율법을 연구하여 준행하며 율례와 규례를 이스라엘에게 가르치기로 결심하였었더라"(스 7:10). 에스라는 충성스러운 제사장이었으며, 그렇게 될 수 있었던 작지 않은 이유는, 읽은 것을 내면화하였다는 것이다. 선지자들도 하나님의 말씀을 아는 사람들이었음이 분명하다. 선지자들은 하나님을 대변하는 사람으로서, 하나님의 명령·약속·경고를 하나님의 백성에게 미리 알리는 사람들이었기 때문이다. 예레미야는 이렇게 선언한다.

> 만군의 하나님 여호와시여
> 나는 주의 이름으로 일컬음을 받는 자라
> 내가 주의 말씀을 얻어 먹었사오니
> 주의 말씀은 내게 기쁨과
> 내 마음의 즐거움이오나(렘 15:16)

구약성경의 선지자들은 하나님의 말씀을 열심히 탐구했으며, 이 선지자들 안에는 그리스도의 영이 있었고, 이 탐구는 그리스도의 고난과 영광을 확인하려는 것이었다(벧전 1:10-12).

선지자요 제사장이자 왕으로서 우리 주님은 탁월한 하나님 말씀의 사람이었다. 구약성경의 말씀들이 주님의 입에서 쏟아져 나왔다. 광야에서 시험받으실 때, 사탄은 "네가 만일 하나님의 아들이어든 이 돌들에게 명하여 떡이 되게 하라"(눅 4:3)고 주님께 말했다. 사십 일 동안 아무것도 먹지 못하고 주리신 후 쇠약해져서 자신의 몸이 자양분을 요구하며 아우성칠 때 예수께서는 신명기 8장 3절 말씀으로 마귀의 유혹에 답변하셨다. "기록된 바 사람이 떡으로만 살 것이 아니라 하였느니라"(눅 4:4). 사람들은 흔히 예수께서 이때 육신의 양식 대신 영적인 양식을 선택하셨다고 생각한다. 그러나 예수님의 대응은 좀 더 근본적인 문제에 닿아 있다. 신명기에서 이스라엘 백성은 하나님께서 오로지 자연적인 수단만이 아니라, 그와 별개로 이들을 돌보신다고 가르침 받았다. 예수께서는 자신의 자원이 아니라 아버지의 강한 손에 의지하여 믿음으로 살리라는 것을 입증하기 위해 하나님의 말씀에 호소하셨다. 하나님의 말씀은 눈에 보이는 것으로 사는 삶이 더 매력적일 때 오히려 믿음으로 살기 위해 우리가 하나님께 의지할 수 있다는 사실을 거듭 증명한다. 우리는 하나님을 믿고 의지해야 할까, 아니면 우리 자신의 수단과 지식에 의지해야 할까? 하나님의 말씀에 대한 무지는 불신앙을 부추기는 반면, 성경을 아는 지식은 믿음에 능력을 더해 준다.

복음서 기사에서 예수께서는 "너희가…읽지 못하였느냐"라고 거듭 물으신다. 예를 들어 마태복음에서도 예수께서는 이 질문을 여러 번 하신다(12:3, 5; 19:4; 21:16, 42; 22:31). 그리스도의 입에서 이 질문은 다른 어떤 질문보다도 자주 나오는 것 같다. 그리스도 시대에도 말씀 읽기와 말씀 이해가 없는 것이 신앙인들 사이의 문제였으며, 이는 여전히 우리 시대 교회의 문제이기도 하다.

우리도 욥처럼 이렇게 말할 필요가 있다. "내가 그의 입술의 명령을 어기지 아니하고 정한 음식보다 그의 입의 말씀을 귀히 여겼도다"(욥 23:12). 또는 베뢰아의 유대인들이 "데살로니가에 있는 사람들보다 더 너그러워서 간절한 마음으로 말씀을 받고 이것이 그러한가 하여 날마다 성경을 상고"했다는 것을 생각해 보라(행 17:11). 갓난아기가 젖을 갈망하듯이 그리스도인들도 하나님의 말씀이라는 "순전하고 신령한 젖을 사모"해야 하며, 이는 우리가 "구원에 이르도록 자"랄 수 있기 위해서다(벧전 2:2). 베드로가 쓴 "자라다"라는 말은 수동태로 쓰였다. 여기에는 하나님의 말씀이라는 젖(1:23-25를 보라)이 하나님의 진리가 제공하는 자양분을 마시는 신자들을 성장시킨다는 개념이 담겨 있다. 존 버니언이 이 본문을 적용하면서 제대로 주목했듯이, "하나님의 자녀는 모두 젖을 달라고 우는 사람들이다. 이들은 하나님의 말씀이라는 젖을 배불리 먹기 전에는 잠잠해질 수 없을 것이다."[4]

---

[4] John Bunyan, "Mr. Bunyan's Last Sermon," in *The Select Works of John Bunyan* [. . .] (Glasgow, Edinburgh, and London: William Collins, Sons, and Company, 1866), 775.

## 적용

존 에인절 제임스는 오늘날 우리가 좀 더 많이 접했으면 하는 목회자 겸 신학자로서, "책에 대하여"(On Books)라는 평론을 썼는데, 이 평론은 사실상 거의 모든 학문 분야의 책을 추천하면서 이를 유쾌하게 개관한다. 추천에 앞서 그는 이렇게 말한다. "내 자녀들아, 어떤 책을 무시하든 성경은 무시하지 말라. 어떤 책을 읽든 성경은 반드시 읽으라. 성경 한 부분을 깊이 읽지 않고 지나는 날은 단 하루도 없어야 한다."[5] 내가 생각하기에 그리스도인이 하나님의 말씀을 매일 읽지 않는다면 이는 죄를 짓는 것이다. 삶은 복잡하고, 그래서 어느 하루 하나님의 말씀을 읽지 못하는 날이 있을 수 있다. 성경을 날마다 읽기는 하지만 그것이 그 사람의 영혼에 조금의 유익도 주지 못할 수도 있는데, 이는 하나님의 말씀을 읽는 과정에서 하나님을 구하지 않고 그저 읽는 동작만 했기 때문이다. 이런 점에도 불구하고 우리는 날마다 하나님의 말씀으로 들어가는 것을 우리의 목표로 삼아야 하며, 그렇게 하지 못하는 것에 대해 더는 핑계를 대지 말아야 한다. 우리들 대다수가 세상과 소셜미디어에서 너무 많은 정보를 흡수하고 있기에, 하나님의 말씀으로 우리 영혼을 날마다 지탱시켜 주지 않으면 심각하게 죄의 유혹을 받는다. 아침이든 저녁이든, 성경 여러 장이든 단 몇 절이든, 그리스도인은 날마다 하나님의 진리를 세심히, 기도하는 마음으로 살피고 묵상해야 한다. 여러 장을 읽을 때보다 단 한 구절을 읽고 많은 것을 얻어낼 수도 있지만, 그렇다고 해서 많이 읽지 말고 적게 읽으라는 뜻은 절대 아니다.

영적으로 퇴보하는 그리스도인은 성경책이 없는 사람들이 아니다. 영적으로 퇴보하는 그리스도인은 성경에 대한 사랑이 없는 사람들이다. 안타깝게도 성경에 대한 사랑이 없는 것은 곧 하나님에 대한 사랑이 없는 것이다. 우리는 다양한 방식으로 하나님과 교제를 나눈다. 기도를 할 수도 있고, 묵상을 할 수

---

5  John Angell James, *The Christian Father's Present to His Children* (New York: R. Carter, 1853), 219.

도 있고, 노래를 할 수도 있다. 하지만 하나님의 말씀을 읽으면 하나님께서 우리에게 객관적으로 말씀하실 수 있다. 그리고 우리는 기도와 감사로만 화답하는 것이 아니라, 하나님의 영광을 위해 잘 사는 삶으로써도 화답할 수 있다. 이렇게 될 때 우리는 하나님을 위해 잘 사는 삶은 우리 삶에 임하는 하나님 말씀의 능력에서 비롯되는 결과임을 알게 된다. 예수께서는 "그들을 진리로 거룩하게 하옵소서 아버지의 말씀은 진리니이다"라고 기도하셨다(요 17:17). 우리의 성화는 말씀의 역사와 별개로 일어날 수 없다. 우리 자신이 말씀의 진리를 얼마나 잃느냐에 따라 하나님의 진리의 거룩하게 하는 능력을 우리 자신에게서 빼앗게 될 것이다.

영적 퇴보자들이 하나님의 말씀 읽기를 중단하는 것은 사실상 말씀 읽기에서 가치를 찾지 못하기 때문이다. 이들은 자기들에게 필요한 만큼은 충분히 알고 있으며, 그래서 그 이상으로 나가고자 하는 욕망이 없다. 죄악 된 불신앙으로 이들은 하나님의 말씀을 통해 하나님을 찾지 않으며, 하나님의 임재 안에 있거나 하나님의 능력을 체험하기를 소원하지 않는다. 덴마크의 철학자 쇠렌 키르케고르가 인정했듯이 어떤 이들은 그저 하나님의 임재를 두려워한다. "홀로 성경과 함께 있다니! 나는 감히 그러지 못하겠다!"[6] 왜 그럴까? 일단 하나님의 말씀을 읽으면 우리 삶의 패턴에 문제의식을 품게 되기 때문일 것이다. 키르케고르는 하나님이 어떻게 성경 말씀을 통해서 한 사람을 만나고 대면하시는지에 대해 이야기한다. "거기서 읽은 것을 행했는가? 그렇다면, 그렇다면, 맞다, 나는 덫에 걸린다. 곧장 행동으로 들어가든지, 즉시 겸손히 죄를 자백하든지 해야 한다."[7]

영적으로 퇴보하는 이들은 하나님의 말씀과 거리를 두는 것이 안전하다고 생각한다. 그래야 불편함을 피할 수 있기 때문이다. 참신자라면 이런 유혹을 잘 알고 있지만, 그런 마음 자세가 그리스도인의 삶에 얼마나 끔찍하게 위험한지도 잘 알며, 그래서 그런 태만을 피한다.

---

6   Søren Kierkegaard, *For Self-Examination / Judge for Yourself!*, ed. and trans. Howard V. Hong and Edna H. Hong (Princeton, NJ: Princeton University Press, 2015), 31.

7   Kierkegaard, 31.

성경에 대한 사랑을 보존하는 한 가지 방법은 다른 사람들과 함께, 예를 들어 가정 예배 때 가족들과 함께 성경을 읽는 것이다. 어쨌든 그런 시간은 진리에 대한 열망을 불러일으키는 시간이 되어야지 활기 없고 지루한 시간이 되어서는 안 된다. 어떤 가족의 가정 예배 때 아버지가 아무 관심도 없는 가족들 앞에서 단조롭게 성경을 읽어 내려가는 지루한 광경을 본 적이 있다. 가정 예배를 저렇게 따분하게 인도하니 가족들 태도가 무심할 수밖에 없다고 여겨졌다.

성경을 설명하고 가르칠 때는, 성경을 더 많이 읽고 싶다는 마음을 불러일으키는 방식으로 해야 한다. 어린아이들에게는 혼자서 성경을 찾아 읽기를 기대할 수 없다. 커가면서 그렇게 할 수는 있지만, 이 또한 가정과 교회에서 가르침 받는 내용과 연결되어야 한다. 마찬가지로, 부모 자신이 하나님의 말씀을 읽고 기뻐하는 모습이 확연히 전달되어야 자녀들도 이에 영향을 받고 말씀을 읽는 데서 기쁨을 느낄 것이다.

존 뉴턴은 성경 읽기에 관해 다음과 같이 잘 말해 주고 있다.

> 내가 알기로 성경 읽기의 규칙으로 처음부터 끝까지 통독하는 것보다 더 나은 방법은 없다. 통독을 한 번 마치면, 처음부터 다시 시작한다… 한 가지 조건은, 우리의 이해력을 넓혀 주고 영적 안약을 우리 눈에 발라 주는 열쇠를 가진 분에게 기도하는 것이다!…경험만이 이런 방법의 유익을 입증해 줄 수 있다. 물론 꾸준히 지속해 나간다면 말이다. 몇 가지 시도를 해 보고 포기하는 것은 몇 발짝 내딛고 그대로 서 있는 것과 똑같아서, 긴 여정을 마치는 데 별 도움이 되지 않을 것이다. 느리더라도 하루에 한 번 조금씩 앞으로 나갈 때, 그리고 매일 그렇게 같은 방향으로 한 해 또 한 해 걸을 때, 때가 되면 그 사람은 온 세상을 다 다니게 될 것이다! 이렇게 끈기 있게 꾸준히 성경을 통과함으로써, 그리고 그 과정을 반복함으로써 우리는 인생 끝 날까지 성경 지식을 점점 더 늘리게 될 것이다.[8]

---

8 John Newton, *The Works of John Newton*, 4 vols. (New Haven, CT: Nathan Whiting, 1824), 4:466.

이것이 충성스러운 그리스도인의 삶의 정수(精髓)이다. 즉, 고되지만 끈기있게 영생을 향해 오래 걷는 길이지만, 믿음과 소망과 사랑으로 충만해서 우리의 신실하신 하나님과 구주를 향해 가는 것이다.

마지막으로, 마귀가 하나님의 말씀을 싫어하는 것은 이 말씀이 그리스도의 마음에 심겨서, 그가 우리 죄를 위해 죽으셔야 한다고 확신시켰기 때문이다. 우리 주께서는 제자들에게 말씀하셨다. "내가 너희에게 말하노니 기록된 바 그는 불법자의 동류로 여김을 받았다 한 말이 내게 이루어져야 하리니 내게 관한 일이 이루어져 감이니라"(눅 22:37, 사 53:12를 인용한 말씀). 이외에 하나님의 말씀은 그리스도에게 무엇을 가르치는가? 고난 후에 영광이 오리라는 것이다. "그리스도가 이런 고난을 받고 자기의 영광에 들어가야 할 것이 아니냐"(눅 24:26). 우리 주께서 아버지에게 순종하는 길을 가는 데 도움을 받기 위해 하나님 말씀의 약속이 필요했던 것처럼, 우리 또한 성경에서 볼 수 있는 하나님의 약속으로 충만해져야 영광으로 인도받을 것이다. 존 에인절 제임스의 말을 다시 인용하자면, "내 자녀들아, 어떤 책을 무시하든 성경은 무시하지 말라."

### 더 깊은 묵상을 위한 질문

1 _ 무엇 때문에 성경을 읽지 못하는가?
2 _ 무엇 때문에 성경을 잘 읽지 못하는가?
3 _ 어떻게 해야 성경 읽기 습관을 들일 수 있을까?
4 _ 성경 한두 구절을 읽고 묵상하는 시간을 가진 적이 있는가? 없다면 그 이유는 무엇인가?
5 _ 시편 119편, 누가복음 24장 13-27절을 읽고 묵상하라.

## 11   교회를 버리다

> 성도의 교제에 마음을 두라.
>
> 인간은 자기가 사랑하는 것을 버리지 못한다.
>
> _ 윌리엄 게이지[1]

### 사(私)보다 공(公)을 먼저

공동 예배는 그리스도인의 다른 어떤 의무보다도 우선순위가 되어야 한다. 구속받은 사람들이 주일에 교회에 모이는 모임은 최고의 축복을 받는 곳이고 사적인 교제로는 불가능한 방식으로 삼위일체 하나님과 대화하는 곳이다. 그리스도에게 은사를 받은 목자들(엡 4:11)은 양떼에게 하나님의 음성을 전함으로써 이들을 돌보며(행 20:28; 살전 2:13), 양떼는 자신들이 목자장의 음성을 함께 들으며 그분을 따른다는 사실을 알고 있다(요 10:27).

모든 참된 공동 예배는 천상적인 예배이며, 만물의 주님이신

---

[1] William Gouge, *A Commentary on the Whole Epistle to the Hebrews* [...], vol. 2 (Edinburgh: James Nichol, 1866), 336.

그리스도께서도 그렇게 인정하신다(계 5장). 공동 예배 때 우리는 천상으로 올라가(히 12:22-24), 천사들과 영광 중에 있는 성도들에게 둘러싸인다. 우리는 영광 중에 아버지의 오른편에 앉아 계신 그리스도의 보좌 앞에 엎드린다(계 4:2; 5:1, 8-14). 오늘날의 상당수 예배는 여흥·감동 짜내기·자기만족이라는 '마약'으로 사람들을 도취시키는데, 이 마약은 많은 사람에게 효능을 잃고, 이 주사 '한 방'은 이제 예전만큼 효과가 없어서 사람들은 결국 이를 멀리하게 된다. 예배는 무엇보다 먼저 부활하신 그리스도를 그분의 방식대로 만나는 것이다. 교회가 좋아하는 설교자의 설교를 듣는 모임이라면, 만약 하나님께서 그 설교자를 없애시거나 그 설교자가 "더 크고 더 좋은 교회"로 가 버리면 어떻게 되겠는가?

온 세상에서, 그리고 시간이 시작된 이후로, 하나님은 자기 백성을 모아 자신을 공적으로 예배하게 하시고, 그럼으로써 자기 이름을 영화롭게 하셨다. 우리는 삼위일체 하나님의 임재로 부름받되, 성령의 능력에 의해 그리스도의 이름으로 아버지께 나가며, 그리하여 우리는 경건함과 두려움으로 하나님께서 받으실 만하게 예배를 드릴 수 있다(히 12:28). 주 안에서 형제자매와 함께 참으로 하나님과 교제를 나눌 때, 우리는 하나님뿐만 아니라 성도들에게도 복을 받을 것이다. 우리가 주님 아닌 다른 무언가를 구하게 된다면 이는 입으로만 예배드리고 마음은 하나님에게서 멀리 떠난 것이다(사 29:13). 하지만 우리에게는 결국 하나님을 위해 하나님께로 나갈 모든 이유가 다 있다. 바로 그것을 위해 그리스도께서 죽으셨으니 말이다(벧전 3:18).

함께 예배드리라는 부름은 하나님의 말씀 도처에서 찾아볼 수 있다(시 100편을 보라). 예를 들어 시편 95편 6-7절에서 우리는 다음과 같은 말씀을 보게 된다.

> 오라 우리가 굽혀 경배하며
> 우리를 지으신 여호와 앞에 무릎을 꿇자
> 그는 우리의 하나님이시오
> 우리는 그가 기르시는 백성이며
> 그의 손이 돌보시는 양이기 때문이라

신약성경은 이 강조점을 한층 강화한다. "그들이 사도의 가르침을 받아 서로 교제하고 떡을 떼며 오로지 기도하기를 힘쓰니라…날마다 마음을 같이하여 성전에 모이기를 힘쓰고 집에서 떡을 떼며 기쁨과 순전한 마음으로 음식을 먹고 하나님을 찬미하며 또 온 백성에게 칭송을 받으니 주께서 구원 받는 사람을 날마다 더하게 하시니라"(행 2:42, 46-47). 주께 대한 헌신은 원래 혼자 외로이 추구하는 일이 아니다.

그리스도인에 대한 박해는 주로 교회 환경에서 발생하는데, 이는 충성스러운 공동 예배가 공개적으로, 귀에 들리게 행해지는 환경이다. 이는 신약 시대든 오늘날의 나이지리아와 중국 같은 나라의 일부 지역에서든 여전히 마찬가지다. 통상적으로, 그리스도인들이 박해받는 것은 문을 닫아 놓고 주님과 홀로 은밀히 만남으로써 공개 예배를 회피하기 때문이 아니라, 적대적인 세상이 보고 들을 수 있게 예배를 드리기 때문이다. 신앙생활을 제한하고 적대시하는 나라에서는 그리스도인들이 은밀히 모여야 하는데, 이런 나라에서도 이들은 여전히 공동으로 모이기를 추구하고 있다.

17세기에 존 오웬과 공동 목회를 했던 청교도 목회자 데이비드

클락슨은 "여호와께서 야곱의 모든 거처보다 시온의 문들을 사랑하시는도다"라는 시편 87편 2절에 근거해서 공예배(public worship)가 사적인 예배보다 우선한다고 한 설교에서 주장했다.[2] 오늘날 같은 "영적 퇴보의 시대"에는 신앙을 공언하는 그리스도인들 중에도 충성스러운 기독교 신앙에 관한 한 교회는 절충 가능한 문제라고 생각하면서 지역 교회의 중요성과 가치를 경시하는 이들이 많다. 공동 예배(corporate worship)를 버리거나, 교회에 등록하지 않은 채 어느 정도 규칙적으로 출석하거나, 등록은 하되 한 교회의 회원 됨을 공개적으로 서약하는 일을 엄중하게 받아들이지 않는 이들이 많은데, 이들은 중요한 것은 사적인 기독교 신앙이고 공적인 측면은 이따금 멋진 대안이기는 해도 반드시 필요하지는 않다고 생각하고 싶어 한다. 이는 성경의 가르침에 관한 심각한 무지의 징후일 뿐만 아니라, 영적으로 퇴보하는 마음을 드러낸다. 이런 사람은 하나님의 기준이 아니라 자기 기준의 종교를 원한다.

공동 예배를 우선순위로 삼는 그리스도인은 하나님의 축복을 추구하며, 전신갑주로 자기 자신을 영적 퇴보에서 보호한다. 그러나 성도들이 공적으로 모이는 일을 가볍게 여기는 사람들은 하나님의 갑주 없이 세상으로 뛰어들어 죄·마귀·세상과 싸운다(혹은 아예 싸우지도 않는다).

공예배를 개인적 예배보다 우선해야 하는 데에는 여러 가지 타당한 이유가 있다. 예를 들어 공적 영광이 사적 영광보다 낫기 때문에 하나님은 공적 예배 때 더 많이 영광을 받으신다(시 96:1-3).[3]

---

2 David Clarkson, *The Practical Works of David Clarkson*, 3 vols. (Edinburgh: James Nichol, 1865), 3:187.
3 Clarkson, 3:189.

하나님이 특별히 임재하시겠다는 약속은 두세 사람이 함께 모인 곳을 대상으로 한다(마 18:20). 교회에 주는 그리스도의 선물에는 여러 가지가 있는데, 그중에는 공적 규례와 직분자도 있다. 주의 만찬은 공동으로 교제하는 식사이며, 그리스도의 몸에 속한 개인 만이 아니라 반드시 몸 전체가 참여한다(고전 11:29). 하나님은 하나님의 말씀을 권면하고, 권고하고, 설명하고, 적용하며, 그렇게 해서 하나님의 백성을 풍요롭게 할 사람으로 설교자를 공적으로 임명하셨다. 사적으로 예배드리는 사람들은 바로 이것을 놓친다. 어떤 의미에서는 영상 예배나 사전 녹화된 설교 영상을 시청하는 경우에도 마찬가지다. 이들은 그리스도께서 교회에 주신 교사를 필요로 하지 않고 자기 스스로 선생이 된다(엡 4:8-13). 이들은 목자들의 감독받기를 거부하며(히 13:17), 그 과정에서(자기도 모르는 사이에) 목자장이신 분까지 거부한다(벧전 2:25; 5:4). 더 나아가, 공예배 때 우리는 다른 선(善)도 행할 수 있으며, 행해야 한다. 즉, "서로 돌아보아 사랑과 선행을 격려하며 모이기를 폐하는 어떤 사람들의 습관과 같이 하지" 않는 것이다(히 10:24-25). 공예배는 우리의 형제들을 격려할 수 있게 하고, 그 보답으로 격려를 받을 수 있게 해 준다(25절).

영적 퇴보자라고 해도 교회 출석을 완전히 그만두지는 않을 수도 있다. 하지만 이들은 대개 주일이나 주일 예배를 우선순위로 삼지 않는다. 주님을 향한 열심은 부족한데, 교회에 나가지 않는 핑계를 찾는 데에는 매우 열심이다. 이들이 공동 예배를 사랑하는 마음은 스포츠 팬들이(이들 중에는 영적 퇴보자도 있을 것이다) 자기가 좋아하는 팀을 우상화하는 열정에 훨씬 못 미친다. 스포츠 팬들이 경기장에 모여 좋아하는 팀을 뜨겁게 응원하는 모습은 눈여겨볼

만한 광경이다. 날씨가 추워도, 몸이 아파도, 이들이 그 자리에 앉아 자기 팀에 환호하는 것을 가로막지 못한다. 반면 영적 퇴보자들은 예배를 빼먹을 핑계만 있으면 신속하게 이에 굴복한다(때로는 애처로울 정도로).

이들은 동료 그리스도인과 교회 직분자들이 소명에 걸맞게 살지 못한다는 것을 핑계로 종종 교회 출석을 게을리한다. 사실 주님의 백성이 시종 아무 흠 없이 행동하지는 못하고, 목회자들 중에도 가르침이나 행실 면에서 성실하지 못한 이들이 많다. 하지만 주님은 하나님의 백성 사이에서 다른 어떤 사람보다도 심히 냉정하고 부당한 대우를 받으시고 불충성을 감당하셨다는 사실을 잊지 말자. 그런 상황도 주께서 교회를 사랑하시는 것을 가로막지 못했다. 우리 모두를 포기해도 될 만한 이유는 오직 주님께만 있는데, 그럼에도 주께서는 사랑과 인내와 성실로 경건치 못한 자들을 설복하셨다.

동료 신자들이나 교회 직분자들의 불성실을 비난하는 영적 퇴보자들은 다른 사람의 위선은 지적하면서 자신의 실패는 인정하지 않음으로써 위선적으로 행동한다. 교회에서 볼 수 있는 위선적 행동이 교회 출석을 그만두는 핑계가 되어서는 안 되며, 그 이유는 다음과 같다. 첫째, 우리 중 누구도 아닌(감사하게도) 오직 하나님만이 누가 진짜 위선자인지 아신다. 둘째, 우리는 몸을 가진 존재이기에, 이렇게 위선자로 여겨지는 사람들을 도울 수 있는(그리고 어쩌면 설복시킬 수 있는) 방식으로 살아가고, 행동하고, 예배드린다. 셋째, 우리는 그리스도를 좇아, 모든 사람, 심지어 원수들까지 항상 선용(善用)할 수 있으며, 우리는 이들을 사랑으로 참아 주어야 한다(눅 6:35).

### 위험 영역

일부 명백한 위험 영역은 전형적으로 주일 공동 예배에서의 영적 퇴보라는 결과를 낳는다. 영적으로 자기를 돌보는 일에 충분히 관심을 기울이지 않은 채 대학에 진학하는 학생들(부모도 포함될 수 있다)이 많다. 기독교 신앙에 적대적인 학업 환경에서는 특히 더 그렇다. 많은 학생이 타지의 대학에 진학할 때 집만 떠나는 게 아니라 교회도 떠나간다. 수많은 청년 그리스도인이 "먼 나라"(대학)로 가서 홀로 선한 싸움을 싸우다가 곧 영적으로 쇠약해지는 것을 깨닫는다. 부모들은 근처에 좋은 교회도 없는, 이름뿐인 기독교 대학에 자녀를 진학시킨다. 좋은 교회가 가까이에 없다는 사실은 그 학교의 가치를 떨어뜨린다.

영적 퇴보라는 결과를 낳는 또 하나의 위험 영역은, 부모가 스포츠 등의 활동 때문에 자녀가 공동 예배에 빠지는 것을 허용할 때 생겨난다. 목사로서 지역의 기독교 학교 운영에 의미 있게 관여하면서 동시에 그 학교의 고등부 축구팀 코치도 맡고 있는 나는 걸핏하면 교회에 결석하고 교회 공동체의 삶에 별로 참여하지 않는 학생들이 얼마나 많은지를 보고 깜짝 놀랐다. 이유가 뭘까? 주일에 축구 경기가 있기 때문에 교회 출석이 "불가능하다"고 많은 부모와 학생이 아무런 부끄러움이나 난처한 기색도 없이 당당하게 말한다. "만복의 근원 하나님 온 백성 찬송 드리고"라는 노래 대신 이들은 자기 팀을 응원하며 환호하고 심판이나 상대 팀 선수에게 야유를 보낸다.

다음 세대 그리스도인들은 명시적으로든 암시적으로든 부모의 행동을 보고 공동 예배는 그다지 중요하지 않다고 생각하게 된다. 그렇게 영적 내리막길이 시작되고, 조부모 세대는 손자 세대가 신앙 교육을 받으려면 부모 세대가 아니라 자신들에게 받아야 한다는 충격적인 현실을 깨닫게 된다. 부모 세대는 교회 출석을 우선순위로 삼는 데 관심이 없어 보이니 말이다. 조부모 세대 중에도 예배를 우선으로 삼지 않은 것을 후회하며 사는 이들이 많다. 이제 이들은 그런 영적 게으름이 후세대에 끼친 결과를 두 눈으로 보고 있다.

다양한 공적 은혜의 수단들에 헌신하기를 중단한 영적 퇴보자들 중 자신이 죄를 짓고 있다는 것을 인정하는 사람은 거의 없다. 신실한 형제나 자매가 영적인 일에 성실하기를 촉구하면 이들은 줄줄이 핑계를 늘어놓는다. 이들은 자기 삶의 도덕적 실패를 인정하는 것이 아니라, 자기가 교회를 버린 것에 대해 이른바 지적인 추론을 할 때가 많다.

아치볼드 알렉산더는 과거에 신앙을 고백하는 그리스도인이었다가 믿음을 버리고 배교를 저지르는 사람들의 다양한 유형을 언급한다. 그는 사람들이 믿음을 버리고 배교하는 다양한 이유들을 밝혀내는데, 그중에는 교만 때문에 "복음의 참교리를 버리고, 입에 발린 말을 하고 육신을 기쁘게 하는 이단과 사랑에 빠져서, 한때 소중히 여긴다고 고백했던 바로 그 진리를 타도하려고 열광적으로 애쓰며 시간을 허비하는" 사람들도 있다.[4] 오늘날, 대중 사이에서 '복음주의 해체 이론'(evangelical deconstructionism)이라고 일컫는 것에서 이런 현상을 볼 수 있다. 이 애매한 용어는 정황에 따라(예를 들어 학문적인 상황인지 대중적인 상황인지) 의미가 달라질 수

---

4   Archibald Alexander, *Thoughts on Religious Experience* (Philadelphia: Presbyterian Board of Publication, 1841), 205.

있다.

　이 철학적 분류 표시는 진리 체험이 기존의 정통 신앙을 지지해 주지 않는 것 같아서 신앙의 위기를 겪는 복음주의자들이 이따금 채용한다. 예를 들어 한 젊은 복음주의자가 집을 떠나 대학에 진학해서 동성애자들을 접한 후 이 사람들이 정말로 주님을 대적해서 죄를 짓는 것인지 의문을 품기 시작할 수 있다. 겉으로 보기에 이 사람들은 친절하고 너그럽고 붙임성 있으니 말이다. 시간이 흐르면서 이 청년은 지금까지 배워 왔고 함께 성장해 온 신앙을 해체할 것이고, 어쩌면 기독교 정통 신앙을 아예 포기할 수도 있다. 이런 사람들의 믿음은 그 기반이 대개 피상적이어서, 활기 없는 복음, 하나님의 말씀에 대한 그릇된 이해가 바로 그 기반이다. 그래서 자신의 믿음이 공격당할 때 이 청년들은 과거에 배운 빈약하기 그지없는 진리로 대응할 수 있을 뿐이다.

　처음에 이들은 "몇 가지를 정리하는" 것일 뿐이라고 주장하고, 심지어 그리스도의 존재에 변함없이 충성한다고 힘주어 단언하기도 한다. 그러나 얼마 지나지 않아 새로운 믿음 체계가 전개되면서 이들의 삶에는 지금까지 지녀온 정통 기독교 신앙의 여지가 별로 남지 않게 된다. 이 신앙이 이제 이들에게는 별 의미가 없는 것이다. 그리스도가 아니라 경험이 이들의 주인(lord)이 된다.

　복음주의 안에서의 이 새로운 동향은 어떤 의미에서 사실 새롭지도 않다. 진리를 버리는 행동에는 슬픈 역사가 있어서, 마귀와 아담에게서 시작되어 그 이후 하나님의 백성 사이에서 계속되고 있다. 하지만 오늘날 진리를 거부하고 자기가 한 서약을 어기는 많은 이가 그 행동에 '신학적' 이유를 갖다붙인다.

　예배의 모든 요소를 통해 복음이 전파되고 말씀이 전달되는 설교를 듣지 못하고 있다고 여겨진다면, 그 사람은 성경에 따라 참으로 교회의 삶이 구체화 되는 곳을 찾아 나설 정당한 이유가 있다. 그러나 그런 사람은 교회를 아예 버리지 않는다. 그보다 이 사람은 (그 어떤 과실도 없는 교회가 아니라) 충성스러움이 풍성한 교회를 찾아 구한다. 한 지역 교회와 정당하게 관계를 맺고 그리스도의 존귀함을 추구하려 끈질기게 노력했는데 이런 노력이 교회 지도자들에게 거부당한다면, 이때 참으로 충성스러운 사람은 주님을 존귀히 여길 수 있는 곳을 찾아 나설 것이다. 하지만 검열관처럼 교회 안의 문제들을 침소봉대하여 자신이 교회에 나가지 않는 것을 정당화하다가 결국 교회를 버리는 사람들은 옹호해야 할 신념이나 지켜야 할 경건한 명예를 넘어서 마음에 심각한 문제가 있는 사람들이다.

    누군가에게 교회를 버릴 이유가 있다면, 우리 주님이 바로 그런 분이었다. 우리와 달리 주님은 참으로 무죄하셨고, 그래서 자기 자신을 제외한 다른 모든 사람에게 손가락질을 하실 수도 있었다. 그러나 오히려 주께서는 자기 신부를 위해 목숨을 내놓으시고, 사랑과 충성과 진리로써 그 신부의 마음을 얻으셨다. 예수께서는 교회를 사랑하시되 "모든 결함까지" 사랑하셨으며, 따라서 우리도 우리 구주와 똑같은 자세를 가질 수 있다. 바울이 고린도 교회 사람들에게 보인 마음 자세는 이 점에서 우리에게 교훈적이다. 고린도전서를 읽을 때 우리는 약간 어리둥절하지만, 고린도후서에서는 사도가 그리스도의 양떼로 여긴 사람들, 그래서 고생과 수고를 할 만한 가치가 있다고 여기는 사람들을 향해 마음을 넓게 열어 보이는 모습을 보게 된다(고후 6:11-13).

## 적용

자녀가 부모에게 하는 질문으로 "우리, 교회 가야 해요?"나 "우리, 이번 주에 교회 가요?"라는 것보다 더 걱정스러운 질문은 별로 없다. 이는 의문의 여지가 없어야 하는 한 가지 실천 사항에 대한 의문에서 비롯되는 질문이다. 그리스도인 부모와 자녀 관계는 이론의 여지가 없는 두 가지 사실이 특징이 되어야 한다. 자녀는 부모가 자신을 사랑한다는 것을 알아야 하고, 부모는 그리스도를 더 사랑한다는 것이다. 이는 주일에는 공동 예배가 우선이 되어야지, 아들의 야구 경기나 딸의 축구 원정 팀이 우선이 되어서는 안 된다는 의미다. 자녀에 대한 참사랑은 하나님을 향한 참사랑과 경쟁할 수 없다. 하나님을 첫 번째로 선택하는 부모는 자녀에게 참사랑을 보여 주는 것이다. 자녀에게 보여 줄 수 있는 최고의 사랑은 경쟁상대가 없는 사랑으로 하나님을 사랑하는 것이기 때문이다.

주일에 교회를 생각할 때는 교회에 갈까 말까를 생각할 것이 아니라(사실은 그렇게 하지만), 주께서 우리의 유익을 위해 주신 날에 성령의 능력으로 그리스도 안에 있는 형제자매들과 함께 하나님을 예배하러 간다는 생각을 해야 한다. 주일은 하나님의 백성을 기다리고 있는 영원한 안식일의 쉼을 미리 맛보는 날이요(히 4:9), 그리스도 안에서 이생의 염려로부터의 자유를 영광스럽게 누리며 예배하고 안식하는 날이다. 그날 우리는 하나님의 축복을 받고, 말씀과 성례로 먹임 받으며, 다른 사람들을 축복할 수 있는 곳으로 간다. 성실하게 교회에 출석함에도 영적으로 퇴보할 수 있다. 하지만 예배를 시종일관 최우선 순위로 삼지 않는 사람은 십중팔구 영적으로 퇴보할 것이다. 사람이 좋은 음식을 거부하면, 그 결과는 시간이 지나면서 뚜렷이 드러난다. 교회에서 얻을 수 있는 자양분을 거부할 때도 마찬가지다.

개신교도들은 역사적으로 가시적인 지역 교회를 섬겨야 할 절대적 필요성에 관해 이야기해 왔다. 우리는 키프리아누스와 한목소리로, 교회는 "우리가 계속 하나님을 위해 존재하게 한다"고 말한다.[5] 그는 또 이렇게 덧붙인다. "교회는 하나님 나라를 위해 낳은 아들들을 지명한다. 누구든 교회에서 떨어져 나와 간부(姦婦)와 연합하는 자는 교회의 약속에서 분리된다. 또한 그리스도의 교회를 버리는 자는 그리스도의 상급에 이를 수 없다. 그 사람은 외인이다. 그 사람은 신성모독자다. 그 사람은 원수다. 그 사람은 이제 더는 하나님을 아버지로 소유할 수 없고, 교회를 어머니로 갖지 못한다."[6] 이것이 우리의 주장이니, 즉 하나님이 여러분의 아버지라면, 교회는 여러분의 어머니여야 한다는 것이다.

장 칼뱅도 키프리아누스의 생각에 공감하여 이렇게 말한다. "그래서 교회 이야기부터 시작할 텐데, 하나님은 자기 아들들을 교회의 품으로 모으기를 기뻐하시며, 이는 이들이 유아와 어린아이인 동안 교회의 도움과 사역으로 자양분을 얻을 뿐만 아니라, 이들이 성숙하여 마침내 믿음의 목적지에 이를 때까지 어머니 같은 교회의 돌봄으로 안내받을 수 있도록 하시려는 것이다…그리하여 하나님을 아버지로 모신 이들에게 교회는 어머니일 수 있도록 하시려는 것이다."[7] 훌륭한 어머니는 자녀에게 자양분을 주고 보호한다. 교회(우리의 '어머니')는 하나님의 자녀에 대해 일정한 책임이 있다. 하지만 우리 또한 교회에 대해 책임이 있는데, 은혜의 수단들에 성실히 참여하는 것도 그중 하나로서, 이는 악한 자, 즉 세상으로부터 우리를 보호해 주고, 죄의 공격에서 우리를 보호해 준다. 영적 퇴보자들은 대개 교회에 책임을 돌리지만, 많은 경우 이러한 변명은 은밀한 죄를 덮어 가리기 위한 가림막일 때가 많다. 그래서 특정한 죄에 빠진 사람은 회개하고 매주일 예배의 요소들을 통해 공개적으로 죄 사함이 선포되는 곳에서 치유를 구하기보다 대개 교회에 책임을 돌리기로 마음먹는 경우가 많다.

---

5  Cyprian, *Treatise on the Unity of the Church, in The Ante-Nicene Fathers*, ed. Alexander Roberts and James Donaldson (New York: Charles Scribner's Sons, 1908), 5:423.

6  Cyprian, 5:423.

7  John Calvin, *Institutes of the Christian Religion*, ed. John T. McNeill, trans. Ford Lewis Battles, 2 vols. (Philadelphia: Westminster Press, 1960), 4.1.1.

**더 깊은 묵상을 위한 질문**

1 _ 공동 예배가 왜 개인 예배보다 우선되어야 하는가?
2 _ 사람들이 교회를 떠나가는 것에 대해 교회에도 일부 책임이 있는가? 책임이 있다면 어떤 식으로 있는가?
3 _ 교회는 어떻게 해서 그리스도인의 삶에서 우선순위를 잃기 시작하는가? 그리고 그 이유는 무엇인가?
4 _ 시편 95편, 히브리서 12장 18-29절을 읽고 묵상하라.

# 12 영적 퇴보의 우둔함

개가 그 토한 것을 도로 먹는 것 같이 미련한 자는

그 미련한 것을 거듭 행하느니라

_ 잠 26:11

### 떠나고 싶은가?

예수께서는 잠시 자신을 따르다가 어려운 가르침에 직면하자 "떠나가고 다시 그와 함께 다니지 아니하"는(요 6:66) 사람들 문제를 처리하셔야 했다. 이른바 제자들이 자신을 거부하는 행동을 하자 이에 대한 답변으로 예수께서는 열두 제자에게 "너희도 가려느냐"(67절)라고 물으셨다. 이에 베드로는 하나님의 거룩하신 분 예수님에게 영생의 말씀이 있는데 우리가 다른 누구에게 가겠느냐고 지혜롭게 대답했다(68-69절). 베드로는 그리스도를 따르지 않는 것이 어리석은 짓이라는 사실을 알고 있었다. 나중에 비록 그 자신이 예수님을 "떠나가는" 이해 안 되는 행동을 하기는 하지만 말이다. 베드로의 삶은, 그리스도를 버리는 행동의 어리석음을 잘 알면서도 누구든 나중에 그런 행동을 할 수 있다는 사실을 보여 준다.

하나님의 백성에게는 하나님을 떠나고, 하나님에게 징계받고, 하나님께 부르짖으며, 하나님에 의해 회복되는 슬픈 역사가 있다(시 85:1-9). 시편 85편에서 우리는 반역으로 징계받은 자기 백성을 향한 하나님의 화평을 보게 되는데, 여기에는 다음과 같은 뚜렷한 경고가 동반된다(8절). "그들은 다시 어리석은 데로 돌아가지 말지로다." 사무엘의 고별 연설에 담긴 감동적인 말은 바로 이 어리석음에 관해 백성과 왕에게 권고한다. "두려워하지 말라 너희가 과연 이 모든 악을 행하였으나 여호와를 따르는 데에서 돌아서지 말고 오직 너희의 마음을 다하여 여호와를 섬기라 돌아서서 유익하게도 못하며 구원하지도 못하는 헛된 것을 따르지 말라 그들은 헛되니라"(삼상 12:20-21). 에스라도 주의 백성에게 임한 나쁜 일은 이들의 "악한 행실과 큰 죄"(스 9:13) 때문이라고 기도를 통해 시인한다. 그럴지라도 하나님은 징벌을 통해 자비를 보이셔서 에스라가 이렇게 기도할 수 있게 하셨다. "우리가 어찌 다시 주의 계명을 거역하고 이 가증한 백성들과 통혼하오리이까"(14절).

성경과 그리스도인들의 경험이 우리에게 분명히 가르치는 것이 있는데, 하나님께서 죄의 습관에서 우리를 구해 내시고 영적 퇴보자들도 하나님과의 교제를 회복하고 다시 하나님 안에서 기쁨을 누리게 하시지만, 이것이 하나님의 은혜를 함부로 기대할 수 있는 허가증을 주지는 않는다는 것이다. 우리는 죄로 다시 돌아가는 행동의 위험뿐만 아니라 과거의 잘못을 되풀이하는 것이 얼마나 어리석은 짓인지도 기억해야 한다.

교회 안에 영적 퇴보와 배교가 있다는 것은 무시할 수 없는 사실이다. 이런 현실을 부인하거나 무시한다는 것은 의사가 환자에게 분명히 병이(고칠 수 있는) 있다는 것을 알고서도 이를 무시하는 것보다 더 위험하다. 어리석음은 죄이고, 최악의 어리석음은 은혜롭게 구원받아 빛으로 들어갔다가 자진해서 어둠으로 돌아가는 것이다.

## 어리석은 자가 되지 말라

하나님이 우리를 어둠에서 건져내어 빛으로 들어가게 하신 데서 보여 주신 사랑은 엄청난 대가를 치른 사랑이었다. 그 대가는 바로 하나님 아들의 죽음이었다. 그리스도의 사랑은 그리스도에게 큰 희생이었다. 남을 위해 자기 목숨을 내어놓는 것보다 더 큰 사랑은 없기 때문이다(요 15:13). 하나님의 사랑 안으로 들어가 그 사랑을 누리다가 다시 세상으로 돌아간다면 이는 한층 더 강하게 삼위일체 하나님을 진노하게 하는 죄를 짓는 것이다.

우리는 사랑으로 결혼 생활을 하다가 다른 여자를 찾아가는 남자와 비슷하다. 불성실한 배우자는 상대방에게 평생 치유되지 않을 큰 상처를 안긴다. 설령 그 불성실을 용서한다고 해도 말이다. 하나님은 언제나 상처받는 쪽이고, 그뿐만 아니라 아무 잘못도 없는 무죄한 당사자이시다. 하나님은 우리가 다른 신에게 충성을 바치는 행동에 대해 그 어떤 책임도 없으시다. 하나님을 버리는 것은 유일하게 참되신 하나님의 선함보다 무가치한 우상이 주는 것을 택하는 행동이다. 얼마나 어리석은 짓인지!

그리스도의 영을 소유한 하나님의 참자녀들이 영적으로 퇴보할 때, 이들은 조만간 어떤 강한 괴로움을 필연적으로 느끼게 된다. 한때 이들은 자기 죄를 회개했다. 죄가 혐오스러워 그 영혼이 구토를 했고, 죄의 공포를 깨달았다. 그런데 이제 이들은 그 토한 것이 무슨 자양분이라도 줄 수 있을까 하며 토해 낸 것으로 다시 돌아간다. 참그리스도인이 하나님과의 교제를 버리고 떠나가면, 이들은 확신을 잃을 것이 분명하다. 한때 누렸던 평강도 점점 차갑게 식어 갈 것이다. 그리하여 다윗처럼 "주의 구원의 즐거움을 내게 회복시켜 주시고 자원하는 심령을 주사 나를 붙드소서"(시 51:12)라고 기도할 수밖에 없게 될 것이다. 그리스도인의 삶에서 기쁨의 근원을 무시해서는 기쁨이 만개하는 일이 있을 수 없다.

토머스 굿윈은 다시 옛길로 돌아가는 행동의 어리석음에 관해 설득력 있는 보고문을 썼다. 굿윈은 하나님의 자녀가 그리스도의 길 대신 세상의 길을 택하는 일이 없도록 설득해야 할 감탄할 만한 이유 몇 가지를 제시한다. 예를 들어 굿윈은 어떤 사람이 한 가지 죄로 온 세상을 다 얻을 수 있다 해도 이는 가치가 없다고 말한다. "아니, 하나님과 교제하는 한 시간을 잃지 않으면, 모든 죄가 영원토록 줄 수 있는 것보다 더 큰 달콤함을 바로 안겨 줄 것이다. 죄의 모든 쾌락을 하나로 모아, 그 정수를 한 잔으로 압축한다 해도, 이는 마음으로 떨어지는 하나님과의 참된 평화 한 방울만큼의 기쁨도 줄 수 없을 것이다."[1] 많은 청년이(그중에는 회심했다고 주장하는 이들도 있고, 어쩌면 그 말은 참일 수도 있다) 교회를 떠나, 세상이 주는 "더 좋은" 것을 찾아 나선다. 이를테면 섹스·파티·부(富) 등. 하지만 영원을 보는 안목이 없기 때문에 이들은 영원이라는 렌즈를 통해

---

1 Thomas Goodwin, *The Works of Thomas Goodwin*, 12 vols. (Edinburgh: James Nichol, 1861-66; repr., Grand Rapids: Reformation Heritage Books, 2006), 3:415.

서 가늠되는 자신의 어리석은 행보를 보지 못한다.

하나님을 대적하는 사람이 아니라 하나님과 동행하는 사람에게 하나님이 주시는 평강은 "모든 지각에 뛰어난" 평강이다(빌 4:7). 하나님의 평강에 대해 바울이 하는 말은 불안한 상황을 배경으로 한다("아무것도 염려하지 말고", 6절). 오늘날 수많은 청년이 불안과 씨름하는데, 이들은 하나님의 평강을 구하는 기도를 하지 않고 술이나 마약, 비디오게임, 소셜미디어, 성적인 죄, 처방 약 같은 우상에게로 피해서 위로를 얻으려고 한다. 이들은 하나님에게서 떠나간다. 그래서 상황이 나아지는가? 세상이 주는 즐거움은 감각적이다. 그러나 주께서 주시는 즐거움은 감각을 초월한다. 주께서 주시는 평강은 지각을 초월하는 평강이다. 하나님의 "인자하심이 생명보다" 낫다(시 63:3). 이 진리와 관련해 굿윈은 이렇게 묻는다. "그런 죄를 지으면 바로 그다음 순간 목숨을 잃어야 한다고 할 때, [그런 위협을] 믿는다면 감히 그렇게 행동하겠는가? 방금 '하나님의 인자하심이 생명보다 낫다'고 했는데, 그렇다면 그 인자하심을 누리는 기쁨을 잠시라도 잃겠는가?"[2] 주님께서 주신 그런 보화는, 겨우 세상과 그 찌꺼기가 주는 덧없는 쾌락을 되찾기 위해 함부로 쓰레기 더미에 내던져 버려도 될 만큼 무가치하지 않다. 토머스 보스턴은 "주님에게서 돌아서는 어리석음"이라는 제목의 설교에서, "하나님 외에 온 창조 세계에서 여러분을 위해 무언가 실질적으로 좋은 것을 한번 찾아내 볼 테면 찾아보라"고 도전을 던진다.[3]

---

2 Goodwin, 3:415.
3 Thomas Boston, *The Whole Works of the Late Reverend and Learned Mr. Thomas Boston*, 12 vols. (Aberdeen: George and Robert King, 1851),

어둠 속을 돌아다니고 있는 하나님의 자녀가 세상의 쓰레기를 쓰레기통에서 일단 다시 꺼낸다 해도, 죄의 즐거움은 금세 매력을 잃는다. 예수께서 그 사람을 그 죄에서 구해 내셨기 때문이다. 하나님에 관해 구원에 이를 만한 지식이 전혀 없는 비그리스도인들은 세상이 주는 쾌락을 잠시 달콤하게 여긴다. 하지만 불신자들도 죄가 주는 즐거움이 점점 줄어드는 것을 경험하며, 이 즐거움은 영원한 만족을 약속하지만 절대 이를 주지 않는다. 한때는 죄가 한 조각만으로도 맛있었지만, 그 맛을 계속 만족할 만하게 유지하려면 점점 더 많은 죄가 필요하다. 1990년대에 나온 불법 잡지는 오늘날 음란물 중독자들에게 별 감흥을 주지 못할 것이다. 이들의 파멸 욕구를 충족시키려면 음란물 산업이 갈수록 더 노골적이 될 '필요'가 있다. 우리가 참으로 하나님의 은혜를 체험하면, 과거의 그 '쾌락'으로 돌아가서는 우리가 한때 누린 그 만족을 절대 맛볼 수 없을 것이다. 어둠 속에 사는 사람들도 이 세상 쾌락의 공허함을 알고 있는데, 하물며 그리스도의 빛을 경험하며 산 사람에게 세상의 기쁨은 씁쓸함이 섞이지 않은 달콤함을 절대 안겨 줄 수 없다. 이는 우리 아버지에게서 오는 큰 자비로서, 아버지는 절대 자기 자녀를 세상에 완전히 넘겨주시지 않는다.

영적으로 퇴보할 때 우리는 우리를 향한 하나님의 태도를 기억해야 한다. 하나님은 그리스도 밖에 있는 사람들의 죄에는 진노하시지만, 그리스도 안에 있으면서도 어둠 가운데 행하는 사람에게는 진노하지 않으신다. 이런 사람들에 대해 하나님은 진노하시기보다 슬퍼하신다. 굿윈의 말처럼 "하나님을 슬프게 하는 것은 하

---

9:500.

나님을 진노하시게 하는 것보다 더 큰 일이다. 하나의 감정에서 나오는 단순한 진노는 보복을 하면 진정될 수 있다."⁴ 주께서는 가장 큰 대가를 치른 최선의 사랑으로 우리를 사랑해 오셨다. 그래서 우리가 육신에 순종하여 세상을 갈구하고 사랑하는 모습은 "하나님의 마음에 파고들어, 그분을 진노하게 하기보다 슬프게 한다"고 굿윈은 말한다. "그리고 그런 슬픔은 가장 진실하고 가장 깊은 슬픔이다."⁵ 우리의 죄, 특히 무엇이 옳고 그른지 알면서도 이에 반하여 죄가 심화된다면, 어떤 의미에서 이는 주님을 알기 전에 짓는 죄보다 훨씬 더 악하다. 신적 본질상 하나님은 정념에 매이기라도 하는 양 고통스러운 슬픔을 겪지는 않으신다. 슬픔이라는 표현이 쓰이는 것은 우리가 하나님을 향해 짓는 죄의 폐해를 강조하기 위해서다.

빛 가운데 행하는 하나님의 자녀는 자기 죄의 삯을 깊이 인식한다. 그 삯은 바로 '죽음', 즉 십자가에서의 그리스도의 죽음이다. 하지만 우리가 알기로 죄의 결과는 회개하지 않는 사람에게 내세에 임할 뿐만 아니라, 회개한 사람과 회개하지 않은 사람 모두에게 이생에도 임한다. 다윗의 삶은 그가 회개의 시편을 노래한 후에도 갖가지 어려움과 괴로움으로 가득했다. 다윗은 죄를 씻음받고, 사함받고, 확신을 얻었지만, 그럼에도 자기 행동의 결과에서 완전히 자유롭지 못했다. 죄가 결국 고통이라는 값을 치를 뿐이라는 것을 알면서도 어떻게 우리는 그렇게 미련하게 죄로 돌진할 수 있을까? 토머스 브룩스는 이렇게 경고한다. "사탄은 최고를 약속

---

4  Goodwin, *Works*, 3:416.
5  Goodwin, 3:416.

하지만 최악으로 갚는다. 사탄은 영광을 약속하지만 치욕으로 갚고, 쾌락을 약속하지만 고통으로 갚고, 이득을 약속하지만 손해로 갚으며, 생명을 약속하지만 죽음으로 갚는다. 하지만 하나님은 약속한 대로 주신다. 하나님이 지불하시는 모든 것은 정금으로 만들어졌기 때문이다."[6] 모세가 그랬던 것처럼, 치러야 할 대가를 헤아려 보고 하나님의 상급을 기대하라(히 11:24-26).

## 하나님의 자비

자기 백성에 대한 하나님의 사랑은 하나님의 지혜롭고 인내심 있는 목적에 따라 일정하게 표현된다. 우리는 모두 똑같이 그리스도의 피로 의롭다고 여김받지만, 하나님은 은혜 안에서 우리의 성장과 관련해서는 다양한 방식으로 우리를 대하신다. 굿윈의 말에 따르면, 하나님은 "어떤 사람은 하나님의 사랑이 그들 마음에 널리 뿌려진 후에도 죄를 짓게 내버려두신다. 어떤 사람은 죄를 짓지 않게 지켜 주심으로써 자신의 값없는 사랑을 보여 주시고, 또 어떤 사람은 용서하고 회개하게 하심으로써 값없는 사랑을 보여 주신다."[7] 대다수 그리스도인들은 주님과 함께하는 행보의 어떤 시점에서 모두 이런 현실을 경험한다. 우리는 하나님의 은혜와 자비 덕분에 죄를 짓지 않게 되는데, 때로는 하나님이 은혜롭게 보호하신다는 사실을 제대로 깨닫지조차 못할 때도 있다. 또 어떤 때는 하나님만 아시는 어떤 이유로 죄짓는 습관에 빠

---

6  Thomas Brooks, *The Works of Thomas Brooks*, ed. Alexander B. Grosart, 6 vols. (1861-67; repr., Edinburgh: Banner of Truth, 2001), 2:322.
7  Goodwin, *Works*, 3:419.

진 상태로 있을 때도 있다.

삼손의 사례는 죄로 돌아가는 행동의 우둔함을 적절히 상기시킬 뿐만 아니라, 우리의 터무니없는 행동에도 불구하고 하나님께서 우리에게 보여 주시는 자비를 일깨워 주기도 한다. 히브리서 11장에서는 삼손의 믿음에 경의를 표하는데, 이는 하나님의 은혜에 대한 증거라고 볼 수 있다. 하지만 여기서는 특정한 사실들을 상세히 언급해 볼 만하다. 때때로 죄를 좇는 우리와 다르지 않게 삼손은 부모의 바람과 경고에도 불구하고 블레셋 여자를 아내로 삼고자 했고, 부모의 반대를 받아들이려 하지 않았다(삿 14:1-3). "내가 그 여자를 좋아하오니 나를 위하여 그 여자를 데려오소서"(3절; 7절도 보라). 이 경우를 보면, 삼손은 무엇이 주님의 눈에 옳게 보이는지는 신경 쓰지 않고(신 6:18; 삿 17:6; 21:25) 자기 우둔함의 제물이 되어, 자기 "눈에 들었던" 여자, 어떻게 해서든 자기 소유로 삼아야 했던 여자에게 배신당했다(삿 14:17-18). 삼손은 이 일에서 교훈을 얻지 못했다. 가사 사람들이 자기를 죽이려 하리라는 것을 알면서도(16:2-3) "가사에 가서 거기서 한 기생을 보고 그에게로 들어"(16:1)간 것을 보면 알 수 있다. 삼손이 그 상황에서 빠져나왔다는 사실이 그의 무분별한 행동을 없었던 일로 해 주지는 않는다. 삼손은 이번에는 들릴라와 사랑에 빠졌는데, 들릴라는 삼손을 속이고자 했던 세 번째의 블레셋 여인이었으며, 이 여인에게 얽혀든 탓에 이제 삼손은 곧 죽게 될 터였다(4-30절). 삼손은 주님 안에서 영웅적 자세로, 그리스도 같은 믿음의 행위로 죽었다. 하지만 우둔함 때문에 생명을 대가로 치렀다는 것 또한 사실이다.

우리는 삼손의 사례를 보며 조심해야 한다. 어리석게 행동한 사람에게 자비를 보여 주신 하나님에게는 영광을 돌릴 수 있다. 하지만 삼손은 더 잘 알았어야 했다. 그는 사사였기 때문이다(삿 15:20). 더 많이 주어진 사람에게는 더 많은 것이 요구된다(눅 12:48). 의도적으로 죄를 짓고 나서 삼손처럼 자비를 받기를 기대한다면, 삼손처럼 영웅적인 믿음의 행위를 행할 능력도 기대해야 할 것이다. 삼손의 삶에 분명하게 드러난 은혜를 무시하고 단순히 그의 악행만을 지적하면서, 자신이 의도적으로 주님을 떠나 죄에 빠진 것을 하나님께서 눈감아 주시리라고 생각해서는 안 된다. 삼손은 사사(judge)였음에도 온 땅의 재판관(Judge)이신 분께 심판받았다(judged). 삼손은 자기 죄의 결과를(즉, 두 눈을 잃은 것을) 체감했다. 주님 밖에 있는 사람과 낭만적 관계를 맺으려 하는(예를 들어 "내가 저 사람이 회심하는 데 도구가 되어 줄 수 있잖아"라고 하면서) 그리스도인이 있다면, 삼손이 하늘에서 "그러면 안 된다"고 고함치는 광경을 상상해야 한다. 하나님의 자비를 함부로 추정해서는 안 된다. 하나님의 자비는 마음이 상한 사람들을 위한 것이지 마음이 굳은 사람들을 위한 것이 아니다. 삼손은 명예롭게도 믿음으로 자신의 경주를 잘 마쳤다. 삼손이 세리의 말을 빌려 "하나님이여 불쌍히 여기소서 나는 죄인이로소이다"(눅 18:13)라고 기도하는 모습을 상상할 수도 있을 것이다.

우리가 세심하게 살펴야 할 요점은 단순하다. 하나님의 자비가 우리를 현재의 무의미한 삶에서, 그리고 장차의 영원한 심판에서 구했다는 것이다. 우리가 받은 그 자비는 우리가 어리석게 죄짓는 삶으로 돌아가지 않게 지켜 줄 것이다. 그러나 설령 하나님의 자녀가 지속적인 죄와 방황의 습관에 빠져들어도, 여전히 이들을 위한 자비가 있다. 하지만 이 자비가 우리 행동의 모든 결과를 없애 주지는 않는다. 하나님의 은총을 받은 사람들에게도 죄의 결과는 여전히 남는다. 하나님의 마음에 합한 사람에게도 죄의 결과가 따랐다면, 여러분에게도 분명 그러할 것이다.

## 적용

찰스 스펄전은 『시편 강해』(*Treasury of David*)에서 시편 85편 8절을 주석하면서 영적 퇴보의 어리석음에 대해 다음과 같이 말한다.

> 영적 퇴보자들은 이 구절을 최대한 세심하게 연구해야 한다. 이 구절은 이들에게 위로를 주면서도 경고하며, 충성을 되찾을 수 있도록 끌어당기고, 그와 동시에 길을 잃고 더 먼 곳으로 나가는 것에 대한 건전한 두려움을 불어 넣는다. 어리석은 행동으로 다시 돌아가는 것은 과거 한때 어리석었던 것보다 더 악하다. 이 행동은 강퍅함과 고집스러움을 입증하며, 그 영혼이 일곱 가지 죄에 휘말리게 만든다. 어떤 대가를 치르든 바보가 되고자 하는 사람만큼 어리석은 자는 없을 것이다.[8]

이 인용문은 어리석은 삶으로 되돌아가는 사람들에 관하여 말하는 이 장의 주된 염려를 유쾌하게 요약해 준다. 우리는 과거의 생활 방식으로 돌아가고 싶은 유혹에 저항해야 한다. 하나님의 은혜로 우리는 그 삶이 완전히 파산했다는 것을 알고 있다. 하지만 세상과 우리의 죄와 마귀는 쉴 새 없이 우리 영혼을 뒤쫓는다.

다시 악의 길로 돌아가는 어리석음과 관련해서 우리는 배교라는 또 한 가지 유감스러운 사실도 직시해야 한다. 하나님의 참자녀는 그리스도의 영이 내주하는 사람들로서, 다시 악의 길로 돌아가는 어리석음을 이생에서 회개하는 것이 당연하다. 하지만, 굿윈의 표현을 빌리자면 "완전히 믿음을 버리고, 한 번 빛을 받고 하나님의 선한 말씀을 맛보고도 죄의 쾌락에 빠져서 절대 회개하지 않는"

---

8  Charles Spurgeon, *The Treasury of David: Containing an Original Exposition of the Book of Psalms*, vol. 4, Psalm LXXIX to CIII (London: Passmore & Alabaster, 1874), 87.

사람들은 어떨까?⁹ 이런 사람들은 자기가 토해 놓은 것으로 다시 돌아가는 사람들이다(잠 26:11). 그러면 세상은 이런 영혼들에게 무엇을 약속할 수 있는가? 세상이 하나님 오른편에 있는 영원한 즐거움을 약속해 줄 수 있는가?(시 16:11)

그리스도인의 삶에서 견인은 쉽지 않다. 예수님은 다른 누구보다도 이를 잘 알고 계셨고, 그래서 계속 이를 강조하셨다. 많은 사람이 예수님을 믿었지만, 예수께서는 "그의 몸을 그들에게 의탁하지" 않으셨다. 아니 아마도 이들을 "믿지" 않으셨다(요 2:24; "믿었다", "의탁한다"는 말은 그리스어 '피스테우오' pisteuō 에서 온 말이다). 무리와 함께 있을 때 예수께서는 참된 제자의 인증마크로서 자기 부인(self-denial)에 대해 말씀하셨다. 자기 부인에는 날마다 우리 십자가를 지고 그리스도를 따르는 일도 포함된다(막 8:34). 세상적 관점에서 자기 목숨을 구하고자 하면 모든 것을 다 잃게 될 것이다. 그러나 내 목숨을 그리스도의 기준에서 그리스도를 위한 손실로 여긴다면, 그 모든 것을 되찾고 가장 영광스러운 방식으로 그 생명을 더 소유하게 될 것이다(35절). 그리스도께서는 다음과 같이 뇌리를 떠나지 않는 유명한 말씀으로 여러분에게 호소하신다. "사람이 만일 온 천하를 얻고도 자기 목숨을 잃으면 무엇이 유익하리요 사람이 무엇을 주고 자기 목숨과 바꾸겠느냐"(36-37절). 이 수사학적 질문은 "무엇으로도, 무엇으로도 그렇게 할 수 없다!"고 소리치며 스스로 답변한다. 토머스 보스턴은 대가를 계산해 보라고 말한다. "주님에게 등을 돌림으로써 얻게 될 것이 무엇이라고 생각하든, 그 사이 천 배나 더 많은 것이 파멸에 이를 것이다. 무엇을 손에 넣게 될지만 생각하지 말고 무엇을 내놓아야 할지도 계산해 보라. 무엇을 얻게 되든 차라리 아무것도 얻지 못하는 게 더 낫다는 것을 깨닫게 될 것이다"(마 16:26을 보라).¹⁰

최종적으로 적용해 볼 때 이는 우리의 회개가 자주 있어야 한다는 의미다. 일상적인 믿음과 회개의 행위가 있어야 우리의 양심이 죄책, 위험, 죄의 공포에 대한 민감성을 유지할 수 있다. 회개를 멈추면 하나님을 의지하는 것도 멈추게 된다. 하나님의 자비를 시야에서 잃어버리고 방황하는 우리 모습을 보게

---

9   Goodwin, *Works*, 3:428.
10  Boston, *Works*, 9:505.

될 것이다. 우리는 날마다 회개하면서, 시험에 들지 않게 인도해 주시기를 하나님께 구해야 한다(마 6:12-13). 로버트 로빈슨은 하나님을 떠나 방황하기 쉬운 우리의 성향을 잘 알고 있으며, 아래와 같은 유명한 찬송가 가사를 통해 하나님께서 우리를 끝까지 보전해 주시기를 바라는 거듭난 영혼의 소망에 대해 말하고 있다.

> 오, 그 은혜에 얼마나 큰 빚을 졌는지
> 매일 그 은혜에 매여 있네
> 그 은혜가 이제 사슬처럼
> 방황하는 내 마음을 주께 묶기를
> 방황하기 쉬운 내 마음, 주여 내가 느낍니다
> 사랑하는 하나님을 떠나기 쉬우니
> 여기 내 마음, 오 받아서 인 치소서
> 위에 있는 주의 궁정 위해 인 치소서.[11]

### 더 깊은 묵상을 위한 질문

1 _ 왜 우리는 여전히 세상에 끌림을 느끼는가? 우리가 세속으로 돌아가지 못하도록 막아 주는 것은 무엇인가?
2 _ 세상에 대한 사랑과 하나님에 대한 사랑이 각각 우리에게 무엇을 줄 수 있는지를 생각해 볼 때, 우리는 이 두 가지 사랑에 대해 스스로에게 뭐라고 말해야 하는가?
3 _ 영적 퇴보 상태에서의 회복은 하나님에 관해 우리에게 무엇을 가르쳐 주는가?
4 _ 사사기 16장, 시편 16편을 읽고 묵상하라.

---

11  Robert Robinson, "Come, Thou Fount of Every Blessing" (1758) (찬송가 28장 "복의 근원 강림하사").

## 13 영적 퇴보자의 회복

> 그리스도인 공동체의 여러 활동 중,
> 길 잃은 사람들을 회복시키는
> 것이야말로 가장 주된 활동으로 손꼽힌다.
>
> _ 토머스 맨턴[1]

### 우리의 책무는 사랑

앤드류 풀러는 영적 퇴보 문제에 관해 글을 쓰는 사람이라면 마땅히 지녀야 할 태도를 다음과 같이 포착한다. "어떤 사람을 잘못된 길에서 구해 내는 데 도구로 쓰이고자 하고 어떤 사람을 설득해 더 철저히 경계하게 만들고자 하는 소망이 아니었다면, 나는 지금까지 쓴 것 같은 그런 글을 쓰지 않았을 것이다. 죄인 친구의 악한 행위를 폭로하는 일, 그 행위의 위험한 영향을 추적하는 일은 그 사람의 구원이나 견인을 목적으로 하지 않는 한

---

[1] Thomas Manton, *A Practical Commentary or Exposition on the General Epistle of James*, abr. and ed. the Rev. T. M. Macdonogh (London: W. H. Dalton, 1844), 396.

아무런 만족도 줄 수 없다."[2] 바울이 디모데에게 말했다시피, "이 교훈의 목적은 청결한 마음과 선한 양심과 거짓이 없는 믿음에서 나오는 사랑"이다(딤전 1:5).

자기 양떼와 보편 교회에 관심을 기울이는 목회자라면 하나님의 백성도 수많은 잘못에 빠질 수 있다는 가혹한 현실에 직면할 것이다. 영적 퇴보와 그 결과는 양떼를 돌보는 충성스러운 목회자들 사이에 큰 불안을 초래한다(고후 11:28). 우리는 영적 퇴보의 현실을 시인하고, 검토하고, 드러내야 한다. 하지만 이 과정에서 당사자에게 소망을 주고 치료책을 제공하며 하나님이 영광받으시도록 하려는 집중적 노력도 있어야 한다.

우리의 바람은 단순하다. 우리는 영적 퇴보자들이 다시 돌아와 하나님을 찬양하며 자기를 위해서가 아니라 하나님을 위해 살기를 바란다. 영적 퇴보자들은 회개를 통해 찬양과 예배를 회복하지 않는 한 돌아오지 않는다. 그리스도인의 삶은 원래 지나치게 복잡하지 않다. 하나님은 우리를 자녀로 대하시지, 물리쳐야 할 원수로 대하시지 않는다. 또한 하나님은 은혜롭고 자비롭고 오래 참으시는 자신의 본성에 따라 우리를 대하신다. 이 같은 사실은 영적 퇴보자들의 회복과 관련해 모든 소망의 근거가 되어 준다. 그와 동시에 하나님은 자기 종들의 은사와 은혜를 활용해서 방황하는 양떼를 회복시키신다. 하나님의 종은 바로 그런 종이어야 한다. 그런 헌신이 없다면 우리는 영적 퇴보자들을 섬기는 정서적으로 고통스러운 과정에 관여하고 싶지 않을 것이다.

---

2   Andrew Fuller, *The Backslider* (London: Hamilton, Adams, and Co., 1840), 71.

## 수단과 목적

바른길을 벗어난 사람의 영적 안녕에 관심이 있는 목회자와 경건한 이들은 영적 퇴보자가 참으로 하나님의 자녀라면 보통 자신의 영적 질병을 어느 정도 지각하고 그 병에서 벗어나고 싶어 할 것이라고 확신할 수 있다. 앤드류 풀러는 영적 퇴보자들이 "모든 신앙을 완전히 거부하는 상태에 빠지지 않는 한" 자신의 상태가 용납할 만한 상태가 아니라는 것을 알고 대개는 회복되고 싶어 한다고 주장한다.[3] 목회자가 부딪치는 가장 두려운 현실 한 가지는, 주님과 동행하지 않는 게 분명한데도 자신의 영적 상태에 관해 아무런 자각이나 염려가 없는 사람이 있다는 것이다. 그런 사람은 영적 퇴보자라기보다 배교자일 것이다. 물론 영적 퇴보자도 일시적으로 영적인 문제에 무관심할 수 있지만 말이다.

주 안에 있는 형제나 자매의 영적 나태함이 점점 확연해지고 지속적인 상태가 될 때 우리는 그 사람을 타이를 수 있고, 또 타일러야 한다. 토머스 맨턴은 사역자가 하는 일 외에 "그리스도인들 개인이 서로 간에 그리스도인으로서의 교제를 유지할 수 있을 뿐만 아니라 유지해야 한다…이들은 죄를 밝혀 주는 말로써 서로를 상호 간에 각성시켜야 하며, 이는 마음의 완악함과 배교를 방지하기 위해서"라고 우리에게 일깨워 준다.[4] 그렇게 거룩하게 현실을 마주하고자 하는 우리의 소망은 생각보다 복잡할 수 있다. 기본적으로 우리의 소망은 언제나 주님 안에 있으며, 주께서는 죄인

---

3  Fuller, 71.
4  Manton, *Practical Commentary on James*, 396.

안에 새로운 생명을 심어 주신다. 하지만 주께서는 경건한 사람이 주의 길로 향하게 만드는 특정한 수단을 우리에게 주시기도 한다. 예를 들어 하나님은 다윗이 암흑 같은 시간을 보내고 난 후 회개할 수 있게 하셨지만, 나단을 이용해 다윗이 자기 죄를 직시하게도 하셨다. 이 일에서 알 수 있는 것은, 우리는 승리의 영으로 활력을 얻은 은혜로 영적 퇴보자의 마음이 설복되기를 바라고 하나님께 기도하지만, 하나님은 우리가 수동적으로 물러나 앉아서 그 영혼에 어떤 직접적인 역사가 일어나기를 기다리는 것을 원치 않으신다는 것이다. 확실히 주께서는 그런 역사를 일으키실 수 있고 실제로 종종 일으키신다. 예를 들어 영적 퇴보자의 삶에 위기가 닥치게 하신다거나 단순히 하나님의 말씀을 읽게 하심으로써 말이다. 그러나 하나님은 보통 자기 종들을 쓰셔서 설교나 상담, 도서, 개인적 교제 같은 수단을 통해 그런 목적을 이루신다.

영적 퇴보자들에게 권고할 때 하나님의 축복이 있기를 기대한다면 그 권고가 하나님 말씀의 원리와 일치해야 한다. 무심한 사람들은 영적 퇴보자들에게 평안이 없는데도 아무 생각 없이 "평안하세요, 평안하세요"라고 말한다. 그렇다면 영적 퇴보자들에 대한 우리의 기본적 접근 태도는 어떠해야 하는가? 우리는 주님께로 돌아가기가 주님을 떠나 방황하기보다 더 어렵다는 것을 알아야 한다. 깨지고 피 흐르고 야윈 상태로 콘크리트 계단을 다시 올라가기가 계단을 내려가기보다 어려운 것과 마찬가지다. 영적 퇴보자들은 주께로 돌아올 때 큰 싸움에 직면하며, 이 싸움이 힘들기에 온갖 감정들이 생겨 나올 수 있다. 따라서 이들에게 권면하는 사람들은 그런 감정들에 대비가 되어 있어야 한다. 맨턴은 "오류는 다루기 힘들며", "잘못을 자각시키고 꾸짖는 말은 종종 증오

를 낳는다"고 지혜롭게 말한다.[5]

하지만 삼위일체 하나님께서 영적 퇴보자 한 사람을 하나님과의 기쁜 교제로 돌아오게 하실 때, 그 일에 우리가 쓰임받는다면 이생에서 그것보다 더 보람 있는 일은 별로 없을 것이다. 세상은 온갖 사람들의 수많은 성취에 환호를 보내지만, 천국은 그리스도를 높이는 성도들이 영적 퇴보자들을 향해 주님께 돌아오라고 충성스럽고 담대하고 참을성 있고 은혜롭게 외치는 소리에 박수갈채를 보낸다.

### 회개와 찬양

리처드 십스는 호세아 14장 연속 설교집인 *The Returning Backslider*(돌아오는 영적 퇴보자)라는 책을 펴냈는데, 훌륭한 설교집임에도 거의 주목을 받지 못한 이 책에서 십스는 영적 퇴보자들을 철저히 분석하고 어떻게 하면 이들을 경건한 삶으로 돌아오게 할 수 있는지 그 방법을 제시한다.

호세아 14장은 죄에 빠져 비틀거리는 이스라엘을 향해 회개하고 주께 돌아오라고 하는 부름으로 시작된다. 반대 의견이 있기는 하지만, 이 세상에서 우리의 큰 문제는 우리의 죄다. 그러나 십스가 주목하는 것처럼 "세상과 지옥의 모든 권세로도 한 사람을 계속 비참한 상태에 붙잡아 둘 수 없고, 참되고 진실한 회개로 죄와 결별하고자 할 경우, 그 사람이 위로와 행복을 되찾는 것을 가

---

5　Manton, 397.

로막지도 못한다."⁶ 이런 돌이킴의 전조는 아마 자신이 주님을 떠나 죄의 길로 빠졌다고 겸손하게 인정하는 행동일 것이다. 그리스도께서는 에베소 교회를 향해 단호히 말씀하신다. "그러나 너를 책망할 것이 있나니 너의 처음 사랑을 버렸느니라 그러므로 어디서 떨어졌는지를 생각하고 회개하여 처음 행위를 가지라 만일 그리하지 아니하고 회개하지 아니하면 내가 네게 가서 네 촛대를 그 자리에서 옮기리라"(계 2:4-5). 회복이 어떻게 일어나는지 주목하라. 인정하기, 회개하기, 새로이 순종하기, 이것이 회복의 순서다.

영적 퇴보자에게 회개가 필요하다는 또 다른 증거로서 십스는 이렇게 말한다. "우리가 알다시피 므낫세가 죄를 멀리하자마자 주께서 그에게 자비를 내리시고 포로 상태에서 풀어 주셨다(대하 33:12, 13). 사사기에서 이스라엘 백성도 마찬가지다. 이들이 겸손해져서 하나님께 돌아오자마자 하나님께서 이들의 모든 죄를 용서해 주신 적이 얼마나 자주 있었는지 보라. 죄를 멀리하자마자 하나님과 이들은 다시 만났다. 그래서, 우리가 참회개로 그리스도께 나가면, 죄도, 징벌도 우리에게 달라붙을 수 없다(시 106:43, 44; 107:1, 9)."⁷ 믿음과 회개로 그리스도인의 삶을 시작하는 것처럼, 우리는 믿음과 회개로 날마다 그 삶을 계속해 나간다. 영적 퇴보자라고 해서 다른 계획을 따라야 할 이유가 어디 있겠는가? 소매를 걷어붙이고 더 잘해 보겠다고 약속해도, 회개가 없으면 절망적이고 비참한 실패를 겪을 뿐이다.

존 오웬은 영적 퇴보자와 배교자 사이의 중요한 차이점 한 가

---

6 Richard Sibbes, *The Complete Works of Richard Sibbes, D.D.*, 7 vols. (Edinburgh: James Nichol, 1863), 2:257.

7 Sibbes, 2:257.

지, 즉 배교자는 회개할 능력이 없다는 점을 강조한다. "회개의 가능성이 다 사라지지 않는 한 누구에게도 구원의 가능성이 사라지지는 않는다"고 오웬은 단언한다. "복음이 자각시켜 주는 모든 죄 앞에서 절대적으로 마음이 완악해지지 않는 한 누구에게도 회개의 가능성이 다 사라지지는 않는다."[8] 오웬이 말하는 "회복 가능한 영적 퇴보"는 회개를 가능하게 하고 필요하게 한다. 그러므로 주님을 떠나 방황하는 사람을 회복시킬 때는 회개가 우리의 첫 번째 목표가 되어야 한다.

영적 퇴보자, 특히 우리가 사랑했고 다정히 교제했던 영적 퇴보자와 솔직하게 대면하려면 용기가 필요하다. 회개는 회복 과정에서 그냥 넘어갈 수 없는 단계이기 때문이다. 그러나 하나님께서 회개를 허락하시기만 한다면 이는 큰 보람이 따르는 일이다. 자기 죄를 진심으로 인정하고 그 죄에서 돌이켜 주님께로 돌아가는 사람은 필연적으로 죄인들을 위한 그리스도의 대속 사역에 새로이 감사하게 될 것이다. 사함받은 죄는 하나님께 대해 새로워진 사랑을 불러일으킨다. 마찬가지로, 죄 사함의 은혜는 변화의 은혜와 연결되고, 성결의 영이 죄의 권세를 제압할 것이라는 기대로 이어진다. 성화는 칭의의 친구이기 때문이다(고전 1:30).

따라서 이는 영적 퇴보자에게 크게 힘을 북돋아 주어서 하늘에 계신 사랑의 아버지께 가서 죄 사함을 구할 수 있게 한다. 하나님은 자기 아들이 높임받는 것을 좋아하시는데, 그리스도께서 우리를 위해 하신 일을 최우선으로 활용한다면 이것이 바로 그분을 높이는 것이다. "모든 불의를 제거"해 달라고 하나님께 구한 후 또한

---

8　John Owen, *The Works of John Owen*, ed. W. H. Gould, 24 vols. (Edinburgh: T&T Clark, 1850-53), 7:236.

우리는 새로워진 우리의 순종의 관점에서 "선한 바를 받으"시기를 간청할 수 있다(호 14:2). 우리에게 있는 소망은, 일단 하나님께로 돌아가면, 그리스도의 형상을 닮는 일에 크게 진보를 보이면서 "하나님을 두려워하는 가운데서 거룩함을 온전히 이루"(고후 7:1)는 일을 잘 해내리라는 것이다.

회개 후에는 찬양이 따라야 한다. "주여 내 입술을 열어 주소서 내 입이 주를 찬송하여 전파하리이다"(시 51:15). 영적 퇴보자를 잘 설득하여 죄에서 돌이켜 주님에게로 돌아가게 하는 일에 성공한다 해도 거기서 멈춰서는 안 된다. 찬양과 예배가 있어야 한다. 찬양과 예배는 우리 아버지의 자애와 자비, 오래 참으심에 비춰 우리의 죄를 직시할 때 생겨난다. 자신이 하나님을 멸시했고, 그럴 만한 이유도 없이 무시했고, 하나님의 축복을 별로 활용하지 않았다는 것을 깨달을 때, 그럼에도 하나님이 자신을 받아들여서 사랑으로 교제하고자 하신다는 것을 알게 될 때, 이 영적 퇴보자가 회개 후에 보일 수 있는 적절한 태도는 찬양뿐이다. 하나님 찬양에는 변화의 힘이 있다. 우리는 우리가 예배하는 대상을 닮아 가기 때문이다. 이스라엘 백성이 회개와 관련해서 들은 말은, 하나님이 이들을 치유하시고 "기쁘게(freely) 그들을 사랑"하리라는 것이었다(호 14:4). 하나님은 값없이(freely) 사랑하신다.

새 언약 안에 있는 우리에게는 하나님이 우리를 값없이 사랑하시는 근거로서 그리스도의 위격과 사역이라는 명료한 사실이 있다. 그래서 옥타비우스 윈슬로우는 영적 퇴보자를 회복시키시는 데 나타난 그리스도의 사랑에 대해 이야기한다. "오직 가장 무한하고, 다정하고, 불변하는 사랑만이 영적 퇴보자가 그런 행동을 하게 만들 수 있다. 신자가 하나님을 떠나는 죄에는 엄청나게 사악한 배은망덕, 엄청나게 깊은 간악함이 있어서, 그리스도 사랑의 속성이 아니라면 그가 다시 돌아오리라는 소망은 있을 수 없을 것이다."⁹ 영적 퇴보자가 주께로 다시 돌아온다면 그것은 주께서 하신 일임을 우리는 알게 된다. "내 영혼을 소생시키시고 자기 이름을 위하여 의의 길로 인도하시는도다"(시 23:3). 존 버니언은 우화 소설 『거룩한 전쟁』(*The War*)에서 이 점을 잘 포착했다. 이 작품에서 그리스도를 상징하는 임마누엘 왕자는 영적으로 퇴보했다가 이제 회복된 인간 영혼 마을을 향해 말하는데, 개별 영혼과 공동체 교회를 상징하는 이 마을을 향해서 그는 "영적 퇴보의 길은 너희의 길이었으나, 너희를 회복시키는 방법과 수단은 나의 길이었다"고 선언한다.¹⁰ 선한 목자로서 예수님은 자기 양떼를 구원하고 보호하실 뿐만 아니라, 이들이 길을 잃을 때 찾아서 다시 양 무리에게 데려오신다. 예수님은 자기 이름을 위해서, 그리고 우리의 유익을 위해서 이렇게 하신다. 길 잃고 방황하는 양떼를 회복하심은 그리스도와 아버지께서 우리를 값없이 사랑하시기 때문이다.

 탕자 비유는 다시 돌아오는 영적 퇴보자들을 대하는 아버지의 성품을 잘 보여 준다. 아들이 돌아오는 모습을 본 아버지는 "측은히 여겨 달려가 목을 안고 입을 맞추"었다(눅 15:20). 참으로 회개하는 모습을 보이는 아들("아버지 내가 하늘과 아버지께 죄를 지었사오니", 21절)은 윈슬로우가 "변함없는 사랑, 애틋한 연민, 아들이 돌아

---

9 Octavius Winslow, *Personal Declension and Revival of Religion in the Soul* (Eugene, OR: Wipf and Stock, 2001), 261.

10 John Bunyan, *The Holy War, Made by King Shaddai upon Diabolus, for the Regaining of the Metropolis of the World; or, the Losing and Taking Again of the Town of Mansoul*, ed. Roger Sharrock and James F. Forrest (Oxford: Clarendon Press, 1980), 246.

오는 것을 반갑게 맞이하려는 열망이 가장 잘 표현"되었다고 한 품 안으로 받아들여졌다.[11] 잃어버린 양과 동전 비유와 마찬가지로 이 비유는 길 잃은 죄인의 회개에 관한 비유로, 아버지는 이 죄인 아들을 사랑으로 받아들이신다. 그런데, 우리가 회심할 때 아버지가 사랑으로 두 팔을 벌려 우리를 맞아들이시는 것처럼, 우리가 다시 먼 나라로 갔다가 돌아올 때도 아버지는 똑같이 하신다. 그래서 어떤 의미에서 영적 퇴보자가 돌아오는 일은 죄인의 회심과 상당히 유사하다. 회개하고 다시 주님께 돌아오라고 영적 퇴보자들에게 권면할 때, 하나님의 자녀가 집으로 돌아오면 천국의 축하 잔치가 벌어지리라는 약속을 언급하기를 소홀히 한다면 우리는 가련하게 실패한 것이다. 하나님은 그 탕자의 형이 아니다. 비록 많은 영적 퇴보자가 불신앙으로 하나님을 마치 그 형처럼 대하지만 말이다.

---

11  Winslow, *Personal Declension*, 275.

## 적용

살다 보면 우리 자신이나 우리가 알고 사랑하는 사람이 영적으로 퇴보하는 때를 누구나 마주하게 될 것이다. 사실 자신이 그 두 가지 상황을 다 겪고 있음을 깨닫는 이들이 많을 것이다. "그러므로 무엇이든지 남에게 대접을 받고자 하는 대로 너희도 남을 대접하라 이것이 율법이요 선지자니라"(마 7:12). 그렇다면 그런 상황에서 위험을 경고받고자 하는가?

사랑에는 일정한 요구가 있고, 그중에는 지극히 값비싼 대가를 치러야 하는 요구도 있을 수 있다. 목회자라면 처음 사랑을 버린 교인 문제 때문에 고통스럽고 마음 아픈 경험이 대부분 다 있을 것이다. 회개하고 그리스도를 믿는 믿음을 새롭게 하라고 권면하고 요구하지만, 아무리 부드럽게 말한다 해도 이런 권면과 요구가 늘 받아들여지지는 않는다. 영적 퇴보자들은 자기가 곤경에 빠져 있다는 것을 부인할 뿐만 아니라 오히려 목회자를 공격하고 사람들 앞에서 험담을 하기까지 한다. 그런 일을 겪어 본 적이 있는가? 그리스도께서도 그런 일을 당하셨다. 그런 행동을 해 본 적이 있는가? 하지만 그리스도께서는 회개하는 사람은 거리낌 없이 용서하신다. 그리고 시간이 지나면 질책을 받은 사람도 대개 자기 죄를 깨닫기 시작하고 자기 마음이 부드러워지는 것을 느낀다. 이들은 다음과 같은 사실을 기억하게 된다.

> 면책은
> 숨은 사랑보다 나으니라
> 친구의 아픈 책망은 충직으로 말미암는 것이나
> 원수의 잦은 입맞춤은 거짓에서 난 것이니라(잠 27:5-6)

우리에게는 하나님의 말씀에 충실하고 당면한 상황에 이 말씀을 적절히 적용할 의무가 있기는 하지만, 구원과 마찬가지로 '성장'도 성령께서 하시는 일로서 주님에게서 비롯된다는 점을 기억해야 한다(고전 3:6). 우리는 하나님을 떠나 표류하는 이들에게 진리를 전해 주는 하나님의 도구이기는 하지만, 회개는 이들을 해안으로 다시 데려오기 위한 하나님의 선물이다.

그리스도 안에서 형제자매와 친밀한 우정을 키워 나가면, 이들이 도움을 필요로 할 때 이들을 섬길 수 있다. 예를 들어 어떤 성도와 십 년 동안 가까이 교제했다면(좋을 때나 힘들 때나), 그 성도가 바른길을 벗어났을 때 옳은 말을 해 줄 수 있는 문이 열려 있는 셈이다. 내가 어떤 사람이고 자기를 얼마나 사랑하는지 알기에 기꺼이 내 말을 경청하려 할 것이기 때문이다. 나와 가장 가까운 사람이 바로 사랑으로 나와 대면하기에 가장 적합한 사람임을 경험한 적이 있지 않은가? 그렇다면 그런 때를 위해 사람들과 관계를 맺어나가는 것이 얼마나 가치 있는 일인지를 과소평가하지 말라. 영적 퇴보자를 회복시키는 일은 단순한 해법을 지닌 복잡한 과정이다. 리처드 백스터는 『참목자상』(*The Reformed Pastor*)에서 이렇게 말한다. "우리 목회의 전 과정은 우리가 목양하는 사람들에 대한 다정한 사랑으로 이행되어야 한다. 이들에게 유익을 주는 것 외에는 그 무엇도 우리를 기쁘게 하지 못한다는 사실을 이들이 알 수 있게 해야 한다…목회자는 주인이 아니라 아버지이고, 그러므로 자기 교인들을 자기 자녀에게 하듯 애정을 가지고 대해야 한다는 점을 기억해야 한다."[12] 목회자가 자기 교인들에게 목자처럼 다정한 사랑을 보이지 못한다면, 이 사람들을 설득할 일이 있을 때 대단히 힘든 시간을 보내게 될 것이다. 이는 타인의 죄 문제를 다뤄야 할 때 우리 모두에게도 어느 정도 적용되는 사실이다. 내가 교회 안의 사람들에게 사랑, 친절, 인내 등을 얼마나 쏟으냐에 따라 하나님은 영적 퇴보자를 회복시키는 일에 나를 쓰실 수 있을 것이다. 영적으로 퇴보한 그리스도인이 내 사랑과 돌봄을 실감할 때, 그 사람은 내가 하는 말을 잘 받아들일 가능성이 높다. 설령 듣기 불편한 말일지라도 말이다.

갈라디아서 6장 1절에서 바울은 죄에 굴복한 어떤 사람을 회복시키고자 할 때 신자로서 우리가 온유한 태도로 임해야 하고 우리 자신도 똑같은 유혹에 빠지지 않도록 경계해야 한다고 강조한다. 어떤 사람의 특정한 죄를 다루든(예

---

12 Richard Baxter, *The Reformed Pastor*, updated and abr. Tim Cooper (Wheaton, IL: Crossway, 2021), 66.

를 들어 한 가정의 아버지가 가족들에게 분노를 터뜨리는 행동) 삶의 습관을 다루든
(예를 들어 영적으로 퇴보하여 가족을 학대하는 아버지의 행동이 마침내 폭로되었을
때) 겸손과 온유함으로 접근해야 한다. 성령의 열매는 성실함으로 죄인과 대면
하게 해 주고 온유함으로 그 사람에게 접근할 수 있게 해 준다. 오만하고 독선
적인 태도로 영적 퇴보자들을 내려다봐서는 좋은 결과를 기대할 수 없다. 우리
의 말뿐만 아니라 태도도 그리스도를 닮아야 한다. 그리스도는 우리의 이해를
초월할 만큼 우리를 온유하게 대해 주시기 때문이다. 맨턴은 우리의 성실한 질
책은 원래 "비난하고 정죄하려는 것이 아니라, 오류에 빠진 사람에게 조언하
고 그 사람을 되돌리려는 것이다…우리는 먼저 사랑의 불길로 죄인들을 태우
기를 힘써야 한다"고 일깨워 준다.[13] 사랑의 불길에 타오르는 죄인! 실로 그러
하다.

### 더 깊은 묵상을 위한 질문

1 _ 영적 퇴보자와 대화를 해 본 적이 있는가? 뭐라고 말했는가?
2 _ 어떤 영적 퇴보자가 있는데, 2년 동안 자기 자신을 위해 살다가
이제 교회로 다시 돌아올 필요성을 느끼고 있다고 가정해 보자.
그런 사람의 회개는 어떤 모습일 것이며, 결과를 기대할 수 있는
시점은 언제일까?
3 _ 어떤 사람이 나의 잘못을 가혹하게 내 앞에 들이댄 적이 있는
가? 좀 더 온유한 태도로 접근해 온 다른 사람과 비교해서 어떤
느낌이었는지 설명해 보라.
4 _ 시편 23편, 호세아 14장, 야고보서 5장 13-20절을 읽고 묵상하
라.

---

13  Manton, *Practical Commentary on James*, 397.

# 14

## 배교로 빠져들다

> 이 선언(히 6:4-6)은 그 자체로 엄숙하고 어떤 인물들에게는 놀라운 일이지만, 하나님의 겸손한 자녀를 낙담시키거나 두렵게 할 만한 내용은 전혀 없다.
>
> _ 제임스 스미스[1]

### 배교의 유형

개혁 신학은 대체로 성경의 가르침에 맞춰서 가시적 교회와 구원에 관한 진리를 이해하려고 한다. 예를 들어 우리는 성도의 견인 교리에 관해서는 의견 차가 거의 없다. 그리스도 안에 있는 참성도는 끝까지 견인할 것이다. 이 교리에 관해서는 많은 설교가 전해져 왔고 많은 책이 쓰였다. 그런데 별로 주목을 받지 못하는 또 하나의 진리가 있는데, 바로 완전한 배교에 관한 진리다. 배교라는 주제가 주목을 받지 못한 것은 아마 우리가 이

---

1  James Smith, *Sunny Subjects for All Seasons* (Halifax: Milner & Sowerby, 1858), 89.

에 대해 논의하기를 싫어하기 때문이거나, 배교가 언제 발생하는지에 관해 불확실성이 존재하기 때문일 것이다. 한때 믿음을 고백한 그리스도인이 일정한 특권과 축복을 누리며 살다가 그리스도와 함께 이 특권과 축복을 거부한다면, 이 일이 돌이킬 수 없는 지경이 되는 것은 어느 시점인가? 어떤 사람이 회개 불가능 상태에 다다르는 때는 언제인가?

확실하게 하자면, 어떤 사람이 복음에서 멀어지면 배교자라고 불릴 수 있지만, 이 사람은 사실 회복될 수 있다. 배교라고 해서 모두 똑같이 가증스럽지는 않다. 어떤 성질의 배교를 저질렀느냐에 따라 어떤 이들은 더 큰 죄책과 심판을 초래하기도 한다. 배교 전에 이 사람은 교회의 교사였는가, 아니면 일반 성도였는가? 은밀하게 배교하는가, 아니면 그리스도의 가르침을 단호히 증오하는가? 이런 질문들에 합리적으로 답변할 수 있다면, 그 배교자가 죄와 사탄과 세상의 손에 넘겨지는 그런 어두운 곳으로 향한다고 성경에 근거해서 엄숙하게 결론 내릴 수 있다. 이 시점에 이르면 참된 회개의 기회가 남아 있지 않다. 하나님은 이생에서 이미 이들을 심판하셨다.

어떤 의미에서 우리는 우리 자신만을 위해서가 아니라 우리가 사랑하는 사람들, 어쩌면 울타리를 뛰어넘어 그리스도와 거리가 먼 나라로 달려가는 사람들을 위해서도 이 문제에 관한 진실을 다 알고 싶어 한다. 또 어떤 의미에서 우리가 이 문제를 논의하거나 이 문제를 다룬 글을 읽고 싶어 하지 않는 것은, 누군가의 배교 행위를 생각하면 속이 타기 때문이다. 하지만 하나님께서는 우리의 유익을 위해 완전한 배교에 관한 진리들을 알려 주셨다는 점을 기억해야 한다. 우리는 이 문제에 관해 생각할 필요가 있을 뿐만 아니라 올바로 생각해야 한다. 예를 들어 영적 퇴보자는 완전한 배교를 판단하는 기준이 아주 낮게 설정되어 있기에 자신은 회복될 소망이 없다고 잘못 결론 내릴 수 있다. 하지만 회복 불가능한 배교에 대한 성경의 기준은 여전히 아주 높다. 이는 우리에게 큰 소망을 주어야 하지만, 그래도 어리석은 추측을 해서는 안 된다. 배교는 여전히 실제적이고 현존하는 위험이다. 이 장에서는 존 오웬의 도움을 받아 배교의 단계들을 성경을 기준으로 검토해 보겠다. 물론 목표는 배교가 어느 단계에서 회복의 소망을 잃게 되는지를 알아보자는 것이다.

## 회복 불가능성

회복 불가능한 배교를 다루는 고전적 본문인 히브리서 6장 4-6절에서 히브리서 기자는 "한 번 빛을 받고 하늘의 은사를 맛보고 성령에 참여한 바 되고 하나님의 선한 말씀과 내세의 능력을 맛보고도 타락한 자들은 다시 새롭게 하여 회개하게 할 수 없나니 이는 그들이 하나님의 아들을 다시 십자가에 못 박아 드러내 놓고 욕되게 함이라"고 증언한다. 여기서 "할 수 없나니"(impossible)라고 번역된 말(그리스어로 '아뒤나톤')은 히브리서의 다른 부분에서와 마찬가지로 강한 의미를 지니고 있다. "하나님이 거짓말을 하실 수 없는"(히 6:18), "믿음이 없이는 하나님을 기쁘시게 하지 못하나니"(11:6). 간단히 말해, 이런 사례에서 "불가능하다"는 말은 절대 있을 수 없는 어떤 일을 가리킨다. 히브리서 6장 4-6절에서 이 표현은 회개할 만큼 회복될 수 없는 사람들에 관해 쓰인 말이다(6:6). 이 사람들은 하나님에게서 참된 영적 축복을 받았다(예를 들어 이들은 빛을 받았다). 그런데도 이들은 참으로 구원에 이를 만큼 그리스도와의 연합에 이르지 못한다. 완전한 배교자들은 이 축복을 잃을 뿐만 아니라 이 축복이 이들에게는 저주가 된다.

이 책 3장("가지각색의 그리스도인")에서 우리는 택함받지 못한 사람도 어떤 의미에서는 성령을 받지만 구원에 이를 만큼은 아니라는 점을 생각해 보았다. 이 신앙 고백자들은 복음의 능력을 의미 있는 방식으로 경험했지만, 거듭날 마음은 없었다. 히브리서 6장 4-6절에서 말하는 사람들의 경우, 한때 누리고 경험한 영광스러운 축복을 잃었지만, 구원을 잃지는 않았다. 애초에 구원을 소유한 적이 없기 때문이다. 히브리서의 이 구절이 우리를 불편하게 만드는 한 가지 이유는, 얼핏 보기에 이 구절이 우리가 구원을 잃을 수 있다고 말하는 것 같기 때문이다. 그러나 언약 공동체, 즉 가시적으로 모인 교회라는 환경에서, 그 몸의 거듭나지 못한 지체들은 큰 축복을 잃는다. 그런 축복 중에는 그리스도를 믿되 구원에는 이르지 못하는 피상적 믿음과 죄로부터의 회개도 있는데, 이런 믿음과 회개 덕분에 이들은 양 무리 안으로 들어와 있을 수 있었지만, 이제 회복의 소망 없이 이 축복을 잃어버렸다(히 6:6). 이들이 그리스도와 참으로 가까이 있지 못한다는 것은 하나님의 주권적 목적에 따라 이들이 결코 구원에 이를 만큼 그리스도와 하나가 되지 못하리라는 의미다. 그뿐만 아니라 이들은 한때 누렸던 영적 축복 상태에 이를 만큼도 회복되지 못할 것이다.

오웬의 도움을 받아 이 문제를 좀 더 밝혀 보도록 하자. 실제적이고 내적인 회개는 거듭나게 하시는 성령의 역사를 통해 구원의 은혜로서 임한다. 이 회개는 잃어버릴 수 없다. 왜냐하면 이 회개는 그리스도와의 결정적 연합에서 발생하기 때문이다. 히브리서 6장 6절은 그런 회개를 염두에 두지 않는다. 오웬의 말에 따르면 "한 번도 소유한 적 없는 것에 이르기까지 다시 새로워질 수 있는 사람은 없기 때문"이다.[2] 하지만 "고백하고 서약하는 외견상의" 회개도 존재한다.[3] 이 '회개'는 가시적 교회 환경에서 외견상의 신앙고백을 존중하며, 대개 세례로써 인증되고, 이는 이 사람의 여러 가지 영적 현실(예를 들어 죄 씻음)에 대해 말해 주었다. 그러나 안타깝게도 겉으로 보이는 것이 내적인 현실이 되지는 않았다.

이 장에서 우리 앞에 놓인 질문은 어떻게 그런 사람을 식별하느냐는 것이다. 그래야 히브리서 6장 4-6절을 분별없이 취하여 그 말씀과 상관없는 사람에게 그 말씀을 적용하는 일이 없을 것이기 때문이다.

## 징후와 증거

그렇다면, 회복 불가능한 배교자의 주된 특징은 무엇인가? 배교를 다루는 글에서 오웬은 어떤 사람이 완전한 배교로 빠져들어 갈 때 주변에서 이를 알아볼 수 있는 몇 가지 단계를 제시한다. 초기 단계에서는 하나님의 은혜로 참회개로 돌이킬(최초로) 수 있는 것 같다. 그러나 하나님의 목적에 따라 그것이 더는 가능하지 않은 지점이 있다. 이제 우리는 이 지점 너머에 있는 단계들을 생각해 보아야 한다.

---

[2] John Owen, *The Works of John Owen*, ed. W. H. Goold, 24 vols. (Edinburgh: T&T Clark, 1850-53), 7:89.

[3] Owen, 7:89.

첫째, 오웬의 말에 따르면 배교자는 "복음의 어떤 선함이나 탁월함에 대해 맛을 다 잃었음"을 드러낸다.[4] 이런 사람들은 한때 "하나님의 선한 말씀…을 맛보"았고(히 6:5), 많은 부분이 자기 마음과 영혼에 합치한다고 생각했으며, 복음의 기본 사실들을 이해했고, 그리스도의 위격과 사역에서 사랑스러움을 보았다.

둘째, 복음의 탁월함에 맛을 잃으면 "곧이어 복음의 참 교리의 진리들에 대한 주요 증거와 확신을 잃는다."[5] 참으로 그리스도에게 연합한 사람들은 성령으로부터 성경의 진리에 대한 확신을 얻고 이에 대한 성령의 내적 증거를 얻는다. 이들은 믿음의 신비를 다 이해하지 못할 수는 있지만, 그리스도를 떠나서는 소망이 없다는 것을 알고 있다. 하지만 배교자들은 겉으로는 그 진리를 기꺼이 받아들이는 것 같아도, 이 진리가 생명을 구원하는 진리라는 확신이 영혼 속에 결여되어 있다. 그래서 배교할 때 이들은 겉으로는 명백히 받아들인 것 같지만 사실은 피상적으로 품은 진리를 버린다.

셋째, 배교자들은 복음에 약속된 일들을 멸시하는 모습을 아주 자주 나타내 보인다.[6] 이 지점에서의 문제는 이 상황이 지극히 위험해진다는 것이다. 이런 모습은 완전한 배교로 빠져드는 것을 분명히 보여 주는 듯하기 때문이다. 이 지점에서는 다음과 같은 진리들, 즉 그리스도의 죽음과 부활을 통해 이뤄지는 값없는 구원, 그리스도 안에 있는 신자들에게 약속되는 천국, 영광 중에 삼위일체 하나님을 예배하리라는 소망, 그리고(일부 배교자들의 경우) 내세

---

4   Owen, 7:231.
5   Owen, 7:231.
6   Owen, 7:232.

에 대한 소망이 온통 멸시된다. 배교자들은 천국이라는 기독교의 개념을 배격하고 그 대신 인간성이 최악인 사람(예를 들어 아돌프 히틀러, 이오시프 스탈린, 우파 그리스도인들)을 제외하고 누구에게나 열려 있는 정체불명의 평화롭고 고요한 곳 개념을 채택할 수도 있다. 그리스도는 배교자들에게 늘 걸림돌임이 증명된다. "이들은 하나님에게 관심을 가져도 그리스도를 통해서 갖지는 않으려 한다"고 오웬은 말한다.[7]

넷째, 배교자들은 홀로 영생을 줄 수 있는 분이신 그리스도를 배격할 뿐만 아니라, "그리스도와 복음으로써 한때 추구하던 목표를 위해 그리스도와 복음 대신 다른 어떤 길이나 수단을 선택한다."[8] 이런 사람들은 신적인 존재에 대해 계속 관심을 유지할 수도 있고, 심지어 그 신에게 예배하기까지 한다. 이들의 마음에는 종교의 씨앗이 있기에, 이들은 기독교의 교리 대신 인간이 만든 어떤 것(그게 무엇이든), 즉 특정한 삶의 규칙을 요구하고 순종에 따른 축복(현세적인 것이든 아니든)을 약속하는 어떤 것을 취한다. 배교자들은 그리스도의 구원의 길만 버리는 게 아니라, 자신들에게 무언가를 요구하는 하나님 개념을 철저히 버린다. 다른 어떤 것(예를 들어 트랜스젠더 행동주의, 무신론적 환경 운동)이 이들의 '종교'가 된다. 이들은 신앙을 고백하는 그리스도인으로서 과거에 지적으로 포용했던 모든 경고를 이제는 전혀 존중하지 않는다. 이들의 죄는 어쩌면 실행 면에서만이 아니라 죄를 조장한다는 면에서도 부끄러움 없이 공공연해진다. 그래서 선을 악이라 부르고 악을 선이라

---

7  Owen, 7:233.
8  Owen, 7:233.

고 부른다(사 5:20).

다섯째, 배교자는 공공연히 방종하게 행동하고 악을 조장하다가, 그런 삶의 방식을 반대한다는 것을 말과 삶으로 입증하는 신자들에게 증오심을 품는 경우도 많다.[9] 오웬이 주목하다시피, "큰 배교자들은 언제나 자신의 권세에 따라 말이나 행동으로 심히 박해하는 자들이었다. 그리스도를 사랑하는 이들이 그리스도께 속한 모든 사람을 그리스도의 소유라는 이유로 사랑하는 것처럼, 그리스도를 미워하는 자들은 그리스도께 속한 모든 사람을 그리스도의 소유라는 이유로 미워한다. 그리고 이들의 증오는 유형을 불문하고 그리스도의 사람들 전체에 대한 미움이기 때문에 가능한 모든 방식으로 작동한다."[10] 이 배교자들은 그리스도인들이 매우 겸손하고 정중한 태도 가운데서도 세상 모든 것의 영원한 운명에 관해, 그리고 배교자가 하나님의 심판 아래 있게 되는 것에 대해 무엇을 믿는지 알고 있다. 어쩌면 마음 깊은 곳에서 이들은 자신들이 소망 없는 상태임을 알고 있고, 그래서 그리스도의 사람들을 향해 증오심을 품는 것일 수도 있다.

여섯째, 배교자들은 그리스도의 사람들뿐만 아니라 성령도 미워하며,[11] 이는 성령이 다양한 방식, 이를테면 택함받은 사람들에게 믿음과 거룩함을 주심으로써 그리스도를 영화롭게 하기 때문이다. 히브리서 기자는 이어지는 경고 구절에서, "짐짓 죄를 범"(히 10:26)하고, "하나님의 아들을 짓밟고", "은혜의 성령을 욕되게 하는"(29절) 자들에 대해 말한다. 흥미롭게도, 성령의 사역이 일단 훼

---

9   Owen, 7:233-34.
10  Owen, 7:234.
11  Owen, 7:234.

손되면, 배교자들은 "공식적으로 용서 불가능하게" 된다고 오웬은 주장한다.[12] 그래서 배교의 패턴은 시작부터 심각한 것이 분명하지만, 절대 돌이킬 수 없는 지점이 있는 것 같다.

일곱째, 오웬은 이렇게 증언한다. "복음을 싫어한다고 공개적으로 고백하면, 이 고백이 이들의 세상적 관심과 이득과 일치하는 한, 우리가 지금 다루고 있는, 영혼을 파괴하는 죄가 완결된다."[13] 이 지점에 이르면 배교자는 기독교에 대한 증오를 공공연히 드러낸다. 초기 단계에서도 이와 비슷한 생각을 가졌을 수 있지만, 이제 이들의 타락은 그리스도와 그의 백성을 향해 큰 소리로 분노를 선언하는 방향으로 접어들었다. 이 배교자들이 회복 불가능인 이유는, 하나님이 이들을 타락한 마음으로 내어 주셨기 때문이다. 예를 들어 교회에서 자랐지만 자신의 신앙 고백에 등을 돌리고 교수나 집필 경력을 통해 자신의 지적 작업(예를 들어 역사나 성경 연구)을 세상에 열정적으로 공개하겠다는 뚜렷한 목적을 가지고 학자의 길을 가는 사람들을 생각해 보자. 어떤 의미에서 이들은 죽기도 전에 영원한 심판을 받는다. 위대한 빛과 축복을 걷어차고(히 6:4-6) 자기 자신 위에 정죄를 쌓아 올리기 때문이다. 이들이 받는 심판은 소돔 거민들, 혹은 "예수 그리스도가 육신을 입고 계셨을 때 그분을 십자가에 못 박은 대다수 유대인"을 능가한다고 오웬은 주장한다.[14] 이들이 받았던 축복은 저주가 되었다.

---

12 Owen, 7:234.
13 Owen, 7:234.
14 Owen, 7:235.

## 적용

여러분이 아는 사람 중에도(혹은 여러분 자신이?) 어쩌면 처음의 신앙 고백에서 아주 멀리 벗어나 자신이 히브리서 6장 4-6절에서 말하는 심판 아래 있지는 않은지 의심하는 사람이 있을 수 있다. 우리는 빛으로 부름받았는데, 그 빛과 반대 방향으로 가는 것이 얼마나 위험한지는 아무리 말해도 지나치지 않다. 하지만 영적 퇴보자들, 심지어 일시적 배교자들에게도 소망이 아주 없지는 않다는 사실로 우리는 힘을 얻을 수 있다. 베드로는 "나는 그 사람을 알지 못하노라"(마 26:72, 74)라는 말로 그리스도를 부인했다가 회복될 수 있었으나, 이와 반대로 유다는 우리 구주를 완전히, 회복할 수 없이 배신해 놓고 후회만 할 뿐 진정한 회개가 없었던, 역사상 가장 악한 배교자였다(27:3-4).

영적 퇴보는 여러 가지 특정한 죄에 휩쓸린 상태로 몇 달 몇 년 지속되기도 하지만, 이런 모든 죄는 다 회개에 이를 수 있다. 이런 사람들이 큰 위험에 에워싸인 것은 사실이지만, 그럼에도 이들이 반드시 천국에서 배제되지는 않는다. 오웬은 이 "대체로 안전한 규정"을 제시하는데, 즉 "자신의 영적 퇴보의 해악을 영적으로 예민하게 인식하는 사람은 의심할 바 없이 회복 가능한 상태에 있다. 그 해악을 예민하게 인식하지는 못하지만, 죄를 자각함으로써 그렇게 될 수 있는 사람도 회복 가능한 상태에 있을 수 있다. 회개의 가능성이 다 사라지지 않은 한 누구도 구원의 소망을 다 잃은 게 아니다. 복음의 모든 설득에 맞서 절대적으로 마음을 완악하게 하지 않은 한 누구도 회개의 가능성이 다 잃은 게 아니다."[15] 영적 퇴보 상태에 있는 사랑하는 사람들을 위해 우리가 기도하는 마음으로 그런 소망을 간절히 붙들 수 있기를 바란다.

여러분은 영적 퇴보자들을 혼자 내버려두어야 하는 시점에 이르렀을 수도 있다. "거룩한 것을 개에게 주지 말며 너희 진주를 돼지 앞에 던지지 말라 그들이 그것을 발로 밟고 돌이켜 너희를 찢어 상하게 할까 염려하라"(마 7:6). 복음

---

15  Owen, 7:236.

의 경우, 그 메시지를 모두에게 가져가서 모두에게 전파해야 한다는 것을 우리는 알고 있다(28:18-20). 하지만 이 구절의 맥락은, 우리가 그냥 넘어가야 할 때가 온다는 사실을 지적한다. 예수님이 한번은 열두 제자에게 이렇게 가르치셨다. "누구든지 너희를 영접하지도 아니하고 너희 말을 듣지도 아니하거든 그 집이나 성에서 나가 너희 발의 먼지를 떨어 버리라"(10:14). 이는 설교에만 적용되는 말씀이 아니라(행 18:5-7을 보라) 우리가 개인적으로 사람들을 대하는 방법에도 적용된다. 권면을 해도 고집스럽게 마음을 완악하게 먹는 사람은 그냥 넘어가야 할 때가 있다. 회개하라고 간곡히 말해도 귀를 닫고, 더 나아가 적극적으로 이 권면을 대적하고 심지어 권면하는 사람까지 대적하는 배교자들에 대해서도 마찬가지다.

이렇게 말하기는 했지만, 누구든 회개하고자 한다면 사함받지 못할 사람이 없다. 회복 불가능 상태의 배교자는 회개를 원치 않는다. 이들은 "주께로 돌아가고 싶지만, 그럴 수가 없어요, 그건 불가능하기 때문이지요"라고 말하지 않는다. 이들은 바라는 대로 얻고 있으며, 이것을 주시는 공의와 의의 주님을 깨닫게 될 것이다. 아주 조금이라도 가책을 느끼고 구원의 소망이 남아 있는지 묻는 사람은 회복될 것이다. 하나님은 자비롭고 오래 참으시지만, 공의와 의의 하나님이시기도 하다. 주께로 돌아가고자 하는 사람은 은혜로운 구주를 발견하게 된다. 이 사람에게 그 사실을 알려 주자. 여러분 자신도 이 소망을 품기를 바란다.

### 더 깊은 묵상을 위한 질문

1 _ 배교에 대한 이런 견해는 성도의 견인 교리와 어떻게 부합되며 어떻게 주제넘은 추측을 하지 않도록 도와주는가?

2 _ 신앙을 부인하는 사람들을 직접 목격한 적이 있다면, 존 오웬이 말하는 배교의 단계들은 직접 목격한 그 내용과 어떻게 일치하는가?

3 _ 살아 있는 한 예외 없이 누구에게나 늘 소망이 있는 것이 사실인가? 성경 전반, 특히 히브리서 6장은 무언가 다른 내용을 가르치는가?

4 _ 느헤미야 9장을 읽고 묵상하라(특히 19-21절을 보라).

## 15 연약한 은혜의 승리

> 작은 불씨 하나가 홍수에도 꺼지지 않게 한다면,
> 이는 큰 능력을 나타내는 것 아닌가?
> 보라, 너희 안에 있는 그 작은 은혜의 불꽃은
> 너희의 부패라는 홍수와 급류에도 꺼지지 않을 것이다.
> 작디작은 은혜도 하나님의 능력으로 보존된다.
>
> _ 크리스토퍼 러브[1]

### 이기는 것이 가장 중요하다

은혜는 거부할 수 있는 것이기도 하고, 혹은 거부할 수 없는 것이기도 하다. 왜인가? 은혜는 일반 은총이나 특별 은총과 관련해서 이해될 수 있기 때문이다. 일반 은총은 교회 안에서 신자와도 관련되고 외식하는 자와도 관련된다. 예를 들어 어떤 사람은 근사한 설교자인 동시에 다른 한편으로는 그리스도가 없는

---

[1] Christopher Love, *Grace: The Truth and Growth and Different Degrees Thereof* [. . .] (London: T. R. and E. M., 1652), 33.

외식자일 수 있다. 하지만 특별 은총은 성령의 열매를 소유한 사람에게만 속한다(갈 5:22-23).

토머스 브룩스는 『사탄의 책략 물리치기』에서 "다시 새롭게 하는 은혜와 제한하는 은혜, 성결케 하는 은혜와 일시적 은혜"의 차이점에 대해 말한다.[2] 은혜의 다양한 효과와 목적을 분별하면 영적 퇴보와 배교의 속성을 이해하는 데 도움이 된다. 이 책의 주 관심사 중 한 가지는 영적 퇴보를 겪고 있는 참그리스도인과 신앙을 고백하기는 했으나 거듭나지 못한 그리스도인을 구별하는 것인데, 후자는 배교를 하든지 아니면 가시적 교회에 남기는 하되 구원에 이를 만큼 그리스도와 연합하지 못하고 죄 가운데 머문다. 이 장에서 우리는 참신자와 외식자의 차이에도 초점을 맞추고, 지극히 연약한(그러나 구원에 이르게 하는) 은혜가 어떻게 결국엔 승리하는 은혜로 입증되는지도 살펴보겠다.

'연약한 은혜'(weak grace)라는 말이 어떤 사람에게는 이상하게 들릴 수도 있다. 과거 사람들은 상대적으로 연약한 그리스도인과 상대적으로 강건한 그리스도인, 그리스도 안에 있는 유아와 성숙한 사람을 구별하기 위해 이 표현을 썼다(고전 3:1-15; 히 5:11-14). 그러나 우리가 주 안에서 강건하기 위해 노력은 해야 하지만, 연약하더라도 구원에 이르게 하는 은혜의 불티를 소유한 사람은 구원의 상속자이다.

---

2 Thomas Brooks, *Precious Remedies against Satan's Devices* [. . .] (Philadelphia: Jonathan Pounder, 1810), 197.

## 참된 은혜

참된 은혜를 소유한 사람에게는 내면과 외면에 기쁨과 아름다움이 있으며, 이는 그리스도께서 바라시는 모습이다(시 45:11). 믿음과 소망과 사랑이라는 우리의 은혜는 그리스도의 손에서 오며, 그리스도는 우리 안에 이런 은혜가 있는 것을 보기 좋아하신다. 우리는 영광으로 충만하다. "왕의 딸은 궁중에서 모든 영화를 누리니 그의 옷은 금으로 수 놓았도다"(13절). 그리스도에게서 오는 이 특별한 은혜가 있으면 우리의 지식과 뜻과 정서는 영광스럽다. 브룩스의 말처럼, "이는 영혼의 모든 고상한 부분에 일반적인 영광을 드리운다. 또한 이는 내면을 영광스럽게 만드는 것처럼 외면 또한 영광스럽게 한다."[3] "수놓은 옷을 입은" 우리는 그리스도께 인도된다(14절). 구원에 이르게 하는 은혜는 우리에게 참생명을 준다. "좋은 나무가 나쁜 열매를 맺을 수 없고 못된 나무가 아름다운 열매를 맺을 수 없느니라 아름다운 열매를 맺지 아니하는 나무마다 찍혀 불에 던져지느니라 이러므로 그들의 열매로 그들을 알리라"(마 7:18-20).

그러나 연약한 그리스도인은 은혜가 이루는 일에 대한 약속을 간절히 필요로 하는 상태다. 크리스토퍼 러브는 연약한 은혜에 관해 의미 있는 책을 썼는데, 이 책에서 그는 연약한 은혜에 많은 가치가 있다고 주장한다. 비록 "현재로서는 보잘것없지만, 장차 더 큰 크기로 자랄" 것이기 때문이다.[4] 실제로, "영혼 안에서 일단 시

---

3   Brooks, 197-98.
4   Love, *Grace*, 40.

작된 얼마 안 되는 은혜는 완전케 될 것이다." 또한 "가장 연약한 그리스도인은 양적으로는 아니더라도 질적으로는 똑같은 은혜를 소유한다. 그대가 소유한 은혜가 그리 많지 않다고 해도, 이는 다른 사람들에게 있는 은혜와 다름없이 참되다."[5] 그래서 우리의 소망은 우리 안에서 역사하는 능력에 따라 하나님께서 약속하신 일에 있다.

특별 은총은 "영혼의 불순물과 더러움을 태워 없애는" 불길로, 또한 "그 영혼을 아름답게 하고 장식하는 장신구"로 영광스럽게 작용한다.[6] 특별 은총을 받지 못한 사람은 본디 모습 그대로 남는다. 애니메이션 영화 〈미녀와 야수〉를 보면, 일단 사랑이 야수의 영혼에 들어오자 야수는 왕자로 변했다. 사랑이 없으면 야수는 여전히 야수였다. 하나님의 은혜가 우리 영혼에 들어와 내적으로 우리를 변화시키고 아름답게 하기까지는 우리도 그와 같다.

특별 은총은 속사람 안에서 모든 것을 새롭게 하기에, 이는 우리가 "진짜 기쁨과 즐거움으로 영적인 행동을 할" 수 있게 한다.[7] 우리에게 내재하는 죄 때문에 믿음으로써 순종하며 살기가 때로는 고통스럽고 우리 영혼에 부담이 될 때가 있다. 하지만 성령께서 하나님의 일들을 위해 강력하게 기쁨을 주어, 우리가 시편 기자와 한목소리로 이렇게 말할 수 있게 하신다.

> 오직 여호와의 율법을 즐거워하여
> 그의 율법을 주야로 묵상하는도다(시 1:2)

---

5  Love, 41.
6  Brooks, *Precious Remedies against Satan's Devices*, 198.
7  Brooks, 199.

> 할렐루야,
> 여호와를 경외하며
> 그의 계명을 크게 즐거워하는 자는 복이 있도다(시 112:1)

> 나로 하여금 주의 계명들의 길로 행하게 하소서
> 내가 이를 즐거워함이니이다(시 119:35; 47, 92절도 보라)

하나님을 사랑하고 기쁨으로 하나님의 계명에 순종하는 것은, 거듭나지 않아 그 마음에 그리스도의 영이 없는 사람에게는 있을 수 없는 일이다. 이런 사람들도 예배 때 감격을 느끼거나 어떤 섬김의 행위를 하는 데서 즐거움을 경험할 수 있지만, 이들에게 그리스도인의 삶은 대체로 지루하고 단조로움으로 가득하다. 이런 사람들은 천국에 이를 때까지 그리스도인의 본분을 다할 생각을 하면서도 담장 너머로 세상의 즐거움과 인정을 애타게 바라본다. 특별 은총을 지닌 사람들의 경우, 그리스도가 우리 안에 계시는 것은 그분께서 우리를 위해 계시기 때문이다. 그러므로 우리는 정죄에 대한 두려움 없이 우리 마음을 살필 수 있다.

> 하나님이여 나를 살피사 내 마음을 아시며
> 나를 시험하사 내 뜻을 아옵소서
> 내게 무슨 악한 행위가 있나 보시고
> 나를 영원한 길로 인도하소서(시 139:23-24)

오늘날 어떤 사람들은 이것을 달갑지 않은 자기 성찰이라고 생각하는 듯하지만, 시편 기자는 우리가 좀 더 충분하고도 영원히 하나님의 길로 방향을 인도받기를 바라는 것이 확실하다. 이와 대조적으로 외식자들은 타인의 마음을 살피는 데 뛰어난 한편, 타인과 타인에게 있는 은혜를 지켜보고 판단하고 비방하고 험담하며 조롱하고 비웃는다. 이 비판자들은 그런 은혜에 대해 아는 것이 전혀 없는데 말이다.

특별 은총은 자연인은 절대 소유하지 못하는 능력을 우리에게 준다. 예를 들어 브룩스는, 참된 은혜는 우리가 "세상의 면류관을 건너뛰어 그리스도의 십자가를 질 수 있고 이 세상의 영광보다 그리스도의 십자가를 더 좋아할" 수 있는 능력을 준다(히 11장을 보라).[8] 요셉·모세·에스더·다니엘 같은 성도들이 어떤 선택을 했는지 생각해 보면, 이는 그리스도의 존귀와 영광을 위해 우리의 생각·감정·결정을 근본적으로 변화시키는 특별 은총 말고는 달리 설명할 길이 없다. 브룩스는 "일시적 은혜는 우리 영혼이 세상의 면류관보다 그리스도의 십자가를 더 좋아하게 만들 수 없다. 세상의 면류관과 그리스도의 십자가가 만날 때, 일시적 그리스도인은 그리스도의 십자가를 건너뛰어 세상의 면류관을 취하여 계속 지닐 것"이라고 말한다[9](데마에 관해 말하는 딤후 4:10을 보라).

궁극적으로, 특별 은총은 거듭난 그리스도인에게 죄에 대한 거룩한 증오심과 그리스도에 대한 거룩한 사랑을 준다. 그리스도와 죄는 정반대다. 은혜는 그리스도를 죄보다 더 좋아하는 마음을 우리에게 준다. 특별 은총이 없으면 죄가 결국 이긴다. 지극히 연약할지라도 특별 은총이 있으면, 우리의 주된 선(善)으로서 그리스

---

8   Brooks, 201.
9   Brooks, 201.

도께 대한 사랑이 승리를 입증할 것이다. 브룩스가 말하다시피, "아무것도 가진 것이 없는 중에도 나는 모든 것을 가졌다. 왜냐하면 내게는 그리스도가 있기 때문이다. 그러므로 그분 안에서 모든 것을 가진 나는 다른 어떤 상급도 구하지 않는다. 그분이 모든 것을 포괄하는 상급이기 때문이다. 그리스도를 즐거워하지 않고는 그 무엇도 내게 달콤하지 않다. 명예도, 부도, 피조물들의 미소도 거기서 내가 그리스도를 보고 맛보지 않는 한 달콤하지 않다. 외적인 모든 좋은 것을 다 합친다 해도, 내 영광의 정점이신 그리스도가 부재한다면 내 영혼에 영광의 천국을 만들 수 없다."[10] 그래서 특별 은총은 특별한 결말에 이른다. 한 영혼이 그리스도의 영광에 만족하고 그 영광을 갈망하게 되는 것이다.

## 연약한 은혜의 승리

『하나님의 존재와 속성』(*The Existence and Attributes of God*)이라는 책으로 잘 알려진 스티븐 차녹은 연약한 은혜 및 이 은혜가 어떻게 보존되고 승리하는지에 관해서도 책을 썼다. 크리스토퍼 러브는 "아주 적은 양의 은혜도 넉넉히 그대를 천국으로 인도할 수 있다"고 확언하며 힘을 준다.[11] 차녹은 기본적으로 이 명제에 관해 책 한 권을 쓴다. 차녹의 논법은 하나님의 속성뿐만 아니라, 하나님의 자녀를 구원하는 일에서 성부와 성자와 성령의 독특한 사역에도 초점을 맞춘다. 이 책은 오늘날까지도 그 자체로

---

10 Brooks, 206-7.
11 Love, *Grace*, 42.

하나의 완결된 책이며, 구원의 확신 문제를 다루는 최고의 책으로 손꼽힌다. 구원하는 은혜의 씨앗이 영혼으로 들어오면, "산더미 같은 부패와 뒤섞이기는 해도…결국 승리할 것이니, 이는 하나님의 연약함이 인간보다 강한 것처럼 은혜의 연약함도 죄보다 강한 까닭"이라고 차녹은 주장한다.[12] 특별 은총에서 하나님은 우리의 동맹이시다.

성부의 택함을 받아 그리스도 안에서 생명을 누리는 사람은 그 생명을 결코 잃을 수 없다. 하나님의 목적은 절대 인간의 목적에 의해 번복될 수 없기 때문이다. 차녹의 말에 따르면, 거듭난 사람의 최종적 배교는 "은혜 언약의 전체 기조에 반하는 것이요, 그 언약에 관련된 하나님의 속성에 반하는 것이며, 그 언약의 중보자인 그리스도의 구상에 반하는 것이고, 그분에게 위임된 책무에 반하는 것이고, 성령의 사명의 목적 및 우리와 함께 거하시는 목적에 반하는" 것이다.[13] 성도의 견인 교리를 침범하는 자는 하나님을 공격하는 것이다. "거듭난 사람에게는 이 중요한 원리가 주어졌기에, 마음에 심긴 성령의 이 내적 사역 덕분에 자기 자신을 죄의 명령에 전적으로 내줄 만큼 믿음에서 떨어져 죄를 섬길 수 없고, 그렇게 하려고 해도 할 수도 없다"고 차녹은 말한다.[14] 흥미로운 점은, 여기서 차녹은 참신자가 특별 은총을 받고서도 믿음에서 이탈할 수 있다고 주장하는 자들에게 반대할 뿐만 아니라, 사탄도 한때 그렇게 믿었다고 강조한다는 것이다(욥 1:8-11을 보라). "비록 그

---

12  Stephen Charnock, *The Complete Works of Stephen Charnock*, 5 vols. (Edinburgh: James Nichol, 1864-66; repr., Edinburgh: Banner of Truth, 1985), 5:226-27.

13  Charnock, 5:254.

14  Charnock, 5:254.

이후 더 정통적인 입장임을 드러냈지만 말이다."[15] 사탄은 사실 참 성도는 끝까지 견인한다는 것을 알고 있을 수 있지만, 누가 참으로 그리스도께 속했는지에 대해 오류 없는 지식을 갖지는 못한 것 같으며, 그래서 참성도에게 파멸을 초래하려는 생각으로 쉼 없이 모두를 공격한다(벧전 5:8).

차녹은 놀라운 목회적 통찰과 배려를 가지고, 그리스도인의 삶을 다음과 같이 심히 현실적으로 묘사해 보인다.

> 은혜에 따른 우리 행동의 활력은 육신의 권세 때문에 종종 약해지고, 그래서 우리가 미워하는 악은 행하고 우리가 사랑하는 선은 게을리할 때가 많다. 또한 우리의 행위는 다시 새롭게 된 원리보다는 부패한 원리에서 흘러나올 때가 [더] 빈번하다는 사실을 부인할 수 없다. 실로, 은혜에서 흘러나오는 그 행동들은 다른 [죄 된] 원리의 증기가 깊이 스며 있어서, [영]의 법칙보다 죄의 법칙 같다는 인상을 더 많이 주는 듯하다. 그래서 우리의 견인은 우리 행동의 일정한 추세로 판단하기보다는 습관의 영속성을 기준으로 가늠해야 한다. 자연적인 생명의 작용이 간질병 중에는 멈추는 것처럼, 은혜의 행위는 어떤 죄 된 질환이 강하게 나타남으로써 중단될 수도 있다.[16]

행위와 습관의 구별이 앞에서 언급되었는데, 이는 우리가 종종

---

15  Charnock, 5:254.
16  Charnock, 5:255.

새로운 본성과 정체성에 반하는 행동을 하지만 그럼에도 은혜의 습관을 소유한다는 사실을 보여 준다. 행위(죄)가 발생할 수 있고, 의가 한동안 쇠퇴할 수 있지만, 은혜의 습관(habit of grace)은 절대 사라지지 않을 것이다.

죄의 행위는 현재의 은혜의 습관을 바탕으로 우리가 통상적으로 누리는 위로를 잃게 만든다. 신자는 하나님의 은총을 잃지 않았는데도 그 은총에 대한 감각을 잃을 수 있다. 죄의 행위는 하나님과의 교제에 영향을 끼치지만, 하나님과의 연합을 잃게 하지는 못한다. 하나님과의 연합을 잃을 수 없음은 우리가 하나님의 자녀로서 누리는 관계가 취소될 수 없는 관계이기 때문이다. 우리가 아버지 하나님께 부르짖을 수 있음은 성령께서 역사하시는 은혜다(롬 8:14-16). 우리가 그렇게 자녀로 대접받기에, 차녹은 성부와 자녀 간의 깨질 수 없는 관계라는 진리에 반론이 있을 것을 예측한다. 신자가 불순종하는 삶으로써 스스로 "자녀로서의 상속권을 내려놓으면" 어떻게 되는가? 인간으로 존재하기를 멈추지 않는 한 그 사람은 자녀 자격을 잃을 수 없다. 그 무엇도 우리를 하나님의 사랑에서 끊을 수 없기 때문이다. "내가 확신하노니 사망이나 생명이나 천사들이나 권세자들이나 현재 일이나 장래 일이나 능력이나 높음이나 깊음이나 다른 어떤 피조물이라도 우리를 우리 주 그리스도 예수 안에 있는 하나님의 사랑에서 끊을 수 없으리라"(38-39절). 연약한 은혜가 견인하는 것은, 연약함에도 불구하고 전능할 만큼 강한 약속을 통해 하나님께서 여전히 값없이 이 은혜를 베푸시기 때문이다.

은혜의 습관은 그리스도를 통해 성령으로써 아버지 하나님과의 관계 안에서 살 수 있게 하며, 그래서 이 습관은 잃을 수 없다.

베드로는 우리가 "거듭난 것은 썩어질 씨로 된 것이 아니요 썩지 아니할 씨로 된 것"이라고 증언하는데, 이때 베드로는 위로부터 난 우리 출생의 속성과 그 효과를 강조한다. 차녹은 "그리스도의 피는 부패 가능한 구속을 획득하지 않으며, 마찬가지로 그리스도의 은혜도 부패 가능한 중생을 낳지 않는다"고 말하면서 그런 개념을 강화한다.[17] 차녹은 다윗을 예로 들어 우리를 격려하면서, 그 심각한 실족에도 불구하고 "우리는 그가 구원을 위해 기도하지 않고 구원의 기쁨을 구하는 기도를 한다는 사실을 보게 된다…또한 [그는] 더 성화되기를, 자기 마음에서 더러움과 거짓됨이 씻겨 나가기를 기도한다. 은혜도 사실 태양처럼 빛이 가려질 수 있지만, 은혜의 본질적 빛과 열기는 소멸될 수 없다"고 주장한다.[18]

은혜는 하나님에게서 오는 선물이긴 하지만, 홍수가 나면 물에 덮이는 샘처럼, 죄에 "눌리거나" "덮일" 수 있다. 하지만 일단 홍수가 지나가면 샘물은 다시 보글거리며 맑게 솟구친다. 샘은 솟구치기를 멈춘 적이 없고, 다만 범람하는 물에 감춰졌을 뿐이다. 은혜도, 죄 때문에 한동안 가려지기는 하지만, 언제나 샘물처럼 보글거리며 솟구친다. 이는 우리가 생명의 샘이신 예수 그리스도와 파기될 수 없는 연합을 맺었기 때문이다. 영원하고 크기를 헤아릴 수 없는 예수님의 수원(水源)은 무수히 많은 사람을 아무 손실 없이 채워 줄 수 있으며, 이렇게 예수께서는 생수의 강을 늘 우리에게 마련해 주실 것이다(요 4:10, 14).

차녹은 이렇게 덧붙인다. "은혜는 절대 꺼지지 않으며, 약간의

---

17   Charnock, 5:256.
18   Charnock, 5:256.

연기, 약간의 불티만 있으면 다시 불붙을 수 있을 것이다. 꺼질 듯이 연기가 피어오르던 베드로의 심지는 그의 주께서 불시에 돌아보시자 다시 불이 붙었다. 그렇다, 성령의 은밀한 영향력으로 은혜는 현재의 압박에서 벗어난 후 더 활력 있게 행동할 힘을 모을 수 있다. 안개에 가려졌다가 나온 태양 광선이 더 따뜻한 것처럼 말이다. 베드로의 사랑은, 회복된 후 더 생동감이 있었다."[19] 영적 퇴보자들은 이들 영혼에 없어서는 안 될 경고의 와중에서도 이런 격려를 간절히 필요로 한다. 하나님은 우리를 되돌리실 수 있을 뿐만 아니라 전보다 더 나은 상태로 되돌리실 수 있다. 하나님은 우리를 더 강하게 만드실 수 있다. 전보다 더 친밀하게 하나님과 교제하게 하실 수 있다. 연약한 은혜는 우리를 주께로 다시 데려가는 일에 승리할 뿐만 아니라, 우리의 실패 후 하나님 안에서 우리를 더 강하게 만드는 일에도 승리한다.

---

19  Charnock, 5:226-57.

## 적용

어떤 청년이 내게 장래의 배우자에 관해 질문한다고 해 보자. 이때 가장 중요한 문제는 하나님의 은혜가 그 사람에게 있느냐는 것이다. 이는 유머 감각이나 지적인 면, 육체적 매력, 예의, 성격, 습관, 다양한 문제들에 대한 공통의 관심 같은 것이 중요하지 않다는 말이 아니다. 하지만 이런 문제는 영적인 일, 구체적으로 그 사람이 주께 속하여서 그분의 은혜 가운데 살고 있느냐는 문제 앞에서는 무색해진다. 그 사람이 주께 속하여서 그분의 은혜 가운데 살고 있다면, 하나님의 자녀임을 증명하는 삶과 더불어, 이 사람에게 있는 은혜는 비록 연약할지라도 견인하여 승리로 결말을 맞을 것이다. 그렇게 되기까지, 여기저기 부딪치고 덜거덕거릴 때도 있겠지만, 영광 또한 있을 것이다.

참된 성도로서의 우리 안에 있는 특별 은총은 우리를 인도해 참으로 죄를 미워하게 만들며, 단순히 죄의 결과뿐만 아니라 남아 있는 죄의 존재까지 미워하게 한다. 그리스도께서는 우리 마음속에 있는 죄와 사탄에게 치명상을 입히셨다. 하지만 패배했음에도 죄는 우리 삶에서 "오래 앓는 죽음"을 죽는다는 것을 여러분은 잘 알고 있다. 그러므로 놀라지 말라. 여러분의 삶에 죄가 분출되는 일이 있을 것이다. 그러나 연약하기 짝이 없는 은혜일지라도 여러분이 그 은혜를 지닌 참성도라면, 여러분 안에 있는 은혜의 습관은 여러분의 죄보다 강하다. 여러분 안에 있는 은혜는 여러분 안에 계신 그리스도를 뜻하며, 그리스도께서는 승리를 거두실 것이다. 우리가 "그[하나님]의 성령으로 말미암아 너희[우리] 속사람을[이] 능력으로 강건하게"(엡 3:16) 하는 것은 그리스도께서 믿음을 통해 우리 마음에 거하시기 때문이다(17절). 연약한 은혜가 승리하느냐의 여부는 그리스도께서 십자가와 부활과 승천, 그리고 보좌에 앉으시는 일을 통해 승리하셨느냐에 달려 있다. 후자가 참이라면, 전자도 참일 것이다. 그리스도께서는 패배할 수 없으며, 이는 그리스도의 손에서 우리에게 주어진 하나님의 은혜가, 우리의 비틀거림에도 불구하고 승리한다는 뜻이다.

스스로를 "은혜 안에서 연약한" 그리스도인으로 생각한다면, 더 강해지기를 바라야 한다. "이보세요, 가장 연약한 은혜도 참은혜이고, 결국엔 이긴다고요. 그러니 나는 아무 문제없어요"라고 결론 내리지 말라. 맞다, 가장 연약한 은혜도 참은혜이고, 마침내 승리할 것이다. 하지만 참은혜라면 자기 자신이 은혜를 더 많이, 더 많이 필요로 하는 상태라고 결론 내리게 만들어야 한다. 그러므로 포기하지 말고, 하나님만이 주실 수 있는 그 "더 많이"를 하나님께 구하라. 현재 상태로도 "괜찮다"고 하는 것은 여러분에게 어울리지 않는다. 크리스토퍼 러브는 그런 상태에 있는 여러분에게 이렇게 조언한다. "죽을 때 은혜의 열매를 거두긴 하겠지만, 은혜에 따른 위로는 살아 있는 동안에 받고 싶을 것이다. 확신을 주는 것이 은혜의 힘이다. 연약한 은혜는 여러분의 영혼을 천국에 데려다주겠지만, 천국을 여러분의 영혼으로 데려오는 것이 은혜의 힘이다."[20] 주님이 선하시다는 사실을 맛본 사람은 그런 선함을 더 많이 맛보기를 바라야 한다. 많은 것이 약속되어 있는데 적은 것에 만족하지 말라.

형제자매여, 가장 연약한 은혜일지라도 은혜가 승리한다는 사실을 절대 부인하지 말자. 그렇지 않으면 우리는 부지중에 하나님과 하나님의 약속, 하나님의 영광을 부인하게 된다. 차녹은 다음과 같은 말로 우리에게 힘을 북돋아 준다.

하나님의 강력한 도움이 없으면 거듭난 사람 안에 있는 은혜의 습관 그 자체가 추상적으로 여겨져서 사탄의 공격과 육체의 은밀한 배신으로 넘어지고 압도당할 수 있고 그럴 개연성도 있다고 확실히 말할 수 있지만, 언약에 담긴 하나님의 진리와 언약을 이행할 수 있는 하나님의 능력으로 지지되고, 그리스도의 중보로 지탱되며, 성령의 내주로 유지되는 은혜의 습관이 완전히 무너지기는 불가능하다. 우리의 뜻은 변덕스럽지만 하나님의 약속은 불변하며, 우리의 힘은 연약하지만 하나님의 능력은 능치 못할 것이 없고, 우리의 기도는 무능하지만 그리스도의 중보기도는 우세하다. 우리의 죄는 우리 공로를 의지해서 은혜를 몰아내지만, 하나님의 은혜는 그리스도의 공로를 통해 효과적으

---

20  Love, *Grace*, 52.

로 이를 보존한다.[21]

아멘. 우리의 죄가 강할 수 있지만, 하나님은 무한히 더 강하시다. 또한 하나님이 우리 편이시라면, 누가 우리를 대적할 수 있겠는가?(롬 8:31) 하나님은 기쁘게 우리를 사랑하신다(호 14:4).

### 더 깊은 묵상을 위한 질문

1 _ 교회 안에 있는 사람들과 교회 밖에 있는 사람들 모두를 생각할 때 일반 은총과 특별 은총을 구별하는 참뜻은 무엇인가?
2 _ 그리스도께서 "상한 갈대"와 "꺼져 가는 심지"와 동일시되는 것(마 12:20)은 이 장과 어떻게 연관되는가?
3 _ 은혜가 선물이라면 우리는 어떻게 은혜 안에서 더 강해질 수 있을까?
4 _ 시편 119편 33-48절, 로마서 8장 1-39절을 읽고 묵상하라.

---

21 Charnock, *Works*, 5:262.

**결론**

북미(北美), 특히 미국 사람들은 긍정적으로 사고하라고 내몰리는 경향이 있다(트위터를 사용하지 않는 한). 영국인 부모 밑에서 자라 세상을 두루 다녀 보았고 생애 대부분을 북미에서 보낸 나는 그 과정에서 인생을 바라보는 다소 상충되는 방식들을 접해 왔다. 어떤 영국인이 나를 좋아한다면, 그 사람은 무언가 부정적인 말로 애정을 표현하는 독특한 태도를 보일 것이다(우리는 이를 '허물없는 농담'이라고 한다). 미국인들처럼 긍정적 사고를 크게 강조하는 나라나 문화는 거의 없다. 이는 비판이 아니다. 긍정적 사고에서 위대한 업적과 결과가 수없이 많이 나왔기 때문이다.

기독교 세계에서 조엘 오스틴의 『긍정의 힘』과 릭 워렌의 『목적이 이끄는 삶』 같은 책은 열렬한 독자층을 거느리고 있다. '긍정'을 말하는 책이 그렇게 많이 팔리는데, 명백히 '부정적' 제목이 붙은 책을 왜 쓰는 걸까? 『마크 존스가 말하는 영적 퇴보와 배교』(The Pilgrim's Regress, 이 책의 원제로, 존 버니언의 『천로역정』[The Pilgrim's Progress]을 차용한 제목이다—옮긴이)라니?

목회자인 나는 환상이 아니라 현실을 다루어야 한다. 목회자는 가혹한 현실을 마주하는데, 그 가혹한 현실 중 하나가 하나님의 백성 중에서 볼 수 있는 영적 퇴보이며, 이는 때로 공공연한 배교로 모습을 드러내기도 한다. 우리는 이 문제를 무시해 넘길 수도 있지만, 그렇게 해서는 아무것도 해결할 수 없다. 이 문제를 짐짓 회피할 수도 있지만, 오히려 엄밀하게 드러내고 분석하며 이와 병행해서 물리칠 수 있는 방법을 모색해야만 지속성 있는 결과를 낼 수 있다. 그런 이유로, 이 책은 영적 퇴보와 배교 문제를 조명할 뿐만 아니라, 영적 퇴보에 빠지지 않게 막아 주거나 혹은 이미 빠져든 사람을 치유하는 해법도 제시하고자 했다. 이 문제의 경우, 예방약이 치료제보다 더 소화하기 쉽지만, 하나님께 감사하게도 치료제도 없지 않다.

존 버니언의 『천로역정』은 그리스도인의 삶의 속성을 이해하게 해 주는 고급 강좌와 같은 책이다. 『천로역정』에서 주인공 크리스천이 짊어지고 다니는 짐이 왜 좀 더 빨리 해결되지 않는지 의문을 품을 수도 있지만, 전반적으로 이 책은 이 세상에서 그리스도인이 겪는 분투에 대해 수많은 하나님 백성의 마음을 사로잡은 방식으로 통찰력을 전해 준다. 신자들이 겪는 갖가지 위험과 유혹을 심히 사실적으로 묘사한 내용들을 보면 왜 영적 퇴보가 발생하는지 이해하는 데 도움이 된다. 우리에게는 대적들이 많고, 심지어 우리 내면에도 원수가 있다(내재하는 죄).

우리는 복음에 제시된 그리스도만을 받아들이고 의지하여 하나님의 은혜로써 값없이 구원받는다고 믿기는 하지만, 믿음으로 사는 삶이 쉽지 않다는 것 또한 알고 있다. 성경은 이 두 가지 현실을 우리 앞에 내놓는다. 하나님이 보존해 주시고 우리가 견인

한다는 것, 모두 사실이다. 우리가 견인하는 것은 하나님이 보존해 주시기 때문이다. 하지만 우리가 견인하는 방식, 그리고 하나님이 우리를 보존하시는 방식은 신비로 가득하다. 하나님은 때로 자기 자녀가 영적으로 퇴보하는 것을 허용하신다. 또한 하나님은 외식자가 교회로 들어오는 것을 허용하신다. 이 외식자들은 겉으로 신앙 고백을 하지만, 때로 전에 했던 신앙 고백을 이생에서 공공연히 부인한다. 참그리스도인이 왜 영적으로 퇴보하는지, 혹은 배교자가 왜 그리스도에게 그리 가까이 다가오면서도 여전히 그리스도에게서 멀리 떨어져 있는지 늘 다 이해하지는 못한다. 그러나 이런 고통스러운 현실에도 불구하고 우리는 하나님의 전신갑주를 입고 선한 싸움을 싸우며 그리스도 안에서 우리가 받은 모든 약속과 축복과 은혜를 활용할 필요가 있다. 우리가 천상의 도시에 이르고자 한다면 말이다. 그리고 신실한 목자는 방심하지 말고 경계하며 양떼 중에 혹시 무리를 벗어나 방황하는 이가 있지 않은지 살펴야 한다.

이 책의 제목(원제)은 "부정적"이다. 하지만 책의 내용은 절대 그렇지 않다고 믿는다. 여러분이 지금까지 읽은 내용의 목적과 목표는, 이생에서 여전히 내재하는 죄와 싸우는 하나님의 백성이 수많은 전쟁의 상흔에도 불구하고 안전하게 목적지에 이르러, 예수 그리스도의 얼굴에서 하나님의 영광을 직관(直觀)할 수 있게 도우려는 것이다. 은혜가 영광을 위해 우리를 준비시키고, 믿음이 그 직관을 위해 우리를 준비시킨다.

서론에서 나는 다음과 같은 옥타비우스 윈슬로우의 말을 인용했다.

영적으로 사고하는 신자가 다른 것보다 더 겸손하게 고찰해야 할 사실이 하나 있다면, 하나님께서 이 사람을 위해 행하신 모든 일, 즉 은혜를 풍성하게 보여 주시고, 오래 참음과 온유함으로 가르치시고…사랑받는다는 증표를 보여 주시고, 경험으로 교훈을 얻게 하신 후에도 이 사람의 마음속에 여전히 하나의 소인(素因), 즉 하나님에게서 벗어나고 싶다는 은밀하고 영구적이며 놀라운 성향이 존재한다는 것이다.[1]

맞다. 하지만 우리가 다른 것보다 더 겸손하게 고찰해야 할 또 한 가지 사실이 있다면, 하나님은 우리를 위해 행하신 그 모든 일 후에도 우리를 위해 계속 더 많은 일을 하실 것이며, 이는 하나님의 자녀가 이생에서 하나님을 버리고 떠났음에도 누구도 하나님의 손에서 이들을 낚아챌 수 없음을 확실히 하기 위해서라는 것이다. 이를 생각하고 마음이 따뜻해진 사람은 의심할 수 없을 것이다. 가장 연약한 신자도 무한히 강하신 분에게 구원받은 사람이기에 이 신자 안에서 은혜가 승리한다는 사실을.

---

[1] Octavius Winslow, *Personal Declension and Revival of Religion in the Soul* (Eugene, OR: Wipf and Stock, 2001), 9.

## 함께 읽으면 좋을 책

이 주제에 관심이 있는 독자들은, 더 읽고 싶은 주제를 다루고 언급하는 각주 내용을 주의 깊게 살펴보면 된다. 여기에 더하여, 나 자신의 연구를 바탕으로 아래와 같이 몇 가지 제안을 하겠다.

영적 퇴보에 관해 내가 접한 최고의 개괄서는 옥타비우스 윈슬로우의 *Personal Declension and Revival of Religion in the Soul* (Eugene, OR: Wipf and Stock, 2001)이다. 윈슬로우는 저평가된 신학자로, 저술 스타일과 예리한 사고가 특히 많은 깨달음을 주었다.

토머스 왓슨의 『회개』(*The Doctrine of Repentance*, Puritan Paperback ed. [Edinburgh: Banner of Truth, 1998])는 죄를 다루는 좋은 책이지만, 회개를 통해 죄의 참화에서 벗어나는 법을 다루는 책이기도 하다. 왓슨의 다른 저서와 마찬가지로 명쾌하고 생생하고 신학적으로 풍성하다.

존 오웬의 *Overcoming Sin and Temptation*, ed. Kelly M. Kapic and Justin Taylor (Wheaton, IL: Crossway, 2015)는 죄에 관해 반드시 읽어야 할 책으로, 악의 폐해를 훌륭하게 다루고 있다.

이 책은 편집도 아주 잘 되어 있다. 오웬 전집(*The Complete Works of John Owen*, ed. Joel R. Beeke [Wheaton, IL: Crossway, 2022]) 14권 *Apostasy from the Gospel*은 꼭 구매하기를 권한다. 이 14권에는 오웬의 글 『죄 죽임』(*Of the Mortification of Sin in Believers*), 『시험』(*Of Temptation: The Nature and Power of It*), 『신자 안에 내재하는 죄』(*The Nature, Power, Deceit, and Prevalency of Indwelling Sin*) 세 편이 실려 있다. 조엘 비키의 서문과 편집은 최고다. 『죄 죽임』에서 오웬이 로마서 8장 13절을 강해한 내용은 잘 알려졌지만, 내가 생각하기에는 내재하는 죄에 관한 글이 가장 중요하다.

앤드류 풀러의 *Backslider* (n.p.: H&E Publishing, 2019)에는 마이클 헤이킨의 머리말이 실려 있으며, 목회적 지혜와 통찰이 가득한 또 한 권의 작품이다. 읽기에도 그리 어렵지 않다.

당연한 말이지만, 존 버니언의 유명한 작품 『천로역정』은 가장 잘 알고 있을 것이다. 이 작품을 비판하는 대담한 이들도 있지만, 그리스도인의 삶의 참 본질에 대해 이 책이 주는 통찰은 17세기 이후 거의 견줄 데가 없을 만큼 뛰어나다.

다양한 책에서 많은 부분을 파헤쳐야 한다. 앞에서 말했듯이 각주의 안내를 받으면 된다. 그러나 독자들이여, 앞에서 언급한 책들에서 발견되는 보화는 여러분의 발전을 도울 뿐이라는 사실을 잊지 말라. 하나님의 말씀을 읽고 그 말씀과 더불어 기도하는 것과 비교할 때 이 책들이 필수 불가결하지는 않다.